U0521693

本书为全国教育科学"十二五"规划 2015 年度教育部重点课题"儿童政治身份认同研究"(DEA150272)的研究成果

儿童政治身份认同研究：

对一所小学少先队的田野考察

傅金兰　著

中国社会科学出版社

图书在版编目（CIP）数据

儿童政治身份认同研究：对一所小学少先队的田野考察／傅金兰著．—北京：中国社会科学出版社，2019.8

ISBN 978-7-5203-4817-1

Ⅰ.①儿⋯　Ⅱ.①傅⋯　Ⅲ.①中国少年先锋队—少年先锋队活动—研究—小学　Ⅳ.①D432.51

中国版本图书馆 CIP 数据核字（2019）第 161356 号

出版人	赵剑英
责任编辑	孙铁楠
责任校对	邓晓春
责任印制	张雪娇

出　　版	中国社会科学出版社
社　　址	北京鼓楼西大街甲 158 号
邮　　编	100720
网　　址	http://www.csspw.cn
发行部	010-84083685
门市部	010-84029450
经　　销	新华书店及其他书店
印刷装订	北京十月印刷有限公司
版　　次	2019 年 8 月第 1 版
印　　次	2019 年 8 月第 1 次印刷
开　　本	710×1000　1/16
印　　张	15.75
插　　页	2
字　　数	241 千字
定　　价	88.00 元

凡购买中国社会科学出版社图书，如有质量问题请与本社营销中心联系调换
电话：010-84083683
版权所有　　侵权必究

目　录

导论 ……………………………………………………………（1）
　第一节　研究缘起 ………………………………………………（1）
　第二节　研究意义 ………………………………………………（3）
　第三节　文献综述 ………………………………………………（4）
　第四节　研究方法 ………………………………………………（24）
　第五节　研究过程 ………………………………………………（26）

第一章　儿童政治身份的引介 ………………………………（35）
　第一节　儿童政治身份准入标准 ………………………………（35）
　　一　"星级评价"的实施 ………………………………………（35）
　　二　对"星级评价"的审视 ……………………………………（39）
　第二节　儿童政治身份意识启蒙：队前教育 …………………（41）
　　一　学校开展队前教育的"前奏" ……………………………（42）
　　二　轰轰烈烈的队前教育活动 ………………………………（46）
　　三　政治身份之钥：入队申请书 ……………………………（57）
　小结　儿童政治身份授予的"前奏" …………………………（62）

第二章　仪式与儿童政治身份的塑造 ………………………（65）
　第一节　入队仪式：政治身份的正式赋予 ……………………（65）
　　一　仪式参与者 ………………………………………………（67）
　　二　旗帜的传递 ………………………………………………（68）
　　三　佩戴红领巾 ………………………………………………（71）
　　四　宣誓与呼号 ………………………………………………（73）

五　新老队员代表发言……………………………………（75）
　　六　学生心目中的入队仪式……………………………（78）
　第二节　升旗仪式：政治身份教育的日常化………………（80）
　　一　升旗仪式的时间与空间……………………………（81）
　　二　谁能成为升旗手与护旗手…………………………（84）
　　三　国旗下的讲话：政治话语的表达…………………（85）
　　四　每周之星：追求卓越………………………………（90）
　　五　学生心目中的升旗仪式……………………………（91）
　第三节　日常惯习化仪式……………………………………（95）
　　一　作为惯习的仪规……………………………………（95）
　　二　少先队仪式活动训练………………………………（97）
　小结　少先队仪式与儿童政治身份的赋予…………………（99）

第三章　儿童政治身份的展演——参与少先队活动……（102）
　第一节　少先队代表大会……………………………………（102）
　　一　少代会提案…………………………………………（103）
　　二　大队长工作报告……………………………………（104）
　　三　"身份面纱"：我是少代会代表……………………（109）
　第二节　少先队常规政治活动………………………………（110）
　　一　纪念活动：烈士陵园扫墓…………………………（110）
　　二　主题活动：我为"核心价值观"代言………………（112）
　　三　惯例活动：跨校"手拉手"互动……………………（114）
　第三节　大队部建制化的政治培训活动……………………（121）
　第四节　少先队小干部"常规任务"：检查工作的开展……（123）
　　一　常规检查内容………………………………………（124）
　　二　规约与惩罚…………………………………………（130）
　　三　检查中的"斗智斗勇"………………………………（133）
　　四　少先队干部：检查者的身份………………………（136）
　小结　儿童参与政治活动的自主性…………………………（140）

第四章　少先队小干部的选拔与培养 (142)
第一节　队干部竞选：儿童政治身份的分层 (143)
一　竞选流程 (143)
二　投票 (145)
三　竞选词 (147)
第二节　少先队员评优：优秀队员身份的遴选 (149)
第三节　少先队干部的直接培养者——大队辅导员 (151)
小结　从群体活动到个别培养 (154)

第五章　少先队符号标志 (157)
第一节　少先队员符号标志：红领巾 (157)
一　红领巾的象征意义 (158)
二　"神圣"的红领巾 (160)
三　"被遗忘"的红领巾 (164)
第二节　"杠"：政治身份符号标志 (165)
一　政治身份的类别化 (165)
二　被遗忘的"一道杠"——身份的"遮蔽" (169)
三　作为角色模型的孩子——"在其位，担其责" (171)
小结　榜样符码：角色期待与政治教育 (176)

第六章　儿童对自身政治身份的认识 (179)
第一节　我是谁：少先队员的自我表达 (179)
第二节　少先队员身份：来自他者眼中的"我" (182)
第三节　"好少先队员"自画像：理想中的"我" (186)
第四节　"复数的我"："我们是共产主义接班人" (189)
第五节　归属与游离：少先队组织生活中队员的变化 (191)
一　"敬业"的积极分子 (192)
二　普通的大多数 (195)
小结　身份认同——儿童政治生活中的体验 (196)

第七章　儿童政治身份赋予的得失成败 …………………（199）
　第一节　学校政治身份认同教育的"成与败" …………（200）
　　一　"成" ……………………………………………………（201）
　　二　"败" ……………………………………………………（205）
　第二节　弦外之音：少先队教育政治性与儿童性的融合 ………（211）
　第三节　儿童政治教育的理想选择与限度 ………………（214）
　　一　接受符合儿童生活特性的行为 ………………………（214）
　　二　以适合儿童发展的方式进行 …………………………（215）
　　三　培养儿童形成"有思"的道德行为 …………………（217）

附　录 ……………………………………………………………（220）

参考文献 …………………………………………………………（235）

后　记 ……………………………………………………………（245）

"教育，也可以说是灿烂的光辉，它沐浴着我们记忆中的学生时代，照耀着我们后来的整个生活。它不仅表现了青年时代所固有的光彩，而且还由于学习某些有意义的东西而闪现光辉。"

——W. 海森堡

导　　论

第一节　研究缘起

一　研究问题的提出

神圣的升旗仪式，响亮的队歌，有力的宣誓，鲜艳的红领巾……这些都是孩子们加入少先队时的场景，但它们留给每个孩子的感觉不尽相同：或心潮澎湃与激动，或波澜不惊与淡然；或充满自豪，或感觉自卑；或印象深刻，或模糊肤浅；或高兴，或失意……回顾小学阶段的生活经历，我们对自己的少先队组织生活经历理解都不尽相同。那么，少先队员作为一种被赋予的政治身份是如何发生的，这一过程对儿童的影响又是怎样的？儿童自己对少先队员政治身份的理解又是怎样的？或者说儿童对学校认定的少先队员身份的界定认同吗？在这段少先队生活史中，从儿童的视角看，这些经验给了他们怎样的影响？产生这些影响的力量是什么？从教育者的角度看，教育者们设想了怎样的少先队组织教育目标？这些目标是否有利于儿童的自然成长？这些目标是否实现了？又在多大程度上实现？那么它又应该朝怎样的方向发展？带着以上一系列疑问，笔者对小学少先队生活进行了调查研究。

本研究试图以儿童政治身份的赋予为研究线索，以服务于儿童的生活和需要为前提，与少先队这一儿童组织进行一次全面对话。这样的研究离不开具体的情境即进入儿童的学习和生活世界来进行分析。研究目的主要是反思学校场域中的少先队组织与儿童发展的关系问题，以引起我们对少先队员生存际遇的关注。要实现这样的设想，我们很难完全通过某些文本来理解这些被提取出来的活动与其所在的场域及儿童成长的关系。因此，我放下这些文本，进入田野现场接触第一手资料，然后再回到这些文本进行思考。在这个反反复复的过程中，我越来越体会到现实的少先队生活情境与已有文本之间的巨大张力。鉴于以上思考，我进一步明确了研究方向与思路：选取一所小学，观察少先队的运作情况，探讨其发展的逻辑和秩序。

二 基于个人的生活经验

在研究过程中，研究者的立场是与其自身的身份、经历密切相关的。本人从事高校教学工作十余年，在刚开始工作的时候，曾担任过两年的班主任工作，因在学生工作中，经常站在学生的立场处理问题，也经常因为这样的原因被叫去谈话，还经常处于这种夹缝中左右为难，内心十分纠结。最终因为一次"袒护"学生，班主任的职务就被免去了。班主任职务被免去的时候，自己虽然对朝夕相处的学生有万分的不舍，但内心竟然会有些许轻松、释然的感觉——这种夹缝中的生活终于结束了。作为一名教育者，能够时时站在学生的立场看问题，处理问题，我自始至终认为是没有错误的。从事少先队的研究，在这个过程中，我可能还会带着这样的视角——站在儿童的立场去看问题，但我尽量会用一种中立的立场与视角去看学校场域中的少先队活动及其活动中儿童的成长与发展问题，从而去解读少先队教育中所体现出来的道德教育问题。同时，我也在思考，少先队干部作为一名小管理者，他们是否也会有处于夹缝中的情形？他们又是怎样处理这些问题的？

同时，作为一名母亲，从儿子小学时我就比较关注他的学校生活。我平时特别注意跟孩子的沟通和交流，孩子每天也会把他在学校的生活和经历滔滔不绝地讲述给我。学校平时组织的各项活动比较多，经常会邀请家长参与。我也曾经作为儿子所在学校的家长委员会代表，参加了很多学校组织的活动。儿子是那种特别善于积极表现的孩子，每次有家长进课堂，他都会积极踊跃地推荐我去给他们班级上课，给他们上过几次课后，我感觉到他们学校的教育理念及孩子们的精神面貌确实是令人欣喜和振奋的。在这样一所重视学生成长与发展的学校，它的少先队组织运作是怎样的？我产生了很深的好奇。这所学校由之也进入了我的研究视野。

研究中，我试图将自己置于一种自然的日常学校生活情境中，进行观察、记录，甚至在某些方面会与他们互动、交流，最后对这些行为或活动进行深描并进行反思。当然，基于自己的所学专业方向，联系到实际情况，自己也非常想亲身融入学校的实际生活中，做真正的田野研究，不带任何框架，真正展现一所学校少先队的实际情况。正是基于以上考虑，我放弃了那种书斋式的研究，到小学这片生机勃勃的园地去进行脚踏实地的研究。

第二节 研究意义

小学生活是人生的一个重要部分，少先队生活又是小学生活中的一分子，这种生活不仅仅是为将来做准备，它还为儿童提供了一种身份感，一种属于家庭以外群体的身份感。在这个组织中儿童会经历最初的社会化过程。

小学学校场域强调的是意义场域，或者说是物理场域与意义场域的融合，在这样的开放空间下，从儿童政治身份的赋予这样的视角来进行研究具有很大的理论与实践价值。少先队是一个客观存在，几乎每个孩子都要从少先队中走来。少先队也占据了学校大量的时空资源。时间上，孩子们从一年级下学期入队，直到他们毕业，他们一直生活在少先队组织中。空间上，每个孩子都处于一个班级中，也就是一个中队组织中，甚至很多优秀的孩子会一直处在大队部的"管理层"工作。他们在少先队组织中，无论是作为小队干部还是小队成员身份，无论是处在少先队工作中的检查者位置还是被检查者位置，几乎都带有少先队组织生活的影子。那么，处在这样时空背景下的孩子们，学校场域中的各种大型活动和事件对他们的影响又是怎样的？这些问题无论从理论角度还是从实践层面，都足以让我们作为道德教育研究者在自己的研究生涯中，禁不住付出极大的热情来观察它、研究它。

另外，少先队组织又是对儿童进行政治教育的一个载体。儿童要成为一名社会人，就要遵守一定的社会规约。如果说政治社会化的一个重要时期是在儿童期，那么，少先队恰恰就要对儿童发挥其政治启蒙作用。在这样一个对儿童的政治启蒙无时无处不在发挥作用的少先队组织中，儿童到底是在过一种怎样的政治生活？"人自幼就政治地生活，成人的政治生活是由儿童开始的。"① 从理论层面来说，本研究是要去揭示少先队组织中的儿童是怎样以少先队员这样一个政治身份生活着的，学校是如何通过政治身份的赋予对儿童进行政治教育的。把对儿童的政治身份赋予与儿童的成长联系起来进行研究是一个新的研究点，这将丰富少先队的理论研究。

在研究中，笔者采用田野研究来探讨我们最熟悉的少先队世界；考察在自然状态下少先队员的成长状况，特别是关于他们的思想发展动态。同时，笔者试图将少先队组织政治教育与小学中的道德教育联系起来，尝试着去理解与分析一所小学少先队在实然状态下所获得的成就及所出现的问题，这样的研究必然具有一定的实践价值。因此，采用质的研究方法中的田野研究，对少先队与儿童的成长发展联系起来进行研究无论在理论上还是在实践上都是对道德教育的一种丰富。通过研究，我希望在更大丰富化的程度上揭示少先队员身份赋予同儿童成长与发展的关系，希望可以扩展我们对所涉及问题的理解——引用社会学家米尔斯所指的一种期待，"社会学的想象力"。一颗露珠可以折射整个世界，对一所小学少先队组织的实际运作所进行的细小的研究也能显示出其应有的理论与实践价值。

第三节　文献综述

教育者对儿童进行政治意识教育和政治身份教育，是要传递政治规范和政治信仰，进而使儿童获得一定的政治态度和政治价值观念。要想

---

① 程天君：《"接班人"的诞生——学校中的政治仪式考察》，南京师范大学出版社2008年版，第34页。

对少先队员这个政治身份赋予的过程进行"细描",必然要涉及政治身份、身份认同及政治教育等相关概念的界定。

一 核心概念梳理

(一) 身份与政治身份

在汉语言中,"身份"一词的运用最早始于宋代,是指"是什么样的人""与他人在横向或纵向上处于什么关系"以及"所确定的身份关系中相应的行为准则"。① "身份"既是一种社会产物,也是一种社会过程。从形式上看,身份指的是个人、群体或组织在社会中得以识别的一种社会特征,是一种识别码。② 由此身份也被定义为一种社会标识。陆学艺则从标识的角度出发,把身份定义为"社会成员的社会属性标识和社会分工标识。社会成员的身份标识越多,社会结构就越紧密而稳固。身份标识容易形成和制定与之相对应身份的行为规范,并通过对规范的执行而使社会秩序井然。身份是人的社会归属,是人的社会地位、法律地位或受人尊重的地位"③。

身份有社会身份与政治身份。社会身份主要表示一种社会位置,是一种社会类别,是一个人的重要标识,它和"角色"一词更接近。身份标示与人的社会分层相互联系。身份可以通过社会程序从外部,或者内心附加于个体。④ 它反映的是群体交往和社会生活中某种相对客观的关系。身份是表明个人与其他人关系的一个范畴,意指人的归属,它回答的是"我是谁"的问题。在《英国病人》中,我们可以找到三种可能性:一是我们的个人身份包含在我们自身之中;二是我们的身份是在别人观察(识别)我们的目光中被赋予的;三是我们的身份是处于一大堆我们随身携带的物品及我们所经历的事件之中的,也就是说,我们的身份被限制在我们与外界的诸多关系当中。⑤ 那么,儿童对自己的少先队员身份

---

① 肖滨、郭忠华、郭台辉:《现代政治中的公民身份》,上海人民出版社2010年版,第43页。
② 尚继征:《揭开身份的面纱:私法上的身份和身份权利研究》,法律出版社2014年版,第146页。
③ 陆学艺:《社会学》,知识出版社1996年版,第175页。
④ [美]威利:《符号自我》,文一茗译,四川教育出版社2010年版,第1页。
⑤ [美]派纳:《课程:走向新的身份》,陈时见等译,教育科学出版社2008年版,第71页。

的理解是属于哪种可能性?

身份又与政治联系在一起。身份的政治性体现在国家会对社会成员进行命名和分类,这种分类标示的过程就是确定社会成员身份的过程。国家要想实现对社会大众的直接掌握,必须以某种方式将个人分配到不同的地位上,并且引导这些个人完成与其地位相联系的任务,由此获得其生存发展所需的社会资源。[①] 从这种意义上讲,"身份是社会塑型、他者命名和自我指认的协同产物"[②]。都普利斯(P. du Preez)在《身份的政治》一书中指出:"政治确立和维护某种身份系统,是为了使社会的某一部分比其余的部分能获得较优越的地位。一方面,政治力量(民族的、国家的、党派的等等)要为它的主要或全部成员争取比其他群体更优越的地位;另一方面,在同一政治群体中,某些身份又比其他身份更优越。"[③] 在这个意义上,"身份"的确就是"政治"。亚里士多德说过:"人类在本性上,也正是一个政治动物。"[④] 身份理论后来与20世纪80年代晚期发展出的"自我分类理论"(self-categorization theory)相整合。"自我分类理论"的要义在于:"自我和他人分类进入'群体内'(in-group)或'群体外'(out-group)的方式决定了一个人的社会身份。这种'去个人化'和'自我分类'的过程将个人变成一个群体的成员,将个人特性变成群体行为。"[⑤] 在学校里,少先队员作为一种政治身份,也会被分成不同的类别:"一道杠""两道杠""三道杠"。不同的身份在不同的岗位需要履行不同的职责。按照不同政治身份类别确立有差别的权力职责使得政治身份体系比较早地介入了普通少先队员的学习生活中。这样教育者确定队员不同政治身份类别的过程也成为政治教育的一种方式。

(二)身份赋予

少先队员这一政治身份是儿童在入学后接受一定的队前教育,得到

[①] 向前:《政治身份体系下的社会冲突:文革初期群众行为的社会根源》,博士学位论文,复旦大学,2010年,第28、184页。
[②] 马俊领:《身份政治:霸权解构、话语批判与社会建设》,《思想战线》2013年第5期。
[③] Peter du Preez, *The Politics of Identity: Ideology and the Human Image*, Oxford: Basil Blackwell, 1980, pp. 1 – 2.
[④] [古希腊]亚里士多德:《政治学》,吴寿彭译,商务印书馆1965年版,第7页。
[⑤] Chen Guo-Ming, "On Identity: An Alternative View", *China Media Research*, Vol. 5, No. 4, 2009: 109 – 118.

教育者认可，并经过隆重的"通过仪式"在学校获得的身份。学校代表国家客观上为儿童赋予了一种政治身份，并期望通过这种政治身份的赋予使儿童获得一种属于家庭以外群体的归属感。这就是教育者所要培植或建构的政治身份。政治身份的赋予需要通过一定的程序来予以确认，并需要组织一定的活动来进行强化。在赋予儿童少先队员政治身份的过程中，教育者首先要设置一定的入队标准，告知每个儿童加入少先队是需要一定"资质"的，激励儿童为加入少先队而好好表现自己。在入队时，学校也要专门举行庄严的入队仪式，让儿童产生自己是"一名光荣的少先队员"的身份感与自豪感。加入少先队组织后，孩子们还要互相竞争，以产生组织管理小干部。普通儿童要在大队辅导员和小干部的领导下参与各种政治活动，在学校日常生活中，他们也要时刻谨记学校的规章制度：每天坚持佩戴红领巾，不迟到，服装仪表要符合学校要求等。他们要参加各种政治性任务和活动：举行升旗仪式、组织"手拉手"活动，参加少代会，参加"我为核心价值观代言"等活动。儿童作为一名少先队员，时刻被提醒在认知和行为方面都要达到少先队员这一政治身份的要求。这一政治身份的赋予既包含有国家和政府的期望和嘱托，也体现出学校对其教育对象的规约与要求。

政治身份的赋予总是与一定的政治符号相联系。"任何政治集团、政党、国家等各种政治共同体都需要有其自身的一套政治符号体系来引领内部和外部人员的政治态度，同时也用来区别于其他政治共同体。"[①] 孩子们戴上红领巾就意味着具有了少先队员政治身份。学校每天对儿童是否佩戴红领巾的检查，成为对儿童进行身份意识强化的一种方式。儿童每天佩戴鲜艳的红领巾也提醒着他们正在以一名少先队员的政治身份学习和生活。踏入少先队员的身份门槛，他们又要进行"更高级别"的身份角逐——"三道杠"的竞选。虽说"三道杠"只是一种符号标记，但它在被赋予了一定的政治意义后，便成为更多儿童学习的榜样群体。在对儿童政治身份赋予的过程中，儿童就这样不断地被推动着。社会也是这样通过学校对儿童进行政治身份的赋予，宣传它所需要的政治主张和

---

① 胡国胜：《政治符号：概念、特征与功能》，《深圳大学学报（人文社会科学版）》2013年第2期。

信仰，吸纳新成员，使孩子们较早地过一种有组织的社会生活，实现政治文化和思想意识的传承。这是一种有意识地传递政治和政治价值观的过程。有学者对政治态度塑造的一项研究表明，"政治态度主要是在3—13岁的时候形成的"①。学校采取公开的教育策略达到其政治教育的目的。每个儿童被分配有一个政治身份：少先队员，学校设立大队、中队，中队下设小队。小队由5—13人组成，设正副小队长。"每一个适龄儿童都几无例外在少先队入队仪式中被'赋予'了第二次诞生——'我们是共产主义接班人'，并在以后的学校政治仪式中朝向这个规格而不断被培养、塑造。"②儿童比较早地加入少先队组织也被认为是在政治上积极要求进步。孩子们被高年级学生的少先队员榜样身份所推动。学校正是利用这种榜样身份意识去影响大多数孩子，使儿童在其成长过程中逐渐形成关于政治生活各个方面的态度和情感，并产生力量感。"学校是为再生产社会政治体制而建立起来的机构，学校力图通过直接传授政治文化和潜在的影响，使学生形成一定的政治态度和政治信仰，并以此来指导和约束自己的政治行为。"③

在儿童政治身份赋予的过程中，学校精心组织各种政治教育活动，如学校会告诉学生祖国的国旗是什么，革命历史中的英雄人物有哪些，少先队标志是什么，作为一名少先队员应该如何行事，以及让孩子们通过亲身体验的各种少先队活动来增强身份认同感。通过这些活动，学校利用日常生活世界渗透儿童对少先队员身份的认同，不断地向少先队组织成员宣传党的主张，实施以共产主义理想教育。"赋予儿童、青少年'政治面貌'的过程，也就是儿童、青少年政治社会化受到高度重视和精心安排的过程，是教化儿童、青少年'听党的话''跟党走''忠于国家和人民'的过程，也是儿童青少年政党化、国家化的过程。"④

---

① David Easton and Stephen Hess, "The Child's Political World", *Midwest Journal of Political Science*, Vol. 6, No. 3, Aug. 1962.
② 程天君：《"接班人"的诞生——学校中的政治仪式考察》，南京师范大学出版社2008年版，第3页。
③ 吴康宁：《教育社会学》，人民教育出版社1998年版，第125页。
④ 程天君：《"接班人"的诞生——学校中的政治仪式考察》，南京师范大学出版社2008年版，第146页。

在实际研究中，笔者发现对于少先队员政治身份，大多数孩子在入队前和初入队时是非常积极、兴奋而又渴盼的。如果说对一种身份产生渴望与向往，也可以被理解为是一种集体认同的话，那么为什么随着时间的推移，他们对少先队员的向往与认同却慢慢淡然了？在这个过程中究竟发生了什么样的变化？为什么会发生这样的变化？儿童的政治身份又是在怎样的情景下被筹划的？或者说儿童个体在这种政治身份的"光环"下是如何生活的？这是本研究要着重思考的问题之一。

（三）身份认同

从词源学角度讲，身份即同一，是指一种出身或社会位置的标识，可以用于指称人的类属本性，它和角色一词更接近。吉登斯指出，角色是由社会的组织与制度所架构的规范来界定，而它们影响行为的程度取决于个人与这些制度及组织的协调与安排。① 认同是内化外在价值观念的过程，认同既包含对"他者"的接受，也涉及对自我的认可，它是个体社会化的重要手段。认同是意义感获得的基础，个体对群体的接纳也是自我获得意义感的基础。每个人都有被承认的渴望，获得某种成员身份往往意味着对自我的承认。也就是说认同是通过个体对自己目前所处的位置或状态的承认与否来实现的。身份认同是一个人心理活动的最核心部分，它包括"自我认同"和"群体认同"。"自我认同"侧重于个体对自我身份的确认，涉及的是个体关于"我"是"谁"，"我"是如何成为"理想我"的和"我"的生活是怎样的之类事情。它旨在表达与他人相似或相异的归属感和行为模式，它涉及个体如何来界定自己。群体认同涉及的是"我们是谁"的问题，解决的是对自己所归属群体的认知以及所伴随的情感体验。

弗洛伊德把认同"看作是一个心理过程，是个人向另一个人或团体的价值、规范与面貌去模仿、内化并形成自己的行为模式的过程，认同是个体与他人有情感联系的原初形式"②。这一心理过程与儿童模仿他人的学习过程是一致的。心理学家埃里克森对认同问题作了更进一步的探

---

① ［美］曼纽尔·卡斯特：《认同的力量》，夏铸九等译，社会科学文献出版社2003年版，第3页。

② 梁丽萍：《中国人的宗教心理》，社会科学文献出版社2004年版，第12页。

究，他认为认同并不是一个可由观察者作出客观估价的存在状态，认同感是一种社会心理稳定感，它是一种知道自己正向何处去的感觉，以及对预期将获得那些重要人物承认的内在信心。个人的认同包含一个主体不断地延续自我的一种感觉，此延续的过程也就是认同不断改变的过程。一个成熟的心理认同的渐进发展是以人所属的团体为条件的，而团体的传统价值对个人的成长意义非常。当个人对一个团体认同时，他会接受此团体的价值与规范以影响自己的行为与态度。[①] 埃里克森形象地描述出了儿童在其成长过程中所产生的认同的心理变化。晚近的社会学和心理学文献大多聚焦于人们如何选择其认同对象的问题。也有学者指出，认同主要是"个体将自我身份同至少另外某些身份相整合的过程"。[②] 个体认同除了对自己的身份觉知外，也会受到周围同伴的影响，进而使其将自我身份与某些身份整合。儿童在其成长过程中会关注周围同伴的看法，进而具有比较强的身份归属意识。他会具有比较强的自我归类意识，迫切希望自己成为某个"群体内"成员，而不是局外人。

　　再深入一点讲，认同又是一个"求同"和"存异"同时发生的过程。按照其在英语中的对应词 identity 的语义，"认同"有两个相互对立的意思：1. 同一性，即"自我归类"（self-categorization），与他者共有的素质或者状况；2. 个性，即作为一个长期存在的实体的个人所具有的不同于他人的鲜明的个性。[③] 从现实来看，学校代表国家赋予学生一个政治身份，学生被动接受，这是一个属于被动"自我归类"的过程。这时，儿童在对少先队员身份的认同上是形式上的"求同"，求同为一个群体身份：少先队员，或者说为了都能戴上红领巾。这种认同也可以归结为"集体认同"——儿童认同的是少先队员这一集体身份。"从自我延伸到他者，将他者纳入自我的身份界定中，建立更为广泛的身份共同体，这种跨越是自我身份社会化的过程，其结果是形成属于群体的集体认同。"[④]

[①] 梁丽萍：《中国人的宗教心理》，社会科学文献出版社 2004 年版，第 12—13 页。
[②] 班建武：《符号消费与青少年身份认同》，教育科学出版社 2010 年版，第 14 页。
[③] 李友梅、肖瑛、黄晓春：《社会认同：一种结构视野的分析：以美、德、日三国为例》，上海人民出版社 2007 年版，第 2—3 页。
[④] 潘忠岐：《国际政治学理论解析》，上海人民出版社 2015 年版，第 277 页。

既然有"求同",也必然会"存异",那些没有加入少先队组织中的人,则被视为与别人不一样的人,这些人很可能会受到周围同伴不一样的眼神和对待。这时就会产生涂尔干所说的那种"匿名的和弥漫的压力"(anonymous and diffused force)。即使上升到认同层面,儿童主观上意识到的认同体验与他们所认同的某些客观的特征、标识码和符号,如红领巾、"三道杠"等也是密切联系在一起的。也就是说,儿童认同的可能是某些符号标记,而这些符号标记是带有其政治意义的。

自我认同理论认为每个人都有身份的自觉意识。自我认同"表面上采取的是'如其所是'(to be as it is)的表达形式,但这其实不是兴趣所在,它实质上是'如其所求'(want to be as it is expected),并且,这个'如其所求'又同时在价值资格上被论证为'所求即应得'(the expected is ought to be deserved)。满足这样一个结构的自身认同就是一种认真的自身认同,否则是不当真的"①。即使个体发自内心地处于想"求得"的状态,也要看他"求得"此身份的真正目的是什么,才能判断他是否真正地认同此对象。作为一名初入学校的小学生而言,当他从内心深处期望归属于少先队这一组织时,他会为归属于这一组织并实现这一目标而努力。尽管儿童对他处于某个时期的"所求"会受多种因素所影响,但他在此时此刻的"所求"形成了自己所期望的一种"镜像"。这一"镜像"在儿童看来至少是真实存在的。当"加入少先队组织被认为是光荣的和值得骄傲的"这一认知被接受后,少先队员这一符号印记便成为儿童关于"我是一名少先队员"的自我形象"镜像",当然这一自我形象"镜像"在儿童成长过程中也会不断变化。

自我身份感并不是用皮肤"包裹"着的东西,而是在各种各样相互作用、相互接壤的现象中模糊不定又若隐若现地交错在一起的。② 所以身份感又涉及对外在客观事物或符号的理解。外在客观认同涉及个体对组织规范、约束等外在体制或符号的认同。涂尔干认为,"社会通过产生集体意识而影响个体,集体意识通过共有的行事方式表达出来,它是一种

---

① 赵汀阳:《没有世界观的世界》,中国人民大学出版社2010年版,第65页。
② [美]派纳:《课程:走向新的身份》,陈时见等译,教育科学出版社2008年版,第71页。

施加于行为之上的道德约束"①。这种约束与要求在学校生活中与教育的要求又是不谋而合的。社会学家中研究弗洛伊德理论的主要代表菲利普·雷夫指出，限制对塑造和规范人的行动来说是必需的。"个人的完善来自于其与符号体系的积极认同，以及自我对社会秩序的遵从。"② 拥有一种政治身份意味着自己要受制约于这一政治身份所带来的各种约束，要服从于这一政治身份符号体系的要求。这恰恰就达到了特定社会的政治要求。"身份通常是指一种长期的、有约束力的品质。"③ 在这里，认同将个体"嵌入"到特定的文化、社会、制度和意识形态背景内，把个人与社会联结起来。但在现实生活中，儿童产生对自己政治身份的认同往往是出自对学校和家长的期求、希望或恐惧等外在的东西，这实际上是一种"不得不"的认同。

因此，一个人的身份与其说是自由选择的，不如说是由他自己处在某个情境中而被社会网络的整体布局所限定。当然个体是否真正认同则是通过此人对自己所处的位置（现有身份）的承认与否来完成的。换言之，"身份只需要通过社会关系的规定就能形成，而认同则还需要借助个体自身的自我内在化才能确定"④。吉登斯指出，"自我认同不是一个由个体所拥有的明确的特征。它是一个人以其人生经历对自我所作的反思式的了解"。"作为一个人就是要知道……自己正在做的事以及为什么要做这事……在一个后传统秩序的脉络下，自我变成一个反思性的计划。"⑤ 那么处于小学这个年龄段的孩子，真的知道自己加入少先队的目的是什么吗？知道自己所求的是什么吗？他对自身的身份认同是"当真的"吗？

二 少先队相关研究

为了了解少先队组织在相关研究中的具体情况，笔者搜索了国内在

---

① ［澳］豪格、［英］阿布拉姆斯：《社会认同过程》，高明华译，中国人民大学出版社2010年版，第20页。
② ［美］霍尔、［美］尼兹：《文化：社会学的视野》，周晓虹、徐彬译，商务印书馆2002年版，第54页。
③ ［美］威利：《符号自我》，文一茗译，四川教育出版社2010年版，第1页。
④ 李义天：《共同体与政治团结》，社会科学文献出版社2011年版，第20页。
⑤ ［美］曼纽尔·卡斯特：《认同的力量》，夏铸九等译，社会科学文献出版社2003年版，第8页。

这一领域内的相关研究，并对少先队组织属性、少先队组织结构、少先队活动及少先队仪式等方面的研究进行了梳理。

(一) 少先队组织属性研究

《中国少年先锋队章程》规定："少先队是中国共产党创立和领导的少年儿童的群众组织，是少年儿童学习中国特色社会主义和共产主义的学校，是建设社会主义和共产主义的预备队。"① 这是《中国少年先锋队章程》对少先队组织属性在政治上的解释。从性质上讲，少先队是中国全体学龄少年儿童的广泛性群众组织，是一个有组织、有领导的儿童组织。彼得·W. 布劳认为，"并非一切集团都是组织，与自发形成的集团不同，只有按照正规程序建立起来的集团才算得上组织"②。"从组织社会学的角度看，当社会组织内的权威结构获得承认、支持和服从时，社会组织就具有了组织合法性。"③ 少先队组织无疑已经具有了这种合法性。在这种合法性儿童组织中，学校希望通过对学生进行一系列政治教育使学生在参加少先队组织后能够产生"我是一名少先队队员"的组织观念，对组织产生一种归属感与光荣感。这种组织观念是一种同该组织的名称、标志、任务及成员标准和本人对组织的信赖、热爱与义务感相联系结合在一起的道德信念。

在少先队组织属性方面，洪明指出，"少先队既属于他组织，又属于自组织，是自组织和他组织的辩证统一……从宏观层面看，少先队属于他组织，他组织性是少先队的第一属性"④。但从少先队组织的内部看，这个组织系统的局部又具有自组织性。这种对少先队组织属性认识的深化是少先队理论研究面临的基本问题之一。无论是自组织，还是他组织，少先队教育很重要的一个特征就是教育者组织少先队员参与或由他们自己组织各种活动。

少先队作为一种儿童组织，它具有群体性特征，这在于它是一个有

---

① 《中国少年先锋队章程》，中国少年先锋队第五次全国代表大会2005年6月3日通过.

② [法]莫里斯·迪韦尔热：《政治社会学——政治学要素》，杨祖功等译，东方出版社2007年版，第141页.

③ 赵孟营：《组织合法性：在组织理性与事实的社会组织之间》，《北京师范大学学报（社会科学版）》2005年第2期.

④ 洪明：《少先队的组织属性及其变革》，《教育理论与实践》2011年第6期.

组织的、有目的的群体，与普通的临时性群体是有区别的。几个正在图书馆学习的人不是一个群体，几个排着队买书的人也不是一个群体。"一个群体必须有个体之间的互动和相互依赖，拥有共同的目标和共同的行为规则。群体成员间的相互依赖和互动往往会产生凝聚力，或群体认同感。"① 而"一些人偶然发现他们彼此站在一起，仅仅这个事实，并不能使他们获得一个组织化群体的特点。一千个偶然聚集在公共场所的人，没有明确的目标，就不能算是一个群体"②。要想具备这种群体特征，得有某些前提条件起作用。少先队儿童组织的群体性应该体现在每一个儿童的主动参与上，他们在参与过程中应体现为活动是属于儿童自己的，有他们自己的设想与目标的。但现实中的少先队活动，其作为儿童主体的群体性又是怎样的呢？

少先队组织除了具有群体性外，它还体现为一种政治预备组织。2005年的《中国少年先锋队章程》中，"五处提到共产党，四处提到共青团，四处提到社会主义，五处提到共产主义，足以说明少先队是思想性、政治性很强的少年儿童群众组织"③。作为建设社会主义和共产主义的"预备队"是少先队组织的一个组织属性定位，也是一个角色定位，这回答了少先队到底是一个什么样的组织的问题。少先队被认为是一种政治上的先进分子组织，其政治性体现在它对少年儿童的意识形态教育，组织意识的衔接等方面。"从组织属性出发，少先队组织对少年儿童最重要的服务是按照党的要求，进行信仰启蒙教育，培养少年儿童对党和社会主义祖国的朴素感悟，培养少年儿童重要的思想意识。"④ 革命时期这种对党的忠诚信仰起了重要作用。影片《闪闪的红星》中有一段对话：冬子妈："孩子，妈妈以后是党的人了！我已经把自己全部交给了党，党需要我做什么我就做什么！"潘冬子："妈妈，你是党的人，我就是党的孩子。以后，党教我干什么，我就干什么。"此时，潘冬子把自己划在了党的光辉下，体现了这个幼小儿童对党的认同和忠诚，并愿意牺牲的一

---

① [美]伍德：《生活中的传播》，董璐译，北京大学出版社2009年版，第272页。
② [法]勒庞：《乌合之众：大众心理研究》，冯克利译，中央编译出版社2004年版，第4页。
③ 张先翱：《张先翱少先队教育文集》，中国少年儿童出版社2014年版，第16页。
④ 《全国少工委关于认真学习宣传贯彻习近平总书记在参加"快乐童年 放飞希望"主题队日活动时重要讲话的通知》（2013）。

种奉献精神。

少先队组织的建立，使接班人政治体系形成了梯次，使少年儿童到青年和成年都有相应的以共产主义为信仰的组织予以教育和领导，保证了体系中组织之间制度性的衔接。这样，在接班人政治体系中，中国少年先锋队组织就被纳入了基础性地位的结构之中。

（二）少先队组织结构研究

作为一个组织，必然会有正式的结构、条例和规章制度。在少先队组织结构方面，瞿葆奎先生主编的《教育学文集》中的《引导少先队员做市、区、县少先队工作的主人——上海市建立红领巾理事会的探索》阐述了少先队理事会组织机构、任务及其重要性，分析了红领巾理事会与团委少年部及即将成立的少工委之间的关系。文章指出少先队虽是少年儿童自己的组织，但"实践中少先队的组织活动会存在很多问题，如制订计划、开展活动、表彰先进、总结工作，都由大人（少先队干部）包下。虽然有时也找队员来开会，但只是把他们当小客人，让他们反映情况，向他们指派工作，极少同他们共商少先队的大事"[①]。少先队组织在实际工作中很多地方是缺少自主性的，少先队需要其教育者在辅导又放手的前提下开展活动。

少先队管理工作的研究，具体包括队干部的培养、辅导员队伍建设两方面。少先队组成人员主要包括少先队辅导员、少先队员及其大队委、中队委和小队委等干部。其中有关少先队辅导员的研究，多数研究从教育者的角度谈如何加强少先队辅导专业的理论建设、课程建设；或从辅导员工作的原则、方法等方面总结辅导员工作的有效策略和方法，以及队辅导员的专业修养等问题。对少先队小干部的相关研究则往往容易忽视少先队员的主体地位或队员自主成长与发展的研究。少先队组织的队委会是各中队必须有的干部组织，但现实中，在各个代表中队的班级中，老师和学生们平时比较关注的干部是班干部而不是队干部。有的中队，其队干部的设置纯属"虚挂"，或者根本就没有。

---

① 共青团上海市委少年部、青少年研究所、少先队学会编：《引导少先队员做市、区、县少先队工作的主人——上海市建立红领巾理事会的探索》，载瞿葆奎主编《教育学文集》，人民教育出版社1991年版，第491页。

另外，也有研究者进行了《标杆管理在和平区小学少先队管理中的应用研究》，探索将标杆管理引入少先队组织活动中，试图构建少先队标杆管理的指标体系、少先队标杆管理评价体系、少先队标杆管理管控体系。[①] 强调少先队管理的规范化、标准化和精细化建设，这是从管理者角度所进行的管理与控制的研究。那么，在少先队组织结构中，管理与控制是作为一种怎样的方式运行的？其运行方式和结果又是怎样的？作为管理者，辅导员在少先队员的各种活动中真的是把握住了正确的价值取向，并服务于儿童的成长吗？还是仅仅只停留于控制儿童发展的政治方向与安全？如果不是，他们实际又起到了什么样的作用？辅导员的精力在实际工作中是否真正放到了"辅导"上？这些都是本书要探讨的问题。

（三）少先队活动研究

活动是少先队组织的一项重要工作和内容，也是少先队组织的教育方式之一，但它并非少先队所独有，学校、社会和家庭都可以开展丰富多彩的活动。少先队活动是少先队实践工作者较关注的内容，这方面的研究成果相对比较丰富。研究者大多从少先队活动的原则，开展少先队活动的方法，以及对少先队活动的评价等方面进行阐述。在少先队活动的设计和组织方面，研究者们开始注意少先队活动设计的内容和形式的新颖性、关注队员的生活、全员参与，并考虑到了少先队儿童的年龄特点，同时注重培养少先队员的独立性。这些关于少先队工作方法的理论研究更多地侧重于从整体上分析少先队工作的方法、理念，而非直接呈现作为个体的少先队员在这种管理体制下的真实生活样态，或者说没有从儿童的视角呈现儿童在组织活动中的真正表现或体验，也没有揭示形成目前状态的原因。

在少先队活动内容方面，段镇的《少先队教育学》[②] 一书对少先队的教育内容做了详细论述。少先队活动与学校的德育工作是联系在一起的。德育与少先队教育的关系，这方面的研究成果最为丰富。少先队教育的研究经过了从侧重于精神层面的教育，如集体主义教育、爱国主义教育、

[①] 武睿琛：《标杆管理在和平区小学少先队管理中的应用研究》，硕士学位论文，天津师范大学，2012年，第3页。

[②] 段镇：《少先队教育学》，上海教育出版社1985年版。

理想教育转向注重儿童心理发展，以及其他的主题，如少先队的科技教育、环保教育、少先队文化建设等方面的研究。也有少先队研究从少先队教育的途径、特点、活动内容等具体方面进行阐述。学校组织各种少先队活动，教育者通过这些活动试图使儿童明白优秀的少先队员应该具有哪些观念、情感或行为，以使其能与学校的生活环境协调一致。那么在现实的少先队活动中，是否所有的孩子都享有平等地参与这些活动的机会，或者说哪些孩子最能够参加这些活动并能真正融入这些活动？这些活动对所有的孩子或者大多数孩子产生的影响是一样的吗？如果不一样，那么这些活动对不同儿童的成长又分别起了怎样的影响？少先队活动与学校的政治教育又有什么样的关系？

（四）少先队仪式研究

"仪式"是让人类学家颇为关注的一个词。仪式是在一定的场域中，由一系列象征符号的不同组合、依据不同的原则程序、表达某种指涉意义，从而对人们的思想观念产生重要影响，对人的行为给以规范的活动。① 在文化人类学家马文·哈里斯看来，仪式也是文化的一个组成部分，仪式的过程表达着丰富的文化内涵，"一般是集体组织的，强调团体的认同感，使团体的个人成员的行动协调一致"。这样"有助于维持群体间的依附感和群体团结意识，并表明某种特定的社会关系"②。

在仪式的功能方面，有研究者提出仪式的表达与群体意识、群体团结或归属感有关。戈夫曼强调："仪式是一种相互专注的情感和关注机制，它形成了一种瞬间共有的现实，因而会形成群体团结和群体成员性的符号。"③ 莫尼卡·威尔逊曾写过一段中肯的言辞："仪式能够在最深的层次揭示价值之所在……人们在仪式中所表达出来的，是他们最为之感动的东西，而正因为表达是囿于传统和形式的，所以仪式所揭示的实际上是一个群体的价值。"④ 涂尔干在《宗教生活的基本形式》⑤ 中也强调

---

① 平章起：《成年仪式的德育功能研究》，南开大学出版社2012年版，第88页。
② 陈向明：《在行动中学作质的研究》，教育科学出版社2003年版，第81页。
③ [美]科林斯：《互动仪式链》，林聚任等译，商务印书馆2009年版，第36页。
④ [英]特纳：《仪式过程：结构与反结构》，黄剑波等译，中国人民大学出版社2006年版，第6页。
⑤ [法]涂尔干：《宗教生活的基本形式》，渠东、汲喆译，上海人民出版社1999年版。

了仪式在个人社会化过程中所担负的重要作用。仪式过程中，个体会产生集体的意义、目标和价值感。少先队入队仪式其设计目的就是期望入队者能够产生一种归属感和自豪感，这种对入队者身份进行确认的程序仪式，实现一定的政治教育功能是教育者努力要达成的。

仪式既有身体的参与，也有精神的参与。"仪式与身体是紧密联系的，它是身体自我理解的一种方式，可以作为身体知识、行为知识，因为几乎所有仪式都会有参与者的身体动作参与其中。"① "仪式是身体的象征性运动，它在一定的历史文化情境里进行。"② 仪式通过运用儿童和青少年的身体取得它的教育及社会上的效果。在实际的仪式活动中，身体与精神的共同在场使得仪式的神圣感与严肃感得以实现。学校场域中的政治仪式设计目的主要是激发学生的集体归属感。因此在学校教育中，学校里的仪式活动成为政治教育的重要方式之一。体现象征化或符号化的少先队仪式就是一种很重要的政治教育活动。如在少先队员入队仪式中，教育者期望新队员通过参加入队仪式，学习如何宣誓、如何行队礼、如何呼号，在身体参与中进行精神洗礼。在入队仪式活动后，仪式将受礼者正式变成了社会所认同的另一种身份的个体。从精神层面的影响来看，仪式不仅仅影响到正在接受礼仪的个体，还会影响到即将接受礼仪的其他旁观者。"学校里的仪式、仪式化及仪式实践将儿童和青少年引入包含内在价值的社会时间秩序。"③

在仪式的身份认同研究方面，有研究者指出，仪式也是一种身份认同的方式。仪式参加者通过对仪式的认同而确认自我的身份。在这方面，柯林斯提出"互动仪式链"："互动仪式的核心机制是相互关注和情感连带。互动仪式中，高度的相互关注形成了与认知符号相关联的成员身份感，为每个参加者带来情感能量。"因此，互动仪式会产生一系列的结果：1. 群体团结：一种成员身份的感觉。2. 个体的情感能量。3. 代表群体的符号：标志或其他的代表物。4. 道德感：维护群体中的正义感，尊

---

① 张志坤：《仪式教育审视：教育人类学仪式研究视角》，《中国教育学刊》2011 年第 12 期。

② ［德］乌尔夫：《社会的形成》，许小红译，广东教育出版社 2012 年版，第 28 页。

③ 同上书，第 86 页。

重群体符号，防止受到违背者的侵害。① 在政治教育中，不能忽视的一个重要元素是"身份感"问题。"身份感"是个体在社会互动与社会化的过程中逐渐形成的。从这个意义上讲，"儿童的政治社会化是政治态度与政治行为模式的学习过程"②。或者说，"儿童社会化的目标，就是把现有文化特别是权威、权力和等级制赖以存在的价值观传授给他们"③。

少先队仪式设计目的是要增强队员的身份认同感与归属感，但现有的少先队仪式活动或实践往往存在重外部细节、轻内部感知，重仪式程序、轻仪式内涵的现象。大多数仪式都是精心排练过的、被美化的，经过结构化和规范化的处理。洪明指出，仪式需要帮助认知水平不高的少先队员突破认知障碍，从而获得有关少先队的"实践性知识"，完成逻辑语言难以完成的任务。仪式作用机制不在于认知，而重在"体知"④。学校政治教育旨在帮助儿童建立其对少先队员身份认同的过程中，使某种世界观或价值观直接输入孩子们内心深处。那么，学校在试图使学生达成身份认同的过程中，是如何发挥少先队仪式的政治教育功能的？这种政治仪式教育是否达成了其预期的目标？对儿童的成长又产生了怎样的影响？

不能否认，仪式的另外一个作用是对人进行压制，使人一体化，并掩盖社会权力关系。⑤ 人类学家维克托·特纳指出仪式过程中有几个重要特征，其中一个即是仪式的展演过程存在着绝对而专断的权力。彭兆荣指出："至于对仪式的研究，最重要的方向是致力于分析符号的作为，它使我们相信符号主义的目的是将政治化的自然主义和意识形态价值与社会文化整体连接在一起的方式（Bell，1992：184）。"⑥ "仪式可以被看作一个社会特定的'公共空间'的浓缩。这个公共空间既指称一个确认的时间、地点、器具、规章、程序等，还指称由一个特定的人群所网络起

---

① ［美］科林斯：《互动仪式链》，林聚任等译，商务印书馆2009年版，第4页。
② 熊易寒：《城市化的孩子：农民工子女的身份生产与政治社会化》，上海人民出版社2010年版，第31页。
③ ［法］莫里斯·迪韦尔热：《政治社会学——政治学要素》，杨祖功等译，东方出版社2007年版，第83页。
④ 洪明：《谈谈少先队的仪式教育》，《中国德育》2012年第4期。
⑤ ［德］乌尔夫：《社会的形成》，许小红译，广东教育出版社2012年版，引言。
⑥ 转引自彭兆荣《人类学仪式的理论与实践》，民族出版社2007年版，第47页。

来的人际关系：谁在那个场合做什么，谁在那个场合该做什么，谁在那个场合能做什么……都事先被那个社会所规范和框定。"① 在少先队员"通过仪式"的形式之后，个体便被认为获得了另一种特殊的"能力"或身份，同时也会受到一定的规约。他们要以少先队员身份自觉约束自己的行为。那么在实际过程中，儿童在获得少先队员这种政治身份后，他们的内心产生了怎样的变化？或者根本没有发生变化？他们又会受到怎样的规约，在这种规约下，他们又是如何行动的？

三　政治教育研究

在政治教育方面，各个国家都会制定自己所需要的政治教育方案，千方百计地去培养自己的接班人，使新生一代对于其政体及其象征符号、意识形态产生认同。"这种认同是政治合法性的源泉，同时也是政治安全的保障。"② 英国历史学家 E. H. 卡尔则更直接断言："几乎没有人再会置疑这个论点，应该以他的国家的官方意识形态来教育儿童。"③ 因此，各个国家历来重视学校的政治教育功能。在 19 世纪早期的德国，赫伯特的教育理念是，儿童既接受知识带来的兴趣，也接受伦理带来的兴趣，后一部分是对公民和国家生活的兴趣。④ 19 世纪 80 年代担任法国教育部长的朱尔·费里在其任职期间的目标是教育好作为忠诚的法国民主人士的每一代学校儿童。他为 11—13 岁儿童制定的简要教学大纲涉及服从法律、服兵役，忠诚于国旗等，利用学校来巩固他们的民族认同。⑤ 在美国的联邦体制中，国家的自主性与一种主导的民族公民目标是和谐一致的。托克维尔在 1835 年写道："在美国，政治是教育的终结和目标。"⑥ 英国则直到 1867 年《改革法令》的通过，才真正重视学校的公民教育，认为有必要通过学校来教育年轻人的公民身份的义务和责任。其中，基督少年

---

① 彭兆荣：《人类学仪式的理论与实践》，民族出版社 2007 年版，第 194 页。
② 李红娟：《建国初期学校教育的政治社会化过程》，《党史研究与教学》2011 年第 2 期。
③ ［英］迈克尔·奥克肖特：《政治中的理性主义》，张汝伦译，上海译文出版社 2003 年版，第 43 页。
④ ［英］德里克·希特：《公民身份：世界史、政治学与教育学中的公民理想》，郭台辉等译，吉林出版集团有限责任公司 2010 年版，第 126 页。
⑤ 同上书，第 129 页。
⑥ 同上书，第 130 页。

军、童子军都特别强调保守的宗教、社会和政治价值,为一种积极的公民身份模式做准备。① 1976 年尼日利亚教育部门颁布了一个指导性的文件《尼日利亚联邦共和国教育政策》,这份文件第四部分主要谈小学教育,认为教育应该"增强尼日利亚的团结,在多样性基础上加强彼此间的联系……教育应该培养年轻人的团结意识和爱国主义情操,要采取一切可能的手段来培养他们对国家的归属感"②。

近代以来,在一些国家主义或其他意识形态受到特别强调的社会中,孩子的政治社会化受到异乎寻常的重视。③ 在这些社会中,孩子的政治社会化被视为国家政府的大计,孩子的意义(他们应该是什么,应该成为什么)也是由所在社会的政治支配团体来规定的。在苏联、中国等社会主义国家中,少年先锋队是儿童的先进组织,人们的儿童观中普遍地给孩子赋予健康、纯洁、乐观、向上、面向未来等的意义。不仅如此,他们还被赋予了种种神圣的意义,少先队员肩负着共产主义的使命,他们必须具备对国家——社会的顺从、奉献的社会性格。④

政治教化论认为,"人们在特定的政治关系中,通过社会政治实践活动,逐步获得知识和能力,形成和改变了自己的政治心理和政治思想"⑤。布迪厄认为,"社会的统治阶级通过控制教化活动(如教育)——使主流的符号和意义内化于下一代中,将自身的文化价值强加在其他阶级身上,从而实现了统治阶级文化特征的再生产"⑥。政治教育相比较于政治社会化更倾向于意识形态的教育,倾向于将意识形态提升到特定的政治信仰诉求上来进行。伊斯顿将政治社会化定义为"一个年轻人在他的生活环境中从他人那里获得基本的政治倾向的过程"⑦。K. P. 兰顿认为:"政治

---

① [英]德里克·希特:《公民身份:世界史、政治学与教育学中的公民理想》,郭台辉等译,吉林出版集团有限责任公司 2010 年版,第 134 页。
② 同上书,第 198 页。
③ 陈映芳:《图像中的孩子》,山东画报出版社 2003 年版,第 23 页。
④ 同上书,第 24 页。
⑤ 王浦劬:《政治学基础》,北京大学出版社 1995 年版,第 372—373 页。
⑥ [美]林南:《社会资本——关于社会结构与行动的理论》,张磊译,上海人民出版社 2005 年版,第 13 页。
⑦ David Easton and Stephen Hess, "The Child's Political World", *Midwest Journal of Political Science*, Vol. 6, No. 3, Aug. 1962.

社会化是人们把自己所属的社会团体对社会的信仰和观念融合到自己的态度和行为模式中去的过程,是政治社会代代相传政治文化的方式。"① 政治社会化是塑造合格"政治人"的过程。"政治社会化的过程是包括政治信息传播、政治观念内化、政治态度演进和个体的阶段性发展四个环节,在逻辑顺序上渐次递进的、连续统一的动态发展过程。"② 政治社会化在发展个体热爱祖国、承认制度的合法性和尊重机构或组织的感悟方面起着主要作用。从这种意义上讲,儿童加入少先队组织就是一个政治社会化的过程。

在儿童政治社会化研究方面,伊斯顿提出了一个儿童政治社会化的理论模式,他认为,儿童政治社会化可分成四个阶段,首先,儿童开始对政治领域感兴趣,伊斯顿称之为"政治化"阶段;其次是"人格化"阶段,儿童通过几种权力形式开始接触政治制度;再次是"理想化"阶段;最后,儿童进入"制度化"阶段。③ 伊斯顿的调查发现,大多数二年级的儿童(7岁)已经坚定地依附于他们的政治共同体。他们会不知不觉地获得自己的身份认同。大多数儿童在校期间对政治共同体的情感是热情和积极的,很少有批评或不满。这是一种情感依附的过程。虽然"随着儿童自身经验的增长,他们可能会拒绝成年人的灌输,并根据自己的经验来处理事情、为自己定义新的角色,并找到新的政治表达方式"④。

学校是儿童个体从早期到成人政治价值观确立的重要机构,是正式的、系统的政治社会化渠道。一个人在从一个自然存在向社会存在转化的过程中,学校的政治教育活动起着重要作用。在政治教育方面,希腊哲学家和文艺复兴时期的思想家都认为公民身份对政治道德和国家稳定非常重要。也有研究者从"文化适应"的角度进行阐述,即集体的所有成员接受构成角色和行为模式的标准和价值需要有一个文化适应过程。文化适应过程的目标是让本集体所有成员都接受和消化标准、方法、价

---

① 王沪宁:《比较政治分析》,上海人民出版社 1987 年版,第 181 页。
② 李元书、杨海龙:《论政治社会化的一般过程》,《政治学研究》1997 年第 2 期。
③ [法] 莫里斯·迪韦尔热:《政治社会学——政治学要素》,杨祖功等译,东方出版社 2007 年版,第 81 页。
④ 何芳、马和民:《政治社会化的政治理论——戴维·伊斯顿的政治社会化理论述评》,《外国中小学教育》2008 年第 12 期。

值和角色。文化适应过程分为两个阶段,第一个阶段可以称作"儿童社会化",第二个阶段称作"不断文化适应",这个阶段是儿童社会化的延续。① 家庭在儿童的文化适应或教育方面也起着重要作用。家庭会传授社会中通行的道德和基本礼仪标准。"适应良好"的儿童,会是一个顺从的孩子,他不仅服从家长,而且服从现有的权威。② 但这种对"适应良好"的判断是否适当值得我们商榷。学校也担当着"文化适应"的重要作用。青少年组织在文化适应过程中占有重要地位。③ 学校借助组织中的价值与规范来引导个体的行动。"社会秩序也正是通过个体对社会生活中的正式和非正式的文化模式的遵从形成的,这种遵从大部分是无意识的。"④

四 已有研究的不足与启示

第一,在少先队政治教育方面,少先队明确以对少年儿童进行共产主义教育为基本任务,这就使得少先队成为接班人政治体系中的一个制度化组织。作为一种政治预备组织,教育者必然会进行一系列的政治教育,那么这种政治教育在小学阶段组织者是如何实施的?少先队员作为一种政治身份,教育者如何利用这种政治身份进行政治教育的?儿童在被赋予少先队员政治身份的过程中,他个人在与教育者所实施的政治教育的博弈中发生了怎样的变化?或者又产生哪些缺失?学校政治教育通过儿童政治身份的赋予这一环节对儿童的德行养成又有怎样的影响?学校对儿童进行的政治身份教育,其得失成败又体现在哪些方面?政治教育的理想选择与限度又应该是什么样的?已有的研究显然对这些问题并没有触及,而这些研究内容是笔者试图在基于前人研究的基础上要着力进行的。

第二,在少先队仪式研究方面,既有的研究忽视了学校这一具体场域仪式中独特的文化、人员、活动的构成及其内涵意蕴,没有对具体的

---

① [法]莫里斯·迪韦尔热:《政治社会学——政治学要素》,杨祖功等译,东方出版社2007年版,第75页。
② 同上书,第79页。
③ 同上书,第80页。
④ [美]霍尔、[美]尼兹:《文化:社会学的视野》,周晓虹、徐彬译,商务印书馆2002年版,第26页。

少先队仪式所产生的政治教育作用以及儿童政治身份认同的变化给予揭示。我们需要思考，一方面，学校进行的各种少先队仪式设计与儿童的政治身份有什么样的联系？这些仪式设计达到教育者预期的目的了吗？这对儿童又会产生怎样的影响？另一方面，假如少先队仪式设计目的是使儿童形成对自己是少先队员身份的认同，且在这种认同过程中，儿童可能会形成一种"集体自我"的认知，那么，他作为一名少先队员，他的"真实自我"会是怎样的？或者他是否会把"真实自我"隐藏于许多其他的、更表面化的或人为强加的"自我"之下？这些问题不能不引起我们的深思。

第三，在入队申请书中，我们看到了儿童对少先队这一政治身份的渴望与追求，他们集中阐述了自己在日常生活中如何做"好事"，做了哪些"好事"，那么他们明白为什么要"做好事"吗？"做好事"与少先队员政治身份有什么关系吗？如果幼儿不知所以然的去做同一件事情，这应该属于一种什么现象？这些问题从现有的研究看并没有得到很好的解释。

总之，关于少先队组织，已有学者从不同的角度、层面，运用不同的理论、方法进行了研究。这些成果为本研究提供了一定的资源和借鉴的地方。但关于少先队员政治身份的赋予、少先队组织的具体运作，从儿童的具体生活环境——学校，到儿童真实的内心体验，这一背景或线索下进行的"全景式"的观察研究是缺乏的，尤其对各种少先队活动背后所引发的儿童对其自身政治身份理解的变化是缺乏深层研究的。即使有关于少先队的实证研究，也只是从一些活动或个别的访谈或少先队辅导员的角度进行的研究。因此，本研究试图运用田野观察的研究方法，对少先队员政治身份的赋予对儿童产生的影响进行研究以弥补以上研究的不足。

第四节　研究方法

本研究不是一般性地抽象地来讨论学校场域中少先队员的身份认同是如何变化的，而是在特定时空背景下采用夹叙夹议的方法，呈现这一问题，正如柴列斯基所说的那样，"必须摆在历史情境之下"①。在研究过程中，由于研究对象的不同而采用的方法也必然有很大的不同。对于少先队的研究，仅用宏大理论进行阐述，只能是一种抽象的理论概括，并会被"海绵般不确定的词语弄得含糊不清"②，也不能以空洞得不能再空洞的话语对少先队的日常生活活动进行罗列性地描述或介绍。本研究采用的是质的研究方法中的田野研究，这主要是出于少先队本身研究问题的需要。"质的研究是以研究者本人作为研究工具，在自然情境下采用多种方法收集资料，对社会现象进行整体性探究，使用归纳法分析资料和形成理论，通过与研究对象互动对其行为和意义获得解释性理解的一种活动。"③

少先队组织是通过队员的集体生活以及各种常规性的日常生活来进行的，在这个过程中，有许多内在的东西无法用单纯的数据或哲学理论来阐述。既然这种出于生活实践的研究不能通过大量冷冰冰的数字来做统计分析，那么为了对研究对象有更微观的探知，就需要用质的研究方法，在自然观察状态下，对具体一所小学少先队的运行情况进行观察，以凸显其存在的问题。

质性研究"偏重于探讨当前的事件或问题，尤其强调对于事件的真相、问题形成的原因等方面，作深刻而且周详的探讨"④。这种人类学方法的田野研究非常适合于研究少先队所组织的动态性活动及其活动中的人，满足了本研究希望深入地、动态地、全景式地了解少先队的开展现状的目的，同时也是对本领域内已有研究所不能解决的问题的补充。运用田野研究可以使我们更深刻地理解事件本身的含义。在此我们所关心的不再是抽象的理论或形式化的事物的外在关联，而是其内在的含义，这种含义只有研究者在参与到研究环境中时才会被深刻地体验到。例如我们可以通过观察与访谈，或者近距离地长期接触学生，知道一个人在

---

① ［美］曼纽尔·卡斯特：《认同的力量》，夏铸九等译，社会科学文献出版社 2003 年版，第 7 页。
② ［美］米尔斯：《社会学的想像力》，陈强、张永强译，生活·读书·新知三联书店 2012 年版，第 45 页。
③ 陈向明：《质的研究方法与社会科学研究》，教育科学出版社 2000 年版，第 12 页。
④ 林重新：《教育研究法》，杨智文化事业股份有限公司 2001 年版，第 428 页。

他还是一个孩子时,他加入少先队之前、之后的行为和思想会发生怎样的变化?他会经历哪些思想上的纠结或冲突?这些纠结或冲突是在什么情况下发生的?以及他是如何应对它们的?透过他的这些生活细节和心理变化我们可以更多地了解他,了解他在少先队组织中的生活状况,这不仅包括个体日常的生活和学习状况,更多的是他在少先队组织中的生活和状态。我们将分析他的具体想法产生的背景和原因是什么,而且关于他的生活状况的每一个细节,笔者都将根据当时具体要求的生活情景来做描述或解释。

在研究过程中,笔者会本着忠实于实践的原则,将一所小学中少先队的运作情况呈现出来。同时在对具体研究内容的分析中,笔者也会本着任何事物都相互联系的思想,呈现出研究问题与现象的复杂性、多样性。在具体研究过程中,本研究是要通过"解剖麻雀"的办法,将少先队组织及其各种活动放到具体的日常生活中去考察。本研究试图避免布迪厄所指出的"完全忽视了那些可以被称为'当地生活'的有关行动者所处的直接语境的材料"[①],笔者将所考察到的材料及其所处情境放到具体的学校场域中考察,并试图将研究中的话语分析与人类学的描述糅合在一起,从批判的视角看待过程中的问题。在整理收集的材料时,本研究不是用有没有价值这种思路去进行判断,而是采取个人与材料进行对话的方法,建立文件夹,对收集的素材进行"相面",然后思考用什么样的线把这些"珠子"串起来。

第五节 研究过程

一 研究对象的确定

笔者选择了位于 N 市的 M 小学[②],M 小学是一所市直小学,在 N 市享有很好的口碑。M 小学的少先队活动在本地相对于其他小学来说,成绩是比较突出的。使少先队成为这所学校的特色,一直是 M 小学校长所

[①] [法] 布迪厄:《实践与反思:反思社会学导论》,李猛、李康译,中央编译出版社 1998 年版,第 347 页。

[②] 出于研究伦理的考虑,本书涉及的人名、地名、校名等都做了处理。

期望的。校长和副校长都很重视和支持少先队的工作。M 小学的副校长也是从大队辅导员走过来的。那么，在这样一所少先队工作受到重视的学校中，少先队的运作到底是怎样的？这是笔者选取这所学校的很大原因。同时，学生作为少先队员在这样的学校中其生活际遇又是怎样的，他们是否朝着教育者和领导者所设定的目标发展？教育者们的教育期望及方法是否又是合理的？对谁是合理的？这些都是笔者要探讨的问题。

M 小学曾先后被授予"全国红旗大队"等各种荣誉称号。但它并不徒有虚名，该学校除了拥有这些外在称号外，它的教育质量在当地也是得到认可的。现在学校虽然已没有重点与非重点的区分，但在本地人的心目中，M 小学就是"重点小学"。在 M 小学的教学楼走廊里，常见到各种漫画式的名言警示。教师办公室外的走廊陈列着各种人文素养·文化·教师系列的牌匾，上面写有对教师职业或生活的箴言并配有漫画：

> 读书是在别人的思想的帮助下，建立自己的思想。——鲁巴金
> 有些人对上班有种恐惧感，这样的人生想必很累，看来如何在工作中找到乐趣，也是件很重要的事。
> 一根链条，最脆弱的一环决定其强度，一只木桶，最短的一片决定其容量，一个人，性格最差的一面决定其发展。

每个班级门口也都设有自己的板报园地。学校的文化无处不在提示着：你有什么样的身份就应该干什么样的事。这些文化设计对教师和学生同时执行着"政治社会化"的功能，它们既是教育的资源，也是实施教育的符号。

在 M 小学，学校设大队辅导员，大队辅导员归德育副校长直接领导，大队辅导员下设中队辅导员，中队辅导员即是各班班主任。学校一共有 58 个班级，每个班级就是一个中队，这样学校大队部就下辖有 58 个中队。一个年级大约有 10 个班，那么这样算来，一个级部就应该是一个大队了。但在 M 小学，整个学校 58 个中队组成一个大队。在研究过程中，笔者对该学校的管理层就个别问题进行访谈，然后访谈部分中队辅导员老师。

围绕着研究问题，笔者先从 M 小学的少先队活动方面的材料入手，

分析该学校对少先队组织的定位与认识,并延伸到他们所组织的活动中。在日常观察中,笔者主要观察少先队组织的日常工作,即他们的各项常规的负责检查方面的工作,访谈他们对这些工作的认识和态度,以及观察学校组织的重大活动。同时,笔者访谈了一年级一个班、三年级一个班和六年级一个班,调查这些孩子在不同的年龄段对少先队的看法和成长过程。小学生最初入队是在一年级,由于研究时间限制,笔者不可能对这些一年级的孩子进行追踪调查,所以选取了三年级和六年级的学生进行对比,特别是六年级的学生。对于这些将要毕业的学生,笔者主要观察他们对少先队的认识又发生了怎样的变化。

在 M 小学,少先队的主要工作是大队辅导员组织和策划的,所以自始至终,我都一直跟随在大队辅导员的旁边,对她的工作思路和做法进行观察。笔者的研究得到了校长和负责少先队工作的大队辅导员的支持,特别是德育副校长给予了极大的帮助。他特别在德育处给我安排了办公桌,跟大队辅导员坐对桌,给我平时观察、研究并参与她的工作带来了很大的方便。同时,学校向我开放资料室和档案室,我可以随时查阅他们学校的文件和规章制度。

在研究期间,笔者几乎每天都坚持待在学校,尽可能参与他们的日常活动,特别是每周一的升旗仪式,以及少先队组织的各种活动,如队前教育、学校的大型活动、师生各类竞赛等活动。我每天坚持记录田野日记,并详细记录下自己的感受与反思。笔者在研究过程中发现,大多数普通少先队员对少先队组织的活动基本上处于不参与或游离的状态。普通队员与大队委对少先队员的身份认识也是不一样的。与少先队活动关系紧密相连的孩子多数是大队委们,他们直接处在大队辅导员的"管辖"之下。各中队辅导员即各班班主任,也是基本不参与少先队活动的,他们也只是在学校有活动时,才接受到来自学校的指令。即使是参与少先队活动的大队委,在参与活动时,也是按照学校的安排和要求去做。大队委们的工作除了完成上级安排的各项工作,还要完成每天负责的"常规检查工作",如检查红领巾、学生是否迟到等。在这些检查工作中,他们也是按部就班地执行老师的指令。下课期间,他们例行的工作就是询问大队辅导员:"老师,今天还有什么事情吗?"他们是活动顺利开展的各方"小领导"。尽管他们在活动的开展过程中,能力会得到一定的锻炼，但这种能力的提升到底与儿童本身的成长有什么样的关系？带着疑问，带着对本研究的好奇，带着前期查阅的资料，笔者就这样进入了被视为"样板学校"的 M 小学进行少先队的田野观察研究。

二 资料的收集

本研究的素材大多来自于在学校大楼、会议室、教室作的观察记录，学校制度层面的文本，教师、学生和管理者的文本，学生的作文及其他手抄报作品，以及大量谈话记录等。研究的资料大多来自学校一线的第一手资料。在呈现材料的过程中笔者对材料进行了分析与批判，这样的批判并不仅仅只针对 M 小学，这可能也是许多其他学校少先队运作中存在的问题。资料收集主要通过以下几个方面：

（一）查阅文字性资料

M 小学进行的少先队活动已经积累了大量资料。大队辅导员很重视过程性材料的积累，这些材料包括一些学校的文件，如小学生日常行为规范、少先队管理制度、少先队辅导员管理办法、少先队大队委竞选方案及评选标准、学生竞选大队委的发言及照片材料、中队报告等文字性资料。

（二）访谈

访谈是质的研究中基本的研究方法之一，它是研究者与受访者一种双方互动式的对话与交流，访谈后研究者对访谈的内容加以整理并诠释。在访谈时，笔者首先将自己介绍给访谈者，向他们描述我的研究意图，包括我的某些研究思路。我觉得这些研究的态度很重要。在研究过程中，我会对这些研究程序细节始终保持关注，保持警惕。

在研究对象的选择方面，笔者围绕着研究问题，对部分中队辅导员和学生，特别是一年级即将入队的学生进行正式和非正式的访谈，并对访谈进行笔录或录音。其中，笔者也对部分大队委进行访谈。在研究过程中，我观察和访谈学生对少先队的认识和态度。这些访谈很大部分是在课间活动，或班级讨论活动中的随机访谈，也有些是正式的访谈。访谈的学生对象来自不同的年级，包括一年级、三年级和六年级，主要是确定他们年级的不同、队龄的不同，确认他们认识和态度的变化。

访谈地点是在学校的门口、走廊、操场和教室里，笔者对少先队员年级间的差别进行观察，以获得学生在少先队的成长与变化材料。对部分大队委访谈时，我与他们朝夕相处已有一段时间，彼此之间有了熟悉感，所以访谈时彼此比较放松。访谈学生一般不是特意而为，而是随机进行。但由于访谈时间多为课外活动时间，访谈时多在走廊里，环境比较嘈杂，而且由于受访者认识的同学很多，访谈时常被中断；或是受访者往往不能全身心地投入到访谈的内容中去，也存在断断续续的现象。

对教师和管理者进行的访谈大多在办公室或组织活动的过程中。由于我大部分时间是与大队辅导员待在一起的，所以经常会与她对少先队组织及其活动、学校管理、学生管理的相关问题进行讨论和交流，这样自然而然地就获得了比较本真的一手资料。对其他中队辅导员的交流，我在平时的谈话中会与他们进行有意识的探讨。

本项研究采用两种访谈方式。

第一种是随机的、非正规的访谈，这类访谈主要是用于了解儿童对其被赋予少先队员政治身份的理解或看法，以及教育者和儿童对随机发生的事件的看法等，访谈问题在某些方面是既定的，但也会随着谈话对象的变化而有所改变。访谈对象、访谈时机、访谈地点更是随机的，其中既有个别访谈也有集体访谈。访谈的记录是在访谈结束后补记。

第二种是正式访谈，这类访谈主要是围绕少先队各种活动的设计与发展过程。包括少先队活动的主题、方式，教师和学生对这些活动效果的理解，学生对自己身份变化的体验。这类访谈采用了半开放式的方式，通常事先准备粗线条的访谈提纲，但会根据访谈的具体情况对访谈的内容作调整，同时也鼓励访谈者提出自己的看法或问题，鼓励访谈对象离题讲他们自己的生活轶事和自己感兴趣的话题。访谈时，笔者主要采用现场笔录或录音的方式，或者访谈后根据记忆进行整理，并对参与事件、活动的学生进行多次跟踪访谈。

在访谈的基础上，笔者也进行了实物分析：在征得研究对象同意后，我获得了部分少先队员的个人学习背景与成长经历，这些信息主要通过一些感想性的材料及带有教师评语的作业来获得。通过辅导员老师，我先后给三年级和六年级的学生布置一些自由写作类型的作业，主要按照主题的方式进行。大体涉及的主题有："我是一名少先队员""谈谈自己对少先队和红领巾的理解""三年级马上要结束，即将升入四年级，自己就有资格加入大队部了，有什么具体的想法吗"等等。不同的主题有不同的访谈提纲，但基本围绕着："对少先队组织的看法或印象，对自己作为少先队员身份的理解"的思路来设计提纲。

（三）实地观察

根据研究设计的要求，笔者主要以以下内容为主要线索进行实地观察：

1. 学校组织的大型的少先队活动，如入队仪式、升旗仪式、校内外活动等。

2. 儿童在入队前后的心理与行为表现。

3. 选择部分大队委同学进行为期一个月的校内跟踪观察。

观察指南主要包括：观察活动目的及其实现情况；管理者、教师及学生在活动中表现出来的精神风貌和变化，不同学生入队前后的心理和行为变化；所组织的活动都是些什么性质的活动等。

三　资料的整理分析与成文的方式

在质的研究中，对"资料的整理与分析没有一套固定的、适用于所有情境的规则和程序"[①]。由于儿童对少先队员身份的理解很难真正通过外在的观察进行客观描述，有时对儿童的访谈，他们并不能完全表达清楚，因此研究过程中所搜集的资料其主题会呈现多维化、复杂化。对于资料的选择与分析，笔者就需要根据多次反复呈现的主题来确定，同时又需要自己不断地进行思考与判断。每次访谈材料整理出来或现场做完笔记后，我都要将材料进行归类、编号，使材料条理有序。在分析材料的过程中，我建立了自己的档案袋，使材料与目录对号入座，以便于以后提取、扩充和重新归类。在使用过程中，我尽量保持材料的归类与分析思路的一致性，并坚持做分析型和反思型日记。在日记中，我会记录自己当时是怎么想的，为什么这么想以及有关效度和伦理道德方面的

---

① 陈向明：《质的研究方法与社会科学研究》，教育科学出版社2000年版，第269页。

问题。

在进行调查研究之前，笔者并不完全清楚自己将从哪方面入手。在进行完一年的调查之后，我再反过来不断进行材料的过滤与分析。这一次，我采用一种完全开放的态度，将自己事先设定的研究思路与思考视角放到一边，重新思考这些原始材料。在阅读访谈记录、观察笔记和一些非正式谈话记录时，我把其中重要的多次出现的细节的东西重新整理一遍，思考这些现象背后的东西是什么，以及为什么会是这样的。最后以儿童政治身份的赋予这条线将众多丰富的材料"串"起来。当然，在整个研究过程中，由于研究本身的特点，研究者无法完全保持一种价值中立的状态，研究者除了作为一名观察者，还要作为一名关怀者、参与者渗透自己的观点。

在呈现研究结果时，笔者将田野调查中所获得的材料进行了处理，现在呈现的是研究结果，而不是对研究过程的呈现，所以并没有完全按照质的研究处理的方式。研究中呈现的调查材料是为了让读者获得对少先队直观的感受，研究中的观点或议论是整个思考过程之后的布局或安排。即对某个事件的评价，是对整个研究过程整体思考之后而获得的研究与分析，这种呈现方式带有某种程度的还原，体现出自己思考的路径或更鲜明地体现了自己的价值立场。因此，笔者在田野日记中对研究过程的描述和解释及个人的反思也会写入文本。在研究过程中，笔者尽量避免将毫不相干的沉闷乏味的东西生硬堆积；尽量避免用某种理论去套用某种现象的"对号入座"的做法或标签效应，以致去粗暴地曲解我们所遇到的问题。在这项研究中，笔者首先描述了儿童这一政治身份赋予的过程，以及在这个过程中他们内心发生的变化和行为表现。其次，分析更深层的问题：对该学校少先队组织活动中可能出现的问题进行深入的反思，当然这也不是一所学校自身存在的问题，可能是更广范围的问题。

四　访谈提纲的设计

访谈提纲是根据研究问题设计的，大都为开放式问题，目的是更多地了解研究对象对该问题的具体想法，以发现更深层次的问题。本研究为了更深入地了解和研究少先队员的生活，设计了大量的观察和访谈提纲，具体访谈提纲见附录。

五　资料的验证

质的研究并不是通过某种理论来解决某个问题，决定对研究对象所作的观察和分析的方案，也不是研究者已经预先勾画好的设计图纸。相反，它是一项耗神费力、艰苦细致的工作，只能通过一系列细小的矫正和修补一点点地完成。研究中所进行的任何选择，既与微妙的细节有关，也具有全局性的决定意义。因此就需要不厌其烦地来讨论那些表面看起来微不足道的细节问题①，通过对这些细节性的持续性关注，研究者才能最终揭示出现象背后的东西。

考虑到资料的可靠与研究结果的真实性，笔者采用相关验证法对资料进行验证。相关验证法的基本思想是"将同一个结论用不同的方法、在不同的情景和时间、对样本中不同的人进行检验"②。具体的做法是：第一，通过文件资料、访谈、观察不同信息渠道对同一个主题的描述是否是一致的，如对比儿童"积极分子"与普通少先队员对同一个问题的看法和理解；第二，通过校级领导、中辅导员，以及部分家长等校内外不同个体对同一个主题的资料进行验证；第三，通过校内不是辅导员的任课教师或其他管理人员、教育行政部门的教育工作者、大学教师等不同来源的人员对同一个主题的资料进行验证。

六　研究的伦理道德问题

在研究过程中可能会涉及个人隐私问题，质的研究要求对研究对象予以高度的尊重，因此，本研究在处理伦理道德问题时将注意以下几点：

1. 研究对象参与本研究完全出于自愿。

2. 研究者向研究对象承诺，研究对象所提供的任何资料都将是保密的。

3. 在研究中，任何可能违反研究对象意愿的行动都将事先征得研究

---

① ［法］布迪厄：《实践与反思：反思社会学导论》，李猛、李康译，中央编译出版社1998年版，第350页。

② 陈向明：《质的研究方法与社会科学研究》，教育科学出版社2000年版，第402页。

对象的同意，如对访谈过程录音的处理等。

4. 为保护研究对象，在成文时将隐去研究对象的真实姓名，包括学校的名字、辅导员的名字、学生的名字，使用的都是化名。

"当我们回顾一生的时候,我们过去的各种身份就像旅馆里来往不息的客人。我们不是任何一个来去匆匆的客人,而是旅馆的主人,为每个来访者提供临时住所。我们在高高的瞭望塔上,就能认识到我们是身份的寄主。应该接受并善待匆匆而来的身份,到时候礼貌地说声再见。"

——罗伯特·W. 福勒(《尊严的提升》)

第一章

儿童政治身份的引介

斯拉沃伊·齐泽克曾指出,"主体设法透过身份填补其结构上的欠缺,借助自身与关键的象征者身份来保证它在符号脉络中的地位"[①]。儿童进入小学后,随着与高年级学生的接触和耳濡目染,他们开始产生对少先队员身份的憧憬,并开始主动或被动地参与教育者对其政治身份的"塑造"。但加入少先队组织是需要准入标准的,儿童必须通过一定的努力才能获得教育者对他们政治身份的"加冕"。

第一节 儿童政治身份准入标准

一 "星级评价"的实施

在 2014 年之前,M 小学少先队入队是分两批的,第一批入队时间是

---

① [英]斯图亚特·霍尔、[英]保罗·杜盖伊:《文化身份问题研究》,庞璃译,河南大学出版社 2010 年版,第 208 页。

在一年级的下学期，即在六一儿童节前夕，第二批入队时间是建队节，即 10 月 13 日。第一批入队后剩余的学生都会在第二批全部入队。入队的标准是看日常综合表现，日常综合表现的具体衡量标准是"星级学生"。每位任课老师每个月都有发放一定数量"星"的权利。如一名数学老师，她手里有 46 颗"星"，分别包括 20 颗"作业之星"，20 颗"问题解决之星"，6 颗"进步之星"。

每个班的班主任每个星期都会进行星级汇总，然后每个学期末也会有最终的汇总。拥有 10—19 颗的学生是"一星级"学生，20—29 颗的是"二星级"学生，30—39 颗的是"三星级"学生，40 颗以上的是"全面发展之星"。"全面发展之星"会在下学期的每周升旗仪式上进行表彰。越是年龄小的学生越对"全面发展之星"特别渴望，每次升旗仪式表彰后，主持人都会表达向"全面发展之星"学习，争做"全面发展之星"的要求和期望。

第一批入队的学生大约要达到 30 颗星，每个班一般有 70 名学生，其中大约有 50 名学生能在第一批入队。如果某个班达到 30 颗星的同学超过 50 人，而别的班达到 30 颗星的学生少，那就可以把别的班的名额让给这个班。但是如果别的班没有多余的名额调剂过来，那这个班的学生就要再竞选一下，实行优胜劣汰，淘汰掉部分超名额的学生，被淘汰掉的学生往往都承担着较大的心理负担。

下面是一年级八班学期末的星级学生统计表的一部分：

表1　　　　　　　　　一年级八班期末星级学生统计　　　　　　　　　（单位：颗）

1	2	3	4	5	6	7	8	9	10	11	12	13	14	15	16	17	18	19	20	21	22	23	24			
姓名	文明礼仪星	遵规守纪星	卫生环保星	诚实守信星	简朴节约星	博爱乐助星	阅读小博士	写字之星	语文进步	计算小状元	解决问题星	数学进步	英语口语星	英语读写星	英语进步	快乐小歌星	小小演奏家	跳绳健将	踢毽子之星	球星	绘画之星	制作小能手	科技小明星	电脑之星	月汇总	学期总计	星级
A							2												1	1					4	15	1星
B	1													1			1					1			4	15	1星
C	1	1					2	1						1											6	15	1星
D																	1								1	15	1星
E	1									1	1			1											4	30	3星
F																									0	2	

续表

姓名	文明礼仪星	遵规守纪星	卫生环保星	诚实守信星	简朴节约星	博爱乐助星	阅读小博士	写字之星	语文进步	计算小状元	解决问题星	数学进步	英语口语星	英语读写星	英语进步	快乐小歌星	小小演奏家	跳绳健将	踢毽子之星	球星	绘画之星	制作小能手	科技小明星	电脑星	月汇总	学期总计	星级
1	2	3	4	5	6	7	8	9	10	11	12	13	14	15	16	17	18	19	20	21	22	23	24				
G			1	1	1		1							1									1		6	40	全
H		2			2	2				2			1	1		1					2	2			16	40	全
I	1		1					1							1					1					5	15	1星
J								2					1							1					6	30	3星
K																				1					3	15	1星
L																1									1	7	
M									1	1			1												4	20	2星
N													1		1								1		5	42	全
O																									4	21	2星
P	2		2	2						2	2										1	2			15	40	全
Q		1			1			1			1									1					7	15	1星

能够早日加入少先队组织在孩子们看来是非常重要的。他们会为赢得先后入队的次序而相互竞争。刚入一年级的孩子为了赢得更多的"星"会积极遵从能够获得"星"的规则和条件,每个孩子都会很认真地将获得的"星"贴在本子上,等他们攒到了足够数量的"星"才能换取"全面发展之星",也才能为自己能早日加入少先队赢得条件。

"我非常期望能加入少先队,连做梦都想加入,但是我第一批没能加入,好长时间我都很难过,可能是我还不够条件……"(一名三年级的学生很沮丧地回忆起入队时的心情)

"作为少先队员,要学习好,善良,第一批加入的少先队员都是学习好的,第二批是二年级。加入少先队的都是优秀的,很多同学不能参加第一批。"(一名三年级学生)

"我是第二批加入的少先队,虽然很尴尬,也比较难为情,但是入队的时候我还是非常地高兴,因为我马上就要成为一名少先队员了。我们来到操场,我见到了许多也是第二批的少先队员,不对,

应该是马上就要成为少先队员的人了,之后我戴上了红领巾,我永远也忘不了那一刻。"(一名三年级学生)

"我们入队时,一个班里只有几个优秀的学生才能第一批入队,我是第一批的,当时特别自豪。等到第二批的时候全部入队,也没什么稀奇了。现在全班都入队,也没什么意思。"(一名六年级学生)

"我是二年级上册(上学期)加入少先队的,关于少先队我努力了很长时间,我一年级下册(下学期)没加入。我哭了很长时间,我想,一定要加入少先队。我要努力努力再努力才行。"(一名三年级学生)

"我很讨厌我们班××为得到'星星'去巴结老师,故意显摆自己的样子。表现好有什么,实际上品质可差了,我们班同学都不喜欢他。"(一名三年级学生)

"分数就是可算度性原则下的无形技术,它不单是给予表现一个数字,更给予你这个人一项价值。有史以来,分数首次为个人成败提供客观量度标准。人总希望取得第一,害怕一分不值。怎样去证明自己呢?只有靠表现及客观的评审,因此就出现了可审计性的双重约束力。"① 在择优入队的指导思想下,大多数学生会用自己的"积极"表现来换取少先队员政治身份。他们会为了获得足够的"星"而努力在老师面前"好好表现"。较早一批加入少先队的儿童会以自身很光荣的姿态来展示自己的身份与成绩。当然,这种"炫星"的行为如若过于明显,其在同伴中往往会招致大家的不满与嫉妒。而那些较晚加入少先队组织的儿童,在没有入队前,则存在深深的担忧与焦虑。当所期望的社会成员身份感没有实现时,儿童会出现情绪低落的状态。这种由于期望的中断而带来的短期情感在不同的个体身上会呈现出不同的反应。由于成员身份的差异,这种消极的短期情感对某些儿童所带来的影响可能是长期的消沉。"自豪感是自我受到群体激励而生成的情感,羞耻感则是自我被群体排斥所耗

---

① [美]华勒斯坦等:《学科·知识·权力》,刘健芝等编译,生活·读书·新知三联书店1999年版,第96页。

费的情感。"① 自豪感与羞耻感在儿童入队时体现得尤为突出。"身份变成了某种主要是自我确立与自我归属之物，成为留给个体费心努力所带来的结果。"② 如果个体此时不能成为少先队组织中的一员，他会由此产生一种身份的焦虑。这种对不能加入少先队的担忧和焦虑，对大多数儿童来说意味着一种失败，意味着可能随时会被别人嘲笑或挖苦。试想一下，如果儿童一入学，就陷入一种焦虑的半空中，那对他将会产生怎样的影响？

二 对"星级评价"的审视

对于"择优分批入队"与"全童入队"，学校认为分批入队是激励先进，鞭策后进。也有很多管理者并不认为有什么太多的不同：所有的儿童都能加入少先队组织，只是时间先后的不同而已。学校管理者认为采取"星级学生"的做法，是重视学生平时综合表现的一种创新性做法，是强调过程评价的一种改革。

> M小学德育处负责星级评价的主任说，"我们这种做法是鼓励孩子在各方面都能表现突出，每个孩子在发展中都会有突出的方面，这是素质教育中多元评价的一种方式。因此'星级学生'在我们学校不仅被作为少先队员第一批入队的标准，也是学生在学期末和学年末的综合评价依据"。

那么星级学生是否是一种变相的贴标签的做法？学生是否可以这样被正确地进行等级的划分？星级评价其设计目的和程序是否都是合理的？儿童作为一个平等的主体，被人为地控制，进行分批入队，这是不是一种武断、粗鲁的行为？

> 一位老教师私下表示："学生不是酒店，可以用星级这种外在的标准来进行。通过'星'这种奖励方式激励孩子积极表现，一开始

---

① ［美］科林斯：《互动仪式链》，林聚任等译，商务印书馆2009年版，第175页。
② ［英］鲍曼：《流动的生活》，徐朝友译，江苏人民出版社2012年版，第33页。

可能会比较有效。但这种效果往往很短暂。学生被老师的'星'控制住了，没有什么好处。"

笔者试着问："那您有没有向领导提出建议？"

"他们认为这是学校创新做法的亮点，我们提了也没有用，学校曾征求家长委员会的意见，有家长提出建议了，也没有被采纳。"

访谈中，有学生公开表示："'星级学生'有什么了不起的！"

学校的奖励是竞争性的，经常出现的结果是一个人或少数人得到了奖励，而多数人没有得到奖励。对于没有得到奖励的人来说，虽然没有受到惩罚，但有时其内心受到的伤害比受惩罚还深，或者说是另一种程度更深的惩罚。比如，个别同学一周得到了很多"星"，而另外一些同学一颗"星"也没有得到，那么这些"星"就既是奖励，也是惩罚，是对得"星"者的奖励，对没有得"星"者的惩罚。即使奖励是孤立进行的，但如果一个孩子对奖励非常期待，结果却没有得到奖励，在这种情况下，奖励就变成了对该孩子的变相惩罚。

调查中，有一位家长表示："我的孩子在刚入学的一个星期里，一直很努力，可是一颗星也没得到，回家哭得非常伤心，我鼓励他以后再努力还是有机会的，他却不认为这样。我们怎么安慰也没用。幸好后来我私下找了一下他的班主任老师，老师发给他几颗'星'，给予了照顾和鼓励，才慢慢好起来。"

"星"成了大多数孩子追求的目标。儿童不得不随时与他期望的、且未达到标准所产生的泄气作斗争。学校依靠这些外在的物质性奖励来提醒儿童如何努力，显示出学校对真正的道德行为以外的动机是多么依赖。结果就是，"将那些还没有多少推理和选择机会的孩子们，以某种特定的分类标准，置于僵化刻板的小盒子里，并且告诉他们：'这就是你的身份，这也是你将得到的所有东西'，这种做法，对这些孩子们来说，是极为不公正的"①。

　　一位老教师在本年度的入队仪式上表示,"少先队教育就应该是面向全体儿童的教育。让孩子分批入队,结果导致了什么？反复抓,抓反复,孩子们成长的积极性被打击了。很多家长来找,想让孩子早入队,结果找了也没用,家长和孩子的怨言特别多。今年改成全部入队了,早该这样的。一个孩子入不了队,不仅孩子不高兴,他的整个家庭都会不高兴。家长们都希望自家的孩子早一点戴上红领巾。加入少先队组织,不应有任何附加条件,我们应把红领巾当作鼓励孩子上进的手段,而不是拿它当紧箍咒去束缚孩子,去卡孩子入队"。

《中国少年先锋队章程》规定,少先队面向所有适龄儿童,凡自愿参加少先队,愿意遵守队章,向学校少先队组织提出申请的,都能够被批准成为少先队员。M小学一直是采取分批入队的方式,直到2014年5月份大队辅导员参加了省里的辅导员培训,培训老师在会上指出少先队入队应坚持"全童入队"。大队辅导员回来后就进行了少先队全童入队的改革,让一年级的学生全部入队。尽管学校实行了全童入队,但是"星级评价"方式依然施行。"星级评价"成为对学生日常学习和行为的一种重要评价方式。学校利用学生愿意"积极上进"的心理,通过这种方式,实现了对学生的教育和管理。

第二节　儿童政治身份意识启蒙：队前教育

　　M小学对一年级的所有学生在入队前都要进行队知识的传递——队前教育。M小学的队前教育一直被认为是本市学校少先队教育的一个"特色和亮点"。笔者调查了一下周边的几所学校,以及对全市辅导员培训时接触到的其他学校的辅导员进行访谈,发现其他学校确实鲜有队前

---

① ［印度］阿马蒂亚·森：《身份与暴力——命运的幻象》,李风华等译,中国人民大学出版社2012年版,第95页。

教育。甚至有的学校在一年级学生刚入校一个月后，在建队节（10月13日）就让全体儿童加入少先队。后来团市委统一规定在六一儿童节前举行入队仪式。

"学生刚进入学校，还没接触少先队和红领巾，就加入了少先队，还没形成初步的印象，也没产生强烈的要加入（少先队）的情感，就自然达不到应有的效果。他们接触的少先队知识只是零星的，甚至有可能是零，加入少先队就没有什么兴趣和好奇心。就像轻易得来的（东西）就不会珍惜一样，这样的加入对孩子们没有任何的触动。很多学校（周边其他学校）都不组织入队仪式，即使有，入队过程也只是一个拼凑或很混乱的过程，根本没有仪式感。"（大队辅导员）

"队前教育很重要，这是我们把每个孩子真正纳入到少先队组织的一个重要过程，这个过程主要是让他们知道和了解队知识。"（大队辅导员）

一 学校开展队前教育的"前奏"

M小学的队前教育得到了学校德育副校长的大力支持："关于少先队儿童组织章程方面的知识，不是每个儿童都能理解的，但这些内容是教育的一个重要环节。队前教育我们是按照少先队章程的文件进行的，就是文件指出的：希望儿童在成年后表现出对我们国家政治制度的情感认同和政党依恋。少先队在培育爱党的朴素感情方面发挥着不可替代的重要作用。"他拿着文件向笔者解释文件要求的具体内容。

《少先队活动课指导纲要（试行）》（2013年3月）指出，要"灌输培养少年儿童对党和社会主义祖国的朴素感情"。那么在学校少先队活动中，教育者是以什么样的方式把这些意识形态的东西传递给儿童的？儿童在不了解情况的条件下是以怎样的状态参与各种活动的？效果又是怎样的呢？笔者就少先队队知识传递方法采访了大队辅导员。

问：您对《少先队活动课指导纲要》提出的"灌输"是怎么理解的？

大队辅导员：很多东西我们是需要灌输来进行的，特别是年龄小的孩子。他不知道世界是个什么样子的，你告诉他（世界）就应该是这个样子，他接受就好了。队前教育的一个内容就是要让孩子们明白少先队组织中符号所代表的意义。我们认为小孩子可以进行适度的灌输，很多教育理论家提出要尊重学生的主体性，我们也认可，但如何去做，我们真的没考虑得那么细。多少年的教育我们都是这样走过来的，我们没往深处去想这些问题，即使有时我们很理想化地这样考虑了，实际工作中还是做不到。另外，在少先队教育这一块，我们进行的其实就是意识形态的教育，这也是我们必须的和主要的工作。学校进行爱国主义教育就应该理直气壮，唤起孩子们的爱国意识。所以在让孩子们了解队章内容时，很多都是采用灌输的方法。

她停顿了一下，又补充了一句：也有专家认为"任意批判灌输的观点是伪科学"，他们认为低龄儿童可以适度灌输，适度的灌输并不是不尊重主体性。

问：队前教育的主要内容大致有哪些？

大队辅导员：队前教育的目的是使儿童产生一种加入队组织的光荣感，因此主要内容是让他们了解少先队的光荣历史，了解少先队是一个什么样的组织，跟共产党有什么关系，了解加入少先队是学习先锋，让孩子们产生一种归属感，产生对组织的一种依恋和忠诚，渴望成为少先队组织的一员，愿意为集体荣誉做出努力。

问：队章的表述很多都是一些抽象的语言，孩子们是否真正能理解？

大队辅导员：孩子们能真正理解队章确实有些困难，我们也认为应该有适合于儿童的队章的读本。所以我在指导大队委进行队前教育的时候，建议他们通过讲故事的方式，如讲述少年英雄的故事；也可以通过看电影的方式来展现少先队是一面火红的旗帜，我一般会布置给中队辅导员让他们一起在班会时间看一些革命时期的少年儿童红色影片，如《安源儿童团》《飘扬的红领巾》《少年英雄》

《地下少先队》《英雄小八路》等。少先队是孩子们人生的第一个坐标，应该让他们体会到少先队是一个温暖的集体，是孩子们成长进步的摇篮。这是我们期望达到的理想目标。

问：咱们学校有少先队活动课吗？

大队辅导员：没有，严格意义上的队课没有。学校正常的课基本都是满的，即使其他学校有排少先队课课表的，但并不代表就上了。孩子们在校的时间是固定的，课程安排也是固定的，哪有时间来安排少先队课？另外，大多数中队辅导员对少先队教育也没有很好的认识与理解，并没有掌握如何开展少先队活动。他们没有好的教育方法，也不知道如何去教。况且班主任的工作量本来就大，如果再让他们上这些少先队课，他们会更有怨言。

她补充道：如果说我们组织的活动可以被认为是队课的话，我们是做得比较多的。

问：学生在班会时间一般做什么？

大队辅导员：班会由班主任决定，班会的时间除了讲一些要注意的问题，或进行一些主题活动外，他们大多数都在进行主科的学习。

在谈到把少先队教育组织成几节思想品德课时，大队辅导员并不赞成："这样的授课形式几乎不能给儿童留下任何印象。在参加省辅导员培训时，很多大队辅导员也表示，不能僵硬地把少先队教育局限于教室里的几个课时。"

在对学生群体的访谈中，部分学生肯定了队前教育的作用：

"以前觉得很好玩，后来听完大哥哥大姐姐讲完后，才知道少先队是什么。"（一名三年级学生）

"没加入少先队时，我还不知道要干什么。哥哥姐姐们的讲解让我们有些明白了，特别是那一天，我正式加入了少先队。我也知道干什么了！那就是互相帮助、团结友爱、天天向上。"（一名三年级学生）

"从那以后（队前教育），我才明白少先队员是什么。他们（大队委）告诉我们少先队员是榜样，是团结，我就觉得我以前做的大约都是错的，我要下决心去改，去做得最好。我要做大家的榜样，做到和同学团结。"（一名三年级学生）

"我是一名少先队员，一年级的时候我加入了少先队。刚加入的时候我很高兴很欣慰。我只知道红领巾是红色的，可是为什么每一个少先队员都要戴红领巾，我有很多问题不明白，看来我还要好好学习才会明白这些问题的答案。"（一名三年级学生）

关于少先队队前教育，笔者也曾与三位中队辅导员老师进行了访谈，摘录如下：（A、B、C 分别代表三位老师）

问：咱们学校重视少先队队前教育吗？这对学生影响大吗？

教师 A：孩子们入队前，少先队组织的活动倒是不少。孩子们参加这些活动，肯定会受到影响的，能起到一些思想熏陶的作用。小学阶段学习压力又不大，我觉得可以让孩子们多参加一些活动。

教师 B：在小学阶段，家长并不是非常注重成绩，所以学校很注重通过组织活动来提高学校的知名度，电视台也经常来采访，所以领导们更加重视这些（少先队）活动。再说了，哪个领导不重视学校的知名度与业绩？但对学生有多大的影响，我觉得，得具体情况具体分析。

教师 C：我觉得不一定对学生有什么影响，队前教育课由那些学生讲，学生讲得也不明白，跟闹剧一样。对于那些愿意表现的孩子来说可能会有一些影响。

教师 A：每一种活动总会有它的意义的，总会产生一些积极影响的，孩子们参加活动总比做书呆子强。

教师 B：怎么说呢，队前教育是一种政治教育，这种教育是必需的，但小孩子未必懂，好多东西成人都还不懂呢，要是有好的方法和形式也不错……

教师 C：那得具体看是什么活动，有很多活动是响应上面的号召才进行的……我们老师也就是起个督促的作用……

学校给予了大队辅导员以足够的时间和空间来开展队前教育这些活动。这些活动的举行一方面符合国家的政策方针导向，另一方面举行这些活动也提高了学校知名度，服务于学校的外在声誉。队前教育也提前给孩子们上了一堂少先队课，让他们对少先队组织产生了朦胧的认识。在这样的形势下，M小学的队前教育每年都能如火如荼地进行。

二　轰轰烈烈的队前教育活动

M小学一年级的队前教育是由大队委来进行的。大队委们进行队前教育前，大队辅导员首先需要对他们进行培训，指导孩子们队前教育实施的内容和方法。大队委再按照大队辅导员制定的大体培训思路，周末小组集体备课来组织队前教育的具体内容。队前教育的时间是利用每周一的班会活动课来进行。第一次培训时，大队辅导员让大队长负责演示PPT，并让她念了PPT中的一段：

"中国少年先锋队的前身是中国少年儿童队，成立于1949年10月13日。少先队的发展可以分为五个阶段：

1924年到1927年北伐战争时期的劳动童子军；

1927年到1936年土地革命战争时期的共产主义儿童团；

1937年到1945年抗日战争时期的抗日儿童团；

1946年到1949年建立的少年先锋队；

1949年新中国成立后建立了全国统一的组织——中国少年儿童队，后改名为中国少年先锋队。"

大队辅导员向大家发问：大队长念完少先队发展历史，大家听完有什么感觉或者感受？

学生1：感觉历史很久远，很壮观。

大队辅导员：感兴趣吗？

学生1：感兴趣。（很多学生附和）

大队辅导员：有不感兴趣的吗？

学生2：有。（有三个同学举手）

大队辅导员：这才是说真话的，大队长念完这些，你们记住了吗？面对一年级的同学，你觉得他们能记住吗？每个时期有每个时期的英雄，如王二小、潘冬子，他们都属于哪个时期？看一段电影，都会比这样空讲的效果要好。这些我们要学习的榜样，大家要好好准备，可以选取有代表性的人物事迹进行讲述。

在大队辅导员杨老师刚才的提问过程中，大多数人没有说出来自己真实的想法，也没有认识到如何正确有效地进行队前教育。假如他们这样去培训学生，他们会怎样针对一年级学生的实际情况进行队前教育？杨老师发现了这样的问题，直接批评了他们的行为，有意识地去告诉他们应该怎样对学生进行少先队历史的宣讲。

> 队前教育大约持续了两个月，从三月初开始，一直持续到五月底。大队辅导员杨老师自我感觉良好："这种方法能够体现少先队是一个少年儿童自我教育的群众组织。这种同辈之间进行的教育，比由老师来进行说教效果要好得多，也能够使他们自觉地认同当一名少先队员的光荣性，愿意像高年级的学生一样去做一名优秀的少先队员。"
>
> 在执行队前教育任务的队干部组织方面，杨老师指出，"我们学校在队干部的培养和锻炼方面很注重学生之间的自我锻炼和队干部培养的连续性。进行队前教育的小组成员由一名老队委，两名新队委组成。老队委是去年已经参加过队前教育的六年级学生，有经验，所带的两名新队委是四、五年级的学生，他们跟着老队委学习，等老队委毕业，下一年他们再带领新的队委进行队前教育。这样就保持了队前教育成员的连续性，而且由学生带学生，也体现了少先队管理的自主性"。

学校设计队前教育是让孩子们全面学习队章，理解队章内容，接受少先队文化的熏陶，增强对队组织的认同感。队前教育第一讲的内容是少先队的全称，少先队的来历，建队日，队旗的图案和含义，什么是大队旗，什么是中队旗，队徽和队旗有什么区别，认识红领巾，这使他们对少先队有一个朦胧的认识。在整个讲授过程中，主要由六年级的大队委来主讲，另外两名做辅助把队旗拿到教室呈现实物，并手把手演练如何系红领巾。主讲学生也知道如何与小学生互动，通过提问，让学生演练等方式来进行，同时对表现突出的同学给予表扬和鼓励。因为是第一次上"队课"，孩子们怀着激动的心情，屏声息气，不用班主任老师维持秩序，整个课堂秩序都非常安静。他们眼里充满了好奇与羡慕，全神贯注地听着大队委们讲述少先队的历史以及队标志的代表意义。

队前教育课主讲的学生虽然是六年级的学生，但从他们在整个队前教育过程中对少先队知识的讲解来看，他们并不太知道如何把这些队知识问题讲清楚，或许他们自己本身就不太清楚。虽然各班的队前教育内容都差不多，但班级不同，大队委讲授方法的不同，各个班级学生的接受效果也显著不同。

第一次队前教育，孩子们的学习动机很强。在进行队前教育之前，他们充满了学习的热情与渴望。大队委们放映关于少先队知识的相关PPT内容，孩子们比较安静也比较好奇。

第二次队前教育，主讲人先复习一下上一次的内容。

> 主讲人（六年级大队委）：上节课我们带领大家学习了"红领巾"的系法，会了吗？
> 学生：会了。（部分学生）
> 不会。（课堂上出现"会了"与"不会"此起彼伏的声音，课堂上也出现混乱的场面）
> 主讲人：给"会的"同学鼓掌。（学生鼓掌）有哪些同学不会啊？
> 学生S1：我。（有不少同学回应）
> 主讲人：不会的（同学）呢，回家问一下自己的爸爸妈妈。今天我们先来复习一下队知识。（屏幕上出现"中队旗"的图片）
> 学生S2：中队旗。
> 主讲人：我们来看一下是否正确。（PPT出现"中队旗"）
> 学生出现一片唏嘘声和零落的掌声。
> 主讲人：真好。
> 主讲人：下一个，大家记得"队徽"是什么样的吗？"五角星"代表什么？（主讲人点了一个同学，这位同学站起来没回答出来）那

大家小组讨论一下。

教室里又出现一片混乱。

这时有学生举手:"五角星"代表五颗星。

主讲人:大家来看看"五角星"代表什么啊,(点PPT)出现"五角星代表中国共产党的领导"。接着很多学生喊"毛主席、毛主席……"教室里又出现混乱的场面。助手做了暂停的手势。

主讲人在PPT上打出:火炬象征着什么?

这个问题大多数学生都会,齐喊:光明。

接着下一个环节是"抢答",主讲人承诺会发一些奖品。(但最后没有发)

"抢答"的问题是比较简单的,如"少先队的全称""建队日是哪一天""少先队员的标志是红领巾"等,接着考察大家对红领巾的系法。自告奋勇上来很多学生,但基本都不会系。

讲台上大队委在教上讲台来的学生如何系红领巾时,教室里出现打闹的场景,这时一直站在后面的中队辅导员(班主任)老师开始维持秩序。

讲完系红领巾,主讲人开始教给学生如何行队礼。所有的学生站起来,在教到一半的时候,主讲人发现有三分之一以上的学生行队礼时是用左手,主讲人开始纠正。"右手,右手,你写字、吃饭的那个手。把右手伸出来,大家互相检查一下有没有伸左手的?"还有几个男孩还在伸左手,特别是第一排的两个男孩,一边打闹,一边用左手。不知他们是真的不知道,还是故意为之。纠正右手的问题持续了大约五分钟的时间,辅导员也加入到帮助纠正的行列。纠正完后,主讲人继续讲解行队礼的正确方法。但有几个男孩故意做出"美猴王"的手势。主讲人讲完后,"把手放下,再来一遍"。连续做完几遍队礼后,后排的学生仍然有用左手的。第一排的两个男孩在打闹中也仍然用左手。主讲人又强调了一遍"用右手"。然后,主讲人展示并询问PPT上图片上的队礼是否漂亮。最后,主讲人找同学一个一个地到讲台前面展示如何行队礼,让大家判断是否规范并再次给予讲解和纠正,在这期间,纪律尤其差。班主任没办法,跑到前面严厉地大声说:"我数数做好啊,一、二……"这时教室才安静下来，但学生们仍然是在小声地叽叽喳喳说话。讲解行队礼的时间大约持续了十多分钟。

接下来的内容是学唱队歌《我们是共产主义接班人》，主讲人先带领大家领读一遍歌词。主讲人将"时刻准备建立功勋"领读成了"gōng kè"，学生们也念错误的发音，班主任在一旁纠正"gōng xūn"。

主讲人领读完了后，开始一句一句地讲解："我们是共产主义接班人，共产主义，现在是共产党是吧？继承革命先辈的光荣传统，革命先辈，光荣传统，咱们抗日的时候，抗日的战士非常英勇，对不对？热爱祖国，热爱人民，大家都爱自己的祖国吗？都爱中国吗？"

"爱！"有几个零落的但也比较响亮的声音。

"刚才我忘记一句话，为中国之崛起而读书，我们现在好好读书，将来为国家做贡献。红领巾飘扬在我们的前胸，红领巾是少先队员的标志。这位同学，不要打架。（把正在打架的两个学生劝住）不怕困难，不怕敌人，大家都想一下都有什么样的困难？"

"就像打那个外国鬼子那样！"一个胖胖的男孩起来回答。

"要勇敢。"另外一个男孩站起来

显然这些一年级的学生并没明白主讲人的提问。

主讲人便自己作了解释，"不怕困难，困难有学习上的困难叫困难，同学之间相处的困难，也叫困难，困难有很多种，大家如果遇到了困难，一定要想办法去克服它们，明白吗？"

"明白！"几个学生响亮地回应。

教室里越来越混乱，老师在一旁维持秩序："你看人家在上面讲得多认真呀，一个星期只讲一次也不认真听。"老师劝说完也不见有多大效果。

主讲人继续："向着胜利勇敢前进，都有哪些胜利？"没人回答，教室仍是混乱。"不要说话了，不要说话了。"主讲人只得自己维持秩序，"胜利有很多，有学习上的胜利，大家要争取考第一名。大家来看第二段，少先队员是我们骄傲的名称。大家想不想成为少先队员？"

"想！"学生回答比较响亮。

"记得我们那时候，每天都梦想能戴上红领巾，大家为了戴上红领巾这个梦想就要好好地学习。"

最后，大家一起听一下播放的队歌。助手在旁边打拍子，下面的部分学生也在打着拍子。听完歌后，主讲学生布置作业，回去练习唱队歌，并嘱咐这首歌的名字叫《我们是共产主义接班人》。

大队委在解释歌词时，对歌词的理解是模糊的，他们本身对这些内容也是不理解的。虽然个别地方主讲人也联系了学生学习生活中的实际，但实际上对一年级的孩子来说，还是难以深入进去，很多学生在这节队前教育课上一直都是游离在外的。孩子们在第二次入队教育中明显热情降低了很多，没有第一次那么激动、好奇，也许是不同班级的原因，笔者第二次观察的这个班级秩序非常乱。尽管大队辅导员要求大队委们不要用一种方法讲，口号要少，要求他们多给孩子们讲一些事迹，但由于大队委本身知道的并不是很多，所以他们讲解时的语言就显得特别苍白，效果也就非常有限。他们在维持秩序时所用的话语和方式也都是采用平时老师上课所用的方式。

另外从接受队前教育的学生群体来看，他们在理解一些抽象的内容方面，单凭他们的身心发展状况，他们也是达不到的。入队教育中当主持人提到共产党的领导时，下面的孩子高喊"毛主席、毛主席"。这反映出他们对国家或政党的概念具体化到某个国家领导人身上。他们还不能理解抽象的观念或符号标志，国家领导人成为一个具体的象征符号。从他们对观看过"红色影片"的反应看，他们几乎不记得里面的内容和人物，即使他们产生了一定的认识，也是肤浅的和短暂的。在政治教育上，他们这时仅作为一个被动的接受者和直观的观察者，还无法产生真正的信念、态度和情感。

在关于"红领巾的系法"这一环节，系红领巾有专门的"口诀"："领巾披上肩（体现少先队的活泼、自然），左肩压右肩，右肩压一圈，圈里掏出尖。"大队委按照口诀演示了几次，让孩子们上讲台自己演练时，孩子的热情非常高，但真正到讲台上系红领巾时，几乎没有一位同学能系好，都需要在大队委的帮助下才能系。后来进行入队仪式后，我访谈了几位一年级的家长，他们都表示孩子们现在还需要家长的帮忙才能把红领巾系好。

最后一次队前教育是"五一"劳动节之后，主讲人问学生："上一节我们学的什么内容大家都还记得吗？"孩子们面面相觑。

主讲人："过了'五一'节，忘了吗？"

"忘了""忘了"。很多学生回答。

这时也有个别学生说："没忘，学的是'国徽''国歌''队礼''红领巾'……"学生开始七嘴八舌、争先恐后地发言。

主讲人："停、停、停。这位同学刚才说的是国歌吧？国歌是升国旗的时候唱的，'起来，不愿奴隶的人们'。我们上节课学的是少先队的队歌。队歌，大家谁会唱？"

这时很多学生举手表示会唱。教室里开始热闹起来。助手拍桌子，"大家安静下来"。

主讲人："我们一起来唱，'我们是共产主义接班人'，预备唱。"

一旦开唱，孩子们唱得非常整齐、认真，声音洪亮，没有一个开小差的，最后的一句"接班人"中"人"字音拉得特别长，甚至有的孩子唱歌的时候脖子上的青筋暴起。虽然第二段歌词个别学生记不住，有点跟不上，但跟随着大家也都唱出来了。

唱完后，教室里又出现混乱的场面。

主讲人："再有说话的，我就不讲了，怎么纪律这么乱？"教室里稍微安静下来。"大家前一段时间有没有看过抗日英雄的电视或电影？"大多数学生表示："没有看。"（前段时间应该布置《英雄小八路》《地下少先队》《飘扬的红领巾》的任务的，可能这个班的老师没有布置，或者孩子们忘记了）

这时教室又出现混乱。

主讲人："不要讨论，不要讨论，看了的举手。"

有四五个学生举手。

主讲人："大家没有看，是吧？大家没有一起在班级里看，对吧？"（大队辅导员布置要让中队辅导员带领一起在班级看的）

"没有。"

主讲人:"那请看过的同学来说一下,看的什么?这位同学来说。"

学生S1:"《雪豹》。"

主讲人:"电视剧,是吧?请坐。"

"我也看过《雪豹》。"一些同学小声嘀咕。

学生S2:"《亮剑》。"

主讲人又点了其他几个同学,大都说了一些时下正在热播的电视剧。

教室里比之前更混乱了。(这个班的班级纪律非常差,大队委几次讲话都中断了。这时候,大队委也开始对那些不听话的孩子给予惩罚)

主讲人生气了:"谁要是再讲话,就到那边罚站,或者背诵课文。(这些都是从老师们那里学来的)大家要再说话,我就不讲了,你们自己学吧。学不好就不能当少先队员了。还说话吧?"

"不说了。"一个学生大声音说。

主讲人:"我知道了,大家看的都是电视剧。那大家都喜欢电视剧中的哪些人物呢?"

一个男孩,站起来说了一个名字,应该是电视剧里的人物。

主讲人:"那他有什么精神值得你学习呢?"

学生:"打鬼子。"

主讲人:"打鬼子,他很爱国,很勇敢,不怕牺牲,是吧?那我问你,他怕不怕敌人?"

学生:"不怕!"

主讲人:"好,大家给这位同学掌声。"学生鼓起掌。

主讲人又点了另一位同学。

学生:"《铁道游击队》。"

主讲人:"《铁道游击队》的主人公是谁?"

学生摇头,"不记得了"。

主讲人:"不记得了,好,那这位同学起来说一下。"

学生:"《闪闪的红星》。"

主讲人:"那它的主人公是谁?"

学生:"忘了。"

主讲人:"大家以后看电影或电视剧,一定要仔细地看。"

主讲人又点了后面的一个同学,结果由于教室很乱,就听不清他说的什么。

"这位同学起来讲的时候,好多同学都在讲话。想说什么举手说,不要在下面说,仔细听别的同学怎么说的。你来说。"主讲人指着前排的一位同学。

学生:"《打狗棍》,我喜欢里面的戴天理。"

主讲人:"那他有什么样的精神?"

男孩迟疑了半天,"他很勇敢"。

这时另外一个男孩站起来,"我喜欢《小兵张嘎》"。

"因为他很爱国,是不是?"主讲人补充道。

教室里又出现讨论张嘎的场面。

主讲人喊了几遍"停",教室里还是安静不下来。主讲人就沉默了半天,让学生继续说,学生过了一会发现主讲人生气了,稍微静下来。

主讲人:"大家都说够了吗?"

学生:"说够了。"(几个学生回应)

主讲人:"没说够,再给你们留半节课的时间,好不好?"

"不好。"学生齐声回答。

主讲人:"那大家小组讨论一下,你们看完这些影片之后,从中学到了什么?给大家四五分钟的时间。"

立刻,教室跟炸了锅一样,互相打闹的,自己玩耍的,也有碰头说话的,但不知是否在讨论主讲人要求的内容。"讨论"持续了大约三分钟,主讲人喊"停,不要说话了"。但没有人理,在老师的帮助下,教室里才有稍许的安静。

主讲人:"刚才是让大家讨论,不是让说话,听明白了吗?现在我们找同学说一下刚才讨论的结果。谁来?"

一个男孩起来讲《小兵张嘎》,但教室里噪音很大,根本听不清他在说什么。

主讲人生气了,"你们不想听课了,是吧?刚才谁说话了?"

起来回答问题的男孩指证另一个男孩,"他说话了"。

主讲人:"你说话了吗?"

"我说话了。"男孩承认。

主讲人:"行,以后,你们再说话,我就不给你们留面子了。刚才的这位同学继续说。"

学生:"小兵张嘎,他很爱国,打鬼子。"

主讲人:"嗯,他很爱国,他不怕牺牲,是吧?"

主讲人继续提示:"你们想做一个什么样的人?举手回答。"

学生回答的内容大多局限于"打鬼子,爱国,不怕牺牲"层面上,始终没有再更深入的内容。主讲人也只局限于简单的提示上,也没有进行深入的讲解。主讲人试图营造出的严肃气氛到最后也没有实现。他们最终在学生的嬉笑、打闹中离开了讲台。队前教育就这样在一片混乱和笑闹中结束了。队前教育开展了一段时间,孩子的好奇心也渐渐开始隐退。在理解少先队组织方面孩子们基本上还是处于模糊的状态。队前教育活动的内容和方式在他们的心灵也没有留下太多的痕迹。

笔者访谈了"宣讲组"里一个四年级的大队委。

"你知道少先队是什么吗?"

"少先队是全中国最大的儿童组织",他很认真地回答。

在这些大队委们的眼里,少先队是一个非常光荣的组织,无论年级有多高,他们心中的神圣感还是比较高的。笔者访谈参与宣讲的大队委。

问:你们喜欢大队委的这种宣讲工作吗?

答:挺喜欢的。

问:你觉得他们(一年级的学生)是否掌握了少先队的知识?

答:不一定,我觉得队前教育进行得太快了,他们掌握不了。我们上周进行最后一次队前教育,是练习唱队歌,并进行了少先队知识的小测试,发现他们基本都不会。

儿童的反应显示出他们对少先队并不知道是怎么回事。这给我们留下了一系列的思考：一年级的孩子是否对少先队只是一种朦胧的崇拜？队前教育的重点是否只是放在了同化他人经验的准备上。儿童从这些宏大理论和抽象符号中是否真正获得了有关少先队历史本身是如何发生的信息？他们是否能够产生教育者所期望的情感与体验？

整个队前教育并没有采取大队辅导员之前设计的队前教育方式：着重于革命时期爱国志士的事迹叙述，来解释他们与国家命运的关系。一方面，由于六年级的大队委本身，他们对这些爱国事迹都不了解，描述和评价时也很浅显、生疏。大队委们在进行队前教育时，对很多内容自己也并不怎么理解，因此也就不知道如何引导学生去回答他们想要讲的东西。在多数情况下他们都在模仿老师讲课的语气，但却不知道如何突出发问的重点或意义。另一方面，一年级学生的认知和心理发展并没有达到能理解所教内容的水平。所以培训者和被培训者都是在无知或随意的状态下进行的，加上班级纪律的混乱，这样的队前教育最后几乎变成了一场热热闹闹的讨论。在队前教育这个过程中，孩子们知识积累的不深厚，讲授方法的不娴熟，同辈群体地位的无权威性，儿童当前的发展状态最终限制了教育者所设计的队前教育目标的实现。接受队前教育的一年级学生对主讲人是不严肃的，态度上也是嘻哈打闹的。在面对一些秩序比较差的班级时，宣讲者们感到非常棘手，手足无措。尽管班主任会时不时地出来维持秩序，但效果也不太好。"符号的功能造成了符号关系场，要领会一个符号，必须首先知道它所代表的那个对象（符号的对象意义）并理解符号本身的意义（符号的含义）。"① 一个组织在孩子们心目中能否被接受，要看这种符号被赋予的文化或意识形态意义能否被孩子们所理解。学校进行队前教育，目的是使儿童懂得少先队组织符号的意义。儿童对这种同辈间的政治宣讲和相互教育有一定的新鲜感和好奇感，甚至是崇拜感，对少先队也有了一种朦胧的认识。队前教育的效果也许并不在于学会了多少东西，反而这种同辈群体的榜样作用潜移默化地渗透到了每个儿童身上。同辈之间的交流和互动在一定程度上达到或实现了组织者的教育期望，当然在活动过程中总会有一部分孩子是游离在外的。

---

① ［苏］鲍列夫：《美学》，乔修业等译，中国文联出版公司1986年版，第486页。

三　政治身份之钥：入队申请书

队前教育是设计者力图在儿童内心明确其加入少先队组织所需要的知识和情感认同，使其具备应有的观念和情感。队前教育结束后，大队辅导员杨老师设计了中国少年先锋队入队申请书。

"队前教育是要以正规化的形式让孩子们感受到少先队组织的神圣性，使孩子们从内心深处油然生发出对组织的热情与崇敬。"（大队辅导员）

"我是联想到入党申请书，设计了入队申请书，让孩子们与家长一起填写入队申请书，使他们更清晰地增强组织意识，增强对少先队知识的理解，同时也是对家长的一次再教育。少先队组织意识涉及一个组织全体成员的共同意识、共同价值观，或者说一种集体意识。但是家长和孩子们只想着加入少先队，事实上他们是不理解这种组织意识的，所以我想设计一份申请书，让家长和孩子们一起感受一下加入少先队组织的神圣性与意义，同时也了解一下他们对少先队的认识和态度。等他们毕业的时候，我们会再把这份入队申请书返还给每个孩子，让他们回忆起自己入队时的情景。"（大队辅导员）

入队申请书第一页的第一项是让孩子们填写入队志愿书。很多孩子用稚嫩的小手，在家长的帮助下，写出了人生中第一份志愿书：

"我自愿加入中国少年先锋队，这是我的梦想，也是我的目标。自上小学以来，在老师的教育下，我懂得了作为一名小学生的责任和义务。我知道了个人要服从集体，我学会了与同学和睦相处，我获得了许多知识。在这个集体里，我快乐的学习，健康的生活，我爱我的老师、同学和班级。"

"老师告诉我，红领巾是红旗的一角，是革命先烈的鲜血染成的。我渴望能够戴上红领巾，好好学习，天天向上，用实际行动为红领巾增添荣誉。"

> "每当看到高年级的哥哥、姐姐戴着鲜艳的红领巾时,我的心里就充满了羡慕和向往。成为一名光荣的少先队员是我的梦想。"

在这一项中,感觉很多话语并不出自小学一年级的学生之手,大概有家长的"智慧"在其中吧。

第二项内容是教师的勉励,很多中队辅导员对每一个孩子做了不同的评语与鼓励:

> "祝贺你成为一名少先队员,希望你在以后的日子里再接再厉。"
> "老师相信你会成为一名合格的少先队员,快乐学习,健康成长,全面发展。"
> "你的聪明伶俐,心灵手巧给我留下了深刻的印象,希望你能使自己成为全面发展的好学生。"
> "当鲜艳的红领巾飘扬在你的胸前,我会和你一起自豪,加油!"

入队申请书设计中比较遗憾的一点是,中队辅导员给孩子们写的勉励是在孩子们写完申请表后添加的,老师的评语或勉励的话孩子们并没有看到,老师写完后就交到大队部了。所以教师评语这一部分貌似是在追求材料的完整性,以达到一种形式上的完善,而且很多中队辅导员的话语在整个班级中是千篇一律的、重复的。

第三项是家长的寄语,这部分则体现了家长对孩子进步的可喜之感与期盼之情,他们对孩子加入少先队也是充满了喜悦感与自豪感:

> "你是一个善良勇敢,积极向上的孩子,爸爸妈妈盼望着有一天,你戴上红领巾,成为一名优秀的少先队员。希望你在老师的教导下,积极乐观,充满正能量,成为一个对社会有用的人。"
> "祝贺儿子加入少年先锋队,这是你人生一个重要的标志,是人生的起点,希望你在老师的带领下,全面发展做一些力所能及的事情,记住在你成长的同时,老师、爸爸妈妈是你坚实的后盾。"
> "亲爱的宝贝,我们为你成长的每一天喜悦和感动,为你的每一次进步惊喜。那里面有你的拼搏和努力,也有爱你的老师为你付出

的心血和汗水,你要永怀感恩之心——感激。那些滋润了你的真诚和美丽,珍藏她们,去实现你一个又一个梦想,愿你健康、快乐、幸福到永远。"

"亲爱的宝贝:今天你又多了一个新的身份——少先队员。你将要戴上鲜艳的红领巾,这是你应该感到光荣和自豪的事。祝愿你以后在学习生活中获得丰富的知识,顽强的意志,博大的胸怀,让生命扬帆前进!"

这一部分内容显示出了家长对儿童的真心寄语。家长们对孩子加入少先队这一事件应该说是非常重视和欣慰的。孩子刚入一年级,他们对自己孩子的成长充满了极大的期望与希冀,希望孩子加入少先队开启一个充满生机与活力的小学生活。他们毫不吝啬地赞扬孩子的进步与表现,也实现了杨老师设计的"亲子共同体验加入少先队"这一目的。

申请书的第二页是四项内容:"我为班级做好事、我为学校做好事、我为家庭做好事、我为社会做好事",要求孩子们可以通过"写、画画、或者贴照片"的方式来进行,家长也可以配合学生做。

在"我为班级做好事"栏目中,大多数孩子表达了保持教室的干净整洁,维护班级荣誉,团结同学,为班级争光的一种集体荣誉感:

"把教室拖得干干净净,捡起地上的一片纸屑,让教室保持干净整洁,在课间主动帮老师擦黑板,课堂上保持安静,让老师轻松一点,好好学习,遵守纪律,维护班级的荣誉,我认为这些都是为班级做好事。"

"帮助有困难的同学,爱护班级的卫生,热爱集体。"

"我会保持教室的干净整洁,维护班级荣誉,团结同学,好好学习,为班级争光。"

在"我为学校做好事"栏目中,孩子们则表达了一种热爱学校的感情,也体现出一年级儿童看待学校的神圣与崇敬。有的学生已经朦胧地感到做好事并不是在于去做某一件具体的事情,而是一种"潜在的好事",一种潜在的对学校的爱护之情,这是一种内在情感的流露:

> "我们的学校很好,校园很美丽。我要维护校园环境,不破坏学校的规章制度,不乱扔垃圾,不随地吐痰,不乱踩乱摘花草树木,看见废纸,要捡起来,扔进垃圾箱,让我们的校园更美好。"
>
> "M 小学是我喜欢的学校,妈妈经常教导我们要学习雷锋,为学校做好事,放学之后,我和好朋友一起在校园里捡垃圾,时常我们累得满头大汗,但是我们很开心。"
>
> "如果发现有同学在校园里打闹,我会提醒他们以免发生危险。"
>
> "作为 M 小学的一名小学生,我以学校为荣,从不做损害学校声誉的事情。"

"我为家庭做好事"栏目中,孩子们大多数讲自己如何尽力做一些力所能及的家务,体现对父母的感恩之情:

> "爸爸妈妈在外面工作很辛苦,每当看到他们劳累时,我就会去帮他们干一些力所能及的事,我觉得这就是为家庭做好事。"

"我为社会做好事"栏目中,孩子们描述了自己参加一些爱心组织,如 N 市义工联盟,进行献爱心义卖活动、公益捐款活动,以及在日常生活中的一些助人行为:

> "今年 4 月份,我参加了市实验学校在临山公园组织的献爱心义卖活动,我把自己的玩具和书籍捐出去义卖,共卖得了 37 元,全部把它捐给了当地的福利院。周末有时和妈妈去肯德基,我都会参加店里的'壹基金'公益捐款活动。"
>
> "我现在还小,没有什么能帮到社会的,只有好好地学习,多多植树吧,长大了多做好事。今年的植树节我种了好几棵树和花草,让环境变得更好一些。"
>
> "小区的游泳池锁坏掉了,我会用我的压岁钱买一把新的换上,避免小孩进入出现危险。"
>
> "这是妈妈的爱心组织,××城义工协会(配有图片),我也跟妈妈一起参加好多活动,环保,敬老,助学,助残,帮助失学儿童,

走访困难家庭,爱心义卖,捐款捐物。这张照片是爱的盛会,我在表演,以表达感谢社会上的爱心人士。"

"在2013年的5月份,我跟着妈妈在山区的留守儿童之家,结识了一好朋友,我给她买了书包和很多的学习用品,用我的压岁钱给她定了生日蛋糕,买了礼物送给她,每个暑假我们都会有'手拉手'联谊活动,我很高兴帮助她,和她成为好朋友,在以后的生活中我们会互相勉励,共同进步,好好学习,天天向上,长大成为祖国的栋梁。"

"每次和爸爸妈妈上街,看见一些老人在讨钱,我都会拿出自己的零用钱给他们,我会节俭,尽量不浪费,我会尽量爱惜铅笔,拒绝一次性筷子,让能源尽量减少浪费。"

"过马路的时候,遇到绿灯我通过,不闯红灯,也劝其他同学不闯红灯。丢垃圾的时候会按照可回收垃圾、不可回收垃圾分类丢在垃圾箱里。"

这些歪歪扭扭的拼音加汉字,以及稚嫩的贴图和画片折射出了孩子们自己"做好事"的过程,也表达出了他们愿意去"做好事",愿意做一个"好孩子"的意向。这些大大小小的"好事"勾起了他们对以往生活的回忆,也表达了对加入少先队的热切渴望。当然,更大多数学生则表达了在学校和家里打扫卫生,在学校里大多数都是捡垃圾,折射出孩子们的学校生活和体验是非常单一的,对"好事"的理解也是简单的。

大队辅导员也表达自己的设计意图:

"我设计入队申请书是期望家长和孩子在填写入队申请的过程中,能够一起寻找成长的点点滴滴,使孩子们憧憬入队后的进一步成长,这是我设计这份入队申请书的初衷。但是,从所填写的表格中,我发现有很多东西都是父母代替写的,这与我们的设计初衷有点出入。当然也有一部分孩子与家长一起做了,虽然孩子写得歪歪扭扭,还有很多拼音,但这是孩子自己做的,而不是家长代劳。"

"从另一方面来讲,从孩子们在入队申请表的填写中,可以看出孩子们和家长对少先队组织的认可。他们认同少先队这一组织;渴望成为组织的一员；愿意做一些事情。"大队辅导员停顿了一下，"我觉得这已经实现了（我）设计这份申请书的目的"。

大队辅导员设计入队申请书试图使儿童产生加入少先队组织的认同和向往，并使这一体验成为他们成长过程中的一种集体记忆。入队申请书的设计借鉴了申请入党的书面程序，使少先队员加入组织实现了一种形式上和程序上的完整，也体现了大队辅导员的一种政治设计意图。这种设计试图使儿童和家长一起去梳理入队的目的，并能产生一种对组织的认同。从孩子们歪歪扭扭但不乏认真的字迹来看，他们的态度是很认真的，心情是激动的，在对待入队这件事情上，他们此时此刻是非常严肃而又小心谨慎的。

《中国少年先锋队章程》要求"少先队员入队前要为人民做好事"[①]。"做好事"是儿童成为一名少先队员的基本前提和要求。M 小学入队申请书后面几项内容主要围绕"做好事"这一环节。学校要求儿童为社会、为学校、为家庭做好事，期望儿童在"做好事"的过程中形成良好的品德或行为习惯，并逐渐实现儿童的社会化。从教育者的视角来讲，"做好事"这一设计不仅仅在于"做好事"带给他人的意义，还在于"做好事"这一行为对于儿童自身的意义。那么这种自上而下地要求"做好事"，儿童能否使做好事成为一种自觉的行为呢？一方面，儿童把对学校、对老师的服从看作是一件"好事情"。这种服从告知了儿童在他的行为方式中他所应当遵守的规则及应担负的"责任"。另一方面，儿童"做好事"是有其目的的，目的是为获得少先队员这一政治身份。他在"做好事"的过程中体验到了他可以获得的一些具体的"工具性"有利条件，如避免负面约束；获得老师和同学们的"好评"。但事实上，儿童在"做好事"的过程中，在对学校规则的服从中，也可能造成了一定程度的道德损失：说假话，功利化……

小结　儿童政治身份授予的"前奏"

加入少先队组织是儿童接触的比较早的政治社会化事件。儿童从踏

[①] 《中国少年先锋队章程》，中国少年先锋队第五次全国代表大会 2005 年 6 月 3 日通过。

入学校就期望能像高年级的学生一样佩戴鲜艳的红领巾,但加入少先队组织在教育者看来,儿童还要接受一定的"考验"。这就要求儿童必须是"品学兼优"的,当然儿童除了自身要具备一定的"硬件"条件外,还要提前接触组织观念和组织知识——进行队前教育。在队前教育中,学校让儿童近距离地接触少先队组织,以便将特定的政治态度和价值取向灌输给儿童,将加入少先队的意义传输给群体的新成员,使所有成员都接受和消化入队的标准、方法、价值和角色,并试图通过队前教育这一环节将每个儿童真正纳入到少先队组织中来。

"队前教育就是要使孩子们对少先队群体的理解逐步加深,对所有的儿童进行强大的认同动员,使孩子们形成正确的认识。"(大队辅导员)

大队辅导员表达的是一种政治教育理想。整个队前教育过程,组织者试图为组织成员创造出一个有形有序的结构:由高年级的学生讲授,分主题、分阶段进行,队前教育在形式上成为 M 小学宣传上的一道"亮丽风景线"。大队辅导员对整个队前教育过程设计详细,对宣讲的大队委们亲自进行培训,试图照顾到一年级儿童这个独特群体的年龄和心理发展特点。当然,实施过程中大队委们"政治宣讲"的水平和能力使队前教育的效果受到了一定的限制。

队前教育这项活动,实质上并不仅仅是一种平淡的陈述,更是儿童接触少先队组织的一种启蒙教育活动。这一教育活动,是为了唤起儿童对少先队员身份认同的主动自觉意识,进而塑造他们的政治观念与行为模式——这是一种"以身份生产为中心的政治社会化"。在队前教育中,儿童在思考"我如何才能成为一名光荣的少先队员"的过程中不断接触社会的主流文化与价值观念。在整个过程中组织者设计的意图是很美好的,活动也是有声有色的,并产生了一定的效果。从入队过程中孩子们热情度的变化看,在未入队前,少先队员的身份受到非常广泛的推崇,它给人以骄傲与欢愉,也为孩子们增添了加入少先队的力量与信心。入队前的儿童很渴望能像高年级的学生一样成为一名少先队员,由这种崇拜也衍生出对高年级群体行为的模仿。"模仿是学习者渴望向他人学习,形成跟他人一样的身份、地位或行为,从这个渴望出发形成了具有自我感觉的自我。"① 从应然的角度讲,这时同辈群体对他的这种告诉或暗示比成人的正式教导更有说服力。儿童对少先队这个儿童组织的感性认识刚开始也是建立在对高年级的模仿基础之上的。但当他近距离地接触高年级的学生,发现他们也"不过如此",那么这种榜样的效力也会慢慢缩减。因此,也就不难理解后面发生的实际情况:他即使接受了队前教育,也未必能真正认识、理解这种"崇高的"身份。

---

① [德]乌尔夫:《社会的形成》,许小红译,广东教育出版社2012年版,第21页。

> "政治仪式应当被看成是对'集体表述'的强化、组织和再创造……政治仪式的象征体系尤其代表着社会的特定模式或政治范式及它所起的作用。从这种意义上说,正如迪尔凯姆所争辩的那样,这种仪式起着某种认知的作用,使社会和社会关系得以解释,并使人们关于过去和现在的知识以及他们想象未来的能力得到组织。"
>
> ——史蒂文·卢克斯(1975)

第二章

仪式与儿童政治身份的塑造

学校是一个充满仪式行为的地方,学校的日常生活从学生入校第一天开始到毕业离校都充斥着重要的仪式设计。借助于仪式,教育者期望学生在成为一个社会人的过程中,能够理解学校的校规校训,领悟参加各种活动的意义,形成相应的政治情感、立场、态度和价值观。入队仪式、升旗仪式等都是学校重要的政治仪式活动。这些正规仪式活动都由少先队大队部来组织,这种不断重复的仪式展演活动也成为学校少先队组织的一种常规性制度化活动。

第一节 入队仪式:政治身份的正式赋予

入队仪式是一种通过仪式,目的是让受礼者感受到自己正式加入到了这个神圣的组织,确认自己的少先队员身份,产生一种组织身份感。学校试图通过仪式营造一种神圣的空间,在儿童与少先队组织之间搭建桥梁，营造归属感，使儿童产生对少先队组织的向往与崇拜。

> "我们学校组织的少先队入队仪式每年都很隆重，目的就是要给儿童营造一种非常强烈的组织成员感，使孩子们真正体验到加入了少先队组织，使孩子们形成对少先队组织的认同，这是一个必要的仪式过程，也是一个教育环节。孩子们在这个过程中会真正感受到'我是一名光荣的少先队员''我应该成为大家认同的一分子'。"（德育副校长）

> "入队仪式是一种组织意识教育，能够让孩子们真正体验到自己成为一名光荣的少先队员的过程，让他们重视自己的少先队员身份，产生一种集体意识。我认为入队仪式是少先队活动中'队味'最强的一部分内容。"（大队辅导员）

在仪式设计方面，大队辅导员杨老师是学校要求的忠实执行者，她特别重视仪式设计的各个环节，并会在仪式执行过程中赋予各种仪式以不同的形式和内容：

> "入队仪式是儿童获得少先队员身份的过程，要想真正在儿童身上唤起对少先队组织的热爱，就要认真考虑好各个环节。这也是孩子们认识少先队组织的重要途径之一。否则，孩子们就难以形成组织成员感，难以形成对少先队组织的尊重。所以说，加入少先队是孩子们在学校生活的一个重要事情，也是我们学校的一件大事。"（大队辅导员）

> M小学副校长也以自己学校的入队仪式活动为自豪："我们M小学的做法在全市的少先队活动中是最为规范和突出的。入队仪式强调的是加入组织的荣誉感与自豪感。少先队入队仪式是儿童成长的界碑，是一种期待性成长体验。这种仪式能够给每一个即将入队的孩子带来情感正能量，使孩子们产生一种神圣感，使他们感到有信心、有热情，愿意作为少先队员主动去做他们认为应该做的事情。"

M小学在每年的六一儿童节前夕举行新队员入队仪式（具体入队仪式程序见附录）。入队仪式程序每年都差不多。仪式从某种意义上讲是一种表演，这种表演也会以新的方式惯例化。杨老师很喜欢做一些"创新性"的活动，用她自己的话来讲，"我喜欢弄一些小花样，特别是每年到省里参加辅导员培训时，我都会思考并记下培训老师的思路。每次培训回来后，我们学校少先队的工作总会有一些新的变化，我很喜欢参加这些活动"。当然仪式不会自己呈现出来，在这些精心设计的仪式背后，她要付出很多，必须要做充分的准备。（田野日记）

一 仪式参与者

仪式结构包括施礼者、受礼者、仪式象征物、仪式环境等要素。[①]人、物体、行为、语言和与他们同时在场的时空背景共同写就了群体行为的"集体象征文本"[②]。在仪式过程中，仪式活动的程序、施礼者的社会地位、仪式象征物的神圣、仪式环境的庄严肃穆都会影响到仪式的效果。其中，仪式活动的结构完整性是社会结构性的直接反映。仪式象征符号的庄严性与神圣性也表现为对仪式程序和过程的依赖。

在 M 小学入队仪式中，施礼者有来自团市委的领导、M 小学的校长、副校长及德育处的主任等。"我们邀请领导们参加入队仪式目的在于突出仪式活动的重要性与活动意义，以显示入队仪式的庄重与严肃。"（大队辅导员）这些"重量级人物"增加了入队仪式的正规性与严肃性。领导们成为仪式所承载的意义的典型代表，也是为了提升活动在人们心目中的"级别"，学校更是通过此举来凸显活动的重要性。参加仪式活动的还有给受礼者佩戴红领巾的高年级学生，他们也成为施礼者的一部分。受礼者是一年级的所有学生，他们是入队仪式的主要对象，他们身着统一的校服，态度严肃认真而又不失好奇与稚嫩。受礼者的父母或家人，他们是协助受礼者实现入队的另一重要见证者。入队的仪式象征物即是红领巾，佩戴红领巾是入队仪式过程的一个重要环节。红领巾、鼓号队、迎队旗、敬队礼，这些都是少先队的标志和象征。鲜艳的红领巾在入队

---

① 平章起：《成年仪式的德育功能研究》，南开大学出版社 2012 年版，第 51 页。
② ［美］保罗·康纳顿：《社会如何记忆》，纳日碧力戈译，上海人民出版社 2002 年版，第 60 页。

仪式中显得更加神圣。整个仪式活动结束后受礼者就成为大家所认同的新少先队员了。

> "刚入学的时候，我看见一队人戴着红领巾，我很羡慕。直到那一天，高年级的学生带我到一个地方，我才知道那是宣布少先队员的地方。那一天我终于成了少先队员。"（一名三年级学生）
> "我记得那一天，老师说：今天我们再来选一批少先队员，那一时间就像脑子瀑（爆）了一样，老师说：'李××……'我心想太好了，有我的名字。我们到了操场上配带（佩戴）红领巾，红红的，真不错，我以后要好好学习，天天向上，一定可以成为好的少先队员。"（一名三年级学生）

入队仪式环境不同于学校的日常生活环境，仪式对受礼者产生影响程度的关键在于仪式的时空选择。仪式环境除了施礼者有意制造的精神氛围、仪式象征物的"魔力"以外，仪式设计者也会特别关注仪式环境物理空间的选择与设计。仪式环境的选择主要是突出其象征价值，仪式环境在此时此刻具有了一定的现实意义与抽象意义，甚至是超时空的意义。M小学入队仪式的物理空间是安排在大操场上，前面挂着醒目的横幅："'红领巾，相约中国梦'M小学新队员入队仪式"，此时的入队主题也与国家的政治教育主题呼应起来。操场四周有四个展板，展板上是队旗，以便孩子们入队仪式结束后在队旗下与家长合影留念。整个学校上空响起的是铿锵而嘹亮的队鼓和中国少年先锋队队歌，此时的空间氛围极具庆祝的典礼意味。在这种精心营造的精神与物理空间里，新队员的入队仪式在队旗下隆重地开始了。

二 旗帜的传递

入队仪式中间有一个振奋人心的环节，那就是"旗帜的传递"。这个环节是大队辅导员在参加省辅导员培训时学习借鉴来的，只不过对其中的口号表达和旗帜"传递者"作了一些修改。在传递国旗、党旗、团旗、队旗四面红色旗帜时，四位大队委分别拿着国旗、党旗、团旗、队旗高喊出响亮的话语：

【国旗】

"少先队员小伙伴们，我手中的这面旗帜是烈士的鲜血染成的，它象征着我们伟大的祖国。

今天我们接过这面国旗，就要继承先辈的光荣传统，就要肩负国家的未来。"

【党旗】

"没有共产党就没有新中国，没有共产党就没有今天的好日子。我们坚信党会带领我们，创造更美好的明天。

党把这面旗帜交给了我们，我们愿意永远跟党走。"

【团旗】

"爱国、进步、民主、科学的五四精神激励着一批又一批的共青团员到党和国家最需要的地方，挥洒青春和汗水。

接过这面团旗，我们就要好好学习，好好锻炼，争取早日成为一名共青团员。"

【队旗】

"少先队员小伙伴们，我们是祖国的希望，民族的未来，共产主义事业的接班人，我们要牢记习近平总书记的嘱托：从小就要立志向、有梦想，爱学习、爱劳动、爱祖国，德智体美全面发展，长大后做对祖国建设有用的人才。

接过这面队旗，让星星火炬永放光芒！"

最后，四位举旗者一起领呼"红色旗帜，代代相传"。

整个旗帜传递过程热烈、庄严而隆重，每一名队员在国旗、党旗、团旗、队旗四面红色旗帜的召唤下喊出的"红色旗帜，代代相传"声音回响在操场上空。这是组织者安排的政治仪式环节，此时此刻，入队仪式营造出了令人激动的场域高潮气氛，整个仪式空间也凝聚着神圣而又令人心潮澎湃的气息。

"孩子们在仪式过程中所获得的不是书面知识，而是通过对仪式行动的模仿或参与，产生爱党、爱国家的朦胧情感。旗帜传递这一环节很好，很振奋人心。"（德育处主任）

"旗帜的传递"这一仪式环节产生、确认并提升了参与者的集体感受，使在场者产生一种震撼的力量。"红色旗帜，代代相传"的口号使参与者产生了一种集体兴奋。孩子们产生了出现在集体仪式化行动中的归属感与自豪感：

"我感到心情特别激动，以前都是在电视上看到这种场面，今天看到大哥哥大姐姐们进行旗帜的传递，我感到特别的自豪与激动。"（一名新入队的队员）

"我不太明白红色旗帜的意思，但我觉得很壮观。"（一名新入队的队员）

"这一活动主要是提醒孩子们不要忘记我们的理想与目标。"（大队辅导员）

这种集体兴奋在仪式发动者与其他在场者之间流动，这种流动使他们内心升腾起一种凝聚感和满意感，并产生一种亲切感。在这种激动人心的场景下，很多家长也感受到情感的震动："在四面旗帜的传递过程中，在孩子们的口号中，我自己都感到热血沸腾，很让人感动。"大队辅导员也很满意这个环节："我觉得这些创新仪式环节取得了预期的效果。"

整个旗帜传递仪式过程是通过一定的程序内容来传递它的表征内容。其内在的假设是，一个要建立具有凝聚力的组织或群体，其成员需要理解某些具有积极吸引力的符号或暗示，这些符号暗示影响仪式能否达到其设计效果的关键要素。在四面旗帜传递环节中，旗帜的摆动与学生的口号成为传递思想或信念的符号。身体运动产生情感体验（旗手左右晃动旗帜），振奋人心的口号则使仪式参与者的积极情感变得强烈，精神和身体的紧张感与激动感此时被激发起来，这都促进了仪式感染性的积累和提升。群体通过相互的情绪感染，不断激发起自己的热情。这个仪式环节一再提醒成员不要忘记集体的理想与目标，一再提醒儿童要喜爱少先队，向往共青团，热爱共产党，将来成为共青团、共产党中的一员，产生拥护党、爱戴党的朴素感情和永远跟党走的政治追求。仪式设计者期望借助于这个仪式环节，培养少先队员和党、团、队相衔接的组织意识，使儿童群体产生加入这个组织的认同情感。涂尔干总结说，"仪式是在集合群体之中产生的行为方式，它们必定要激发、维持或重塑群体中的某些心理状态"①。在这里，国旗、党旗、团旗、队旗已不是一般的生活材料或物质材料，此时此刻升华的不是它的物理、化学结构，也不是它的美学价值或意义，而是符号所表达的象征意义与社会价值，以及对现实社会制度、意识形态的仪式性强化与肯定。

三 佩戴红领巾

老队员为新队员佩戴红领巾是入队仪式的另一个重要环节。一队队高年级的学生自己佩戴着鲜艳的红领巾，走向指定的地点为新队员佩戴红领巾。这种与仪式象征人或物的直接接触，是对受礼者加入少先队组织程序的强化。戴红领巾也有一定的程序要求：老队员向新队员敬礼，给新队员系完红领巾并整理好，新队员再向老队员回礼，这种仪式行为的流动，是身份赋予中的重要仪式环节，也使受礼者完整地体会到了红领巾的庄严与神圣。受礼者佩戴了红领巾，就正式获得了另一种身份——少先队员。在新队员眼里，红领巾这时代表的是一种身份，一份荣耀，也承载了他们对少先队的憧憬与期望。在这种符号化的身份授予过程中，红领巾被赋予的意义和价值得到了体现。

"给我戴红领巾的是一位大哥哥，他先向我行队礼，然后把鲜艳的红领巾戴在我的脖子上，我向他回了礼，这是老师之前要求我们做的，看着鲜艳的红领巾挂在我的脖子上，我高兴极了，妈妈坐在我的旁边，妈妈也很高兴。"（一年级新少先队员）

"同学们笑眯眯的，大姐姐给我们佩戴鲜艳的红领巾，戴上红领巾的学生要表现好、学习好。"（一年级新少先队员）

"今天是戴红领巾的日子，戴完了红领巾，妈妈送给我的礼物是文具盒，妈妈走了，我们在一起玩耍。"（一年级新少先队员）

"今天是个特别的日子，我变成了一名少先队员，我们在楼下整

---

① ［法］涂尔干：《宗教生活的基本形式》，渠东、汲喆译，上海人民出版社1999年版，第11页。

齐地站队，到了那，响起了队歌，走出了四个人，他们拿着四面红旗，后来有人给我们戴了红领巾。"（一年级新少先队员）

在入队仪式中，孩子们交换着对红领巾的理解并达成共识，共识达成的过程也是儿童社会化的过程。仪式结束后，学生家长、老队员、新队员在队徽下"贴心愿"，一家人拍照留念。

"家长和孩子在一面面队旗下合影留念，可以使少先队在孩子的一生烙下深刻而永久的印记。在整个仪式过程中，对家长而言，这种仪式也是一种共同接受教育的体验。如果说他们以前与孩子、与少先队保持一定的距离的话，那么现在他们则一同参与到了仪式活动中。"（大队辅导员）

庄严的仪式上，还呈现出一幅感人的画面：父母赠送孩子礼物。

"妈妈送你一套彩泥，不但希望你发挥创造力和想象力，更希望你今后的生活能像五颜六色的彩泥一样更加五彩斑斓。"

"爸爸送你一本相册，里面有你童年的记忆，更希望它能记录你更多美好的童年。"

孩子们兴致满满地参加仪式，充满信心地期待着他们早有准备并公开宣告了的愉快结果。在如此盛大的仪式庆典中，不论这个过程会有哪些活动，孩子们都会融入一种满足、新奇的心态之中。这些活动虽带有庄重的印记，但这种庄重并不排斥活泼和欢快的成分。整个入队仪式传达并维护着一种自豪、坚定、崇敬甚至是喜庆的气氛。

"光荣的少先队员"此时此刻已经作为一种榜样的力量潜移默化在孩子们的个人意识以及他们的身躯中，甚至手势、声音、体态都受到了影响。麦独孤认为情感内在地具有传染性，它是一种本能，"这种本能能够因为一个人表达了某种情感而在另一个人那里激起同样的情感"（McDougall, 1921: 25)① 高年级的优秀少先队员代表很自然地成为了低年级学生的模仿对象。老队员为新队员佩戴红领巾，也成为一种符号的传递过程，成为一个群体共同进行身份建构的过程，也是对少先队员这一"集体自我"的发现和确认。少先队员的红领巾被赋予这么大的光荣、神奇与象征，我们看到，在对红领巾"绝不能马马虎虎"的训诫背后，隐藏的是孩子们态度上的严肃与真诚。

四 宣誓与呼号

入队仪式作为一种政治身份资格授予的政治仪式，仪式中的宣誓成为一种必不可少的政治教育行为。教育者让儿童在宣誓仪式上背诵誓词，让参加仪式的儿童都站起来宣誓。宣誓的场景也都是为仪式的需要设立的，其目的是要使仪式参与者在这个过程中逐渐发展出一种集体兴奋与庄严感。设计者期望入队仪式在青少年群体中形成另一个神圣的意义空间，仿佛只有在这个意义空间中，为某种远大的理想事业而献身的决心和意愿才能够得以形成和表达。

伴随着铿锵而嘹亮的队鼓和中国少年先锋队队歌，新队员在队旗下佩戴上向往已久的红领巾并庄严宣誓。此时此刻仪式进入一个庄严肃穆、一丝不苟、别具深意的环节——宣誓。这一环节试图使每一个人都不由自主地升腾起一种崇高感。孩子们个个挺起胸膛，表情严肃，红领巾像跳跃的火焰，与绘有星星火炬的队旗交相辉映。那是孩子们第一次体验庄严，第一次就自己的人生发出神圣的宣誓："我是中国少年先锋队队员，我在队旗下宣誓：我热爱中国共产党，热爱祖国，热爱人民，好好学习，好好锻炼，准备着为共产主义事业贡献力量。"②孩子们在队旗下背诵誓词，并作出承诺或表态。当带来凝聚力的词被反复宣读的时候，一个内在的共同体暂时就此形成。在宣称"我们"的时候，参加者不仅相聚在一个定界的外部空间，而且相聚在一种由他们的言语行为规定的理

---

① ［澳］豪格、［英］阿布拉姆斯：《社会认同过程》，高明华译，中国人民大学出版社2010年版，第173页。

② 《中国少年先锋队章程》，中国少年先锋队第五次全国代表大会2005年6月3日通过。

想空间。① 在这个空间里，仪式与口号的一致性是为了创造出一种团结感、凝聚感。呼号的时刻，教育者力图使孩子们在认识上摒弃模糊和嬉戏的态度，在情感注意上全神贯注，并且赋予孩子们一种兴奋感和"全能感"，让他们坚信自己正在属于一个永远正确的群体，确信他们正在追求被认为是可靠的、光荣的理想，相信这种远大的理想会给他们带来一个有前途、光明的未来和世界。

宣誓与呼号带来高远的使命和现时的规约，它通过这一环节增添儿童对自己的责任、要求与承诺。经由少先队的入队仪式，儿童被授予鲜明的"政治面貌"——共产党领导下的少先队员，这暗示着他们应背负起"共产主义接班人"的信念和使命。教育者期望宣誓和呼号以及队歌里的内容与要求会融汇为一种信念，这种信念是要进一步强化儿童对少先队员身份的认同，以便当少先队员们唱起队歌的时候，他们能够油然而生出"我们是共产主义接班人"的理想信念。

由于宣誓与呼号这一环节，入队仪式继四面旗帜的传递环节后又呈现出情感高涨的场面。这个环节把儿童号召起来，在整个仪式空间激发起一种欢腾的状态，使儿童从世俗的日常学习场域中解脱出来。每一个人都被一种高远的理想与信仰所支持，此时此刻的空间也形成一个"被激醒的空间"。群体成员通过宣誓表明其共同的信仰，并将他们的信仰高高举起。但是，客观上高度的情感连带——集体兴奋，终归还是短暂的。儿童并不真正明白宣誓与呼号的含义，等到仪式结束后，每个人似乎又回落到平常的状态。宣誓在很大程度上具有非常明显的政治意义与仪式意义，宣誓也意味着一种承诺，一种对责任的担当。但是，从实际情况来看，对于一个六七岁的孩子而言，这种承诺或责任的种子是否就能在此刻发芽，并扎根于其内心？他是否能够明白宣誓的真正内涵？他是否能够理解大队辅导员根据文件解释的"少先队的呼号一呼一答。前一句讲的是理想，是奋斗目标，后一句讲的是少先队员的决心和行动？"② 在这些"语言纲领"中，儿童是否

---

① ［美］保罗·康纳顿：《社会如何记忆》，纳日碧力戈译，上海人民出版社2002年版，第67页。

② 张先翱：《张先翱少先队教育文集》，中国少年儿童出版社2014年版，第85页。

能够理解其深层的意义？客观来讲，在孩童早期，不可能太早就形成什么政治概念，他对有关的政治观念是相当模糊的，甚至是很抽象的，没有多少具体的内容，往往充斥了直观和情感的色彩。① 因此，在入队仪式呼号的过程中，儿童受到群体激励而生成的集体自豪感与兴奋感就难以持续很久。

五 新老队员代表发言

入队仪式中的另外一个环节就是新老队员代表发言。学校在仪式活动上会对新入队的少先队员提出期望和要求。这些要求往往通过学生代表来展现，即"老队员代表讲话""新队员代表讲话"。老队员和新队员都是学校精心挑选的，即发言代表个人本身必须是优秀的，发言的内容也是经过严格把关的。发言中，老队员要对新队员寄予期望，告诉他们成为这个组织的成员应该干什么，应该怎么表现才是合适的或者正确的。新队员则要表达对自己成为一名少先队员的感想，表明自己的决心和努力。整个新老代表发言都承载着满满的正能量。在这种新老交替的时空对话中，孩子们完成神圣的身份变化仪式。

新队员代表发言

尊敬的各位老师、各位家长、亲爱的同学们：

大家好！我是一年级七班的××，今天站在少先队队旗下佩戴红领巾，高举右手庄严宣誓加入少先队，我感到非常的自豪和骄傲。我是多么喜欢这红领巾，让它伴随着我一天天地成长，给我的生命注入理想和信心。

记得刚上学时，老师说少先队组织是培养革命事业接班人的摇篮，是祖国的希望，是无数革命先烈用鲜血染红的，希望同学们认真学习、遵守纪律，争取早日加入少年队，从那时我就非常向往。看到学校处处闪动着"红领巾"的身影，无私帮助别人、主动捡拾果皮屑、保持校园干净、成绩优异受表扬的都是我们"红领巾"，这

---

① 王卓君：《文化视野中的政治系统——政治文化研究引论》，东南大学出版社1997年版，第226页。

更坚定了我的想法。今天我也光荣地佩戴上了红领巾，加入了少先队组织。我会更加严格要求自己，尊敬老师、遵守纪律、遵守小学生日常行为规范、不迟到早退、诚实守信、知错就改，上课专心听讲，积极思考大胆提问，按时完成作业，尽量为少先队增光添彩。

红领巾是五星红旗的一角，传载着中国的希望，为了祖国繁荣昌盛更加美好，同学们让我们一起努力学习成为国家的栋梁之才，用自己的力量去完成这美好的梦想。

谢谢大家！

老队员代表发言

尊敬的各位领导、老师、亲爱的同学们：

大家好！

我是六年级第二中队的×××。很荣幸能够作为老队员代表在这里欢迎新队员们加入我们少先队这个光荣的集体。我想，感到高兴的不只是我一个人；今天，也一定是在座的所有少先队员和家长难忘的日子。

少先队是我们健康成长的大家庭，也是我们成长的坚强后盾，我们是共产主义事业的接班人。作为老队员，我们要做好表率和带头作用：学习上，要勇攀高峰；习惯上，更要做个好榜样。我们会以自己的实际行动来带动新队员们健康、快乐地成长。

在这里，我也想提醒刚入队的新队员们，你们每个人都是品德高尚、行为规范的优秀少年，将来更会是优秀的队员。我真诚地希望你们在看到胸前的红领巾时能更自觉地约束自己的言行，努力改正身上的不良习惯，真正做到健康成长，全面发展。

队员们，我们每个人都有自己的梦想，我们的梦想汇集在一起就是M小学的梦想。在这飘扬的队旗下，让我们携起手来，互相学习，互相帮助，把我们的梦想集结起来。我相信，这梦想将会汇聚成青春正能量，这能量会让我们的红领巾更鲜艳，会让我们M小学的明天更灿烂、更辉煌！

谢谢大家！

新老队员代表的身上都被赋予了一定的期望值。他们的讲话在被教育者多次审视和修改之后才能得以在仪式上正式呈现出来。讲稿必须要表达出入队仪式活动的主题，即儿童入队后的表现应与少先队组织成员所应具有的道德标准相一致，而这些也是他们在未来的学习或社会生活中所应该遵循的准则。代表者的发言是在平常的情况下所不能言说的话语，这种话语使听众感到体内充溢和衍生出一种异常的力量。"由他的言词所煽动起来的情感经放大和加深以后，又反归他自身，于是，他自己的情感又在这种程度上被听众们强化了。"①

仪式代表发言是仪式进行的一个重要环节。仪式活动中的训诫话语最后由主要参与者共同创造出来。入队仪式借助学生代表发言，通过恰如其分的姿态、行为和话语，以同辈的身份表达出教育者对儿童的行为期待。这种期待话语的表达不是通过教育者的"谆谆教导"，而是通过同辈群体自身内心体验的表达，以及他们的互动交流来进行，它以一种比较隐讳的方式完成了教育者的训诫。"在话语表达中，对任何模仿内容的交流，一般都伴随着关于符号活动的信息串，它们在传输过程中携带了一系列符号体系中的巨量冗余（声调、表达、行为，等等）。在口头文本自身内部，存在着许多表示关系的能指。信息制造者为自己及其听话人建构出社会身份。"② 在入队仪式中，新老队员代表的"言说行为"是被社会的"集体"赋予的特殊行为，这也被认为是一种比较有效的方式。新老队员代表发言从慷慨激昂的演讲者口中说出，表达自己的决心或忠诚，并进行"友善劝诫"。此时，"仪式主体——无论是个人还是群体——重新获得了相对稳定的状态，并且还因此获得了明确定义、'结构性'类型的权利和义务"③。通过代表彼此身份的言说，他们再次梳理了自己作为少先队员应具有的权利与义务。这时言说者描述的行为也不再是个体性的行为，这一行为和行动的"号召力"会被仪式环境或集体氛

---

① ［法］涂尔干：《宗教生活的基本形式》，渠东、汲喆译，上海人民出版社 1999 年版，第 281 页。
② ［英］霍奇、［英］克雷斯：《社会符号学》，周劲松等译，四川教育出版社 2012 年版，第 41 页。
③ ［英］特纳：《仪式过程：结构与反结构》，黄剑波等译，中国人民大学出版社 2006 年版，第 95 页。

围扩大、夸张。这种规约性话语告诉儿童什么是可以做的,他们应该去哪里。从这个意义上讲,"规约性话语创造了社会秩序的规则"①。"这已经不再是一个简单的个体在讲话,而是一个具体化、人格化的群体在言说了。"② 当然,仪式对言说者的讲话也有规定性(适度的时间、适合的语言等),如果代表发言不能贴近听者的生活,超越了听者所能承受的限度,便不能实现其应有的效果。现实中的各种仪式讲话经常会由于其程序化、机械化、冗长化而成为听者所厌烦的环节。M 小学入队仪式中的新老队员讲稿并不长,也显示出教育者对这一环节效果的注意,而且整个过程没有领导讲话,减少了活动的官僚气息,而葆有了少先队活动的儿童气息。

六 学生心目中的入队仪式

入队仪式对学校来说是一件很重要的政治教育事件,对孩子们来说是一种加入少先队组织的"通过仪式"。范·继内普本人为"通过仪式"所下的定义是:"伴随着每一次地点、状况、社会地位,以及年龄的改变而举行的仪式。"③ 这一通过仪式具有接纳功能。通过仪式的设计是为了使即将发生身份变化的个体以正式的形式从一种身份转化为另一种身份,从一种状态进入到另一种状态。入队仪式使儿童产生了一种"新的自我感"。教育者设计入队仪式程序,就是要通过这个庄严的仪式环节使儿童的抽象政治身份融入一个能够体验到的世俗与神圣相结合的过渡型空间,通过对这个空间的形塑或渲染,少先队员的身份意义得以在这个意义的过渡型空间里形成和表达。

入队仪式标志着儿童加入少先队组织的开始。这种身份"通过仪式"目的是要引起儿童对少先队组织的情感和精神上的升华,给孩子们带来真正的集体成员身份感觉。在这样一个具有象征意义的节日,入队的宗旨和目标通过旗帜、口号和歌曲的形式得到了颂扬。传递旗帜的环节重

---

① [英] 巴兹尔·伯恩斯坦:《教育、符号控制与认同》,王小凤等译,中国人民大学出版社 2016 年版,第 37 页。
② [法] 涂尔干:《宗教生活的基本形式》,渠东、汲喆译,上海人民出版社 1999 年版,第 281 页。
③ [英] 特纳:《仪式过程:结构与反结构》,黄剑波等译,中国人民大学出版社 2006 年版,第 94 页。

新唤起并刺激了高昂的情感，烘托出了教育者所期望的气氛，把入队仪式推到了顶点。随着仪式的进行，每个人似乎都融入一个神圣的组织中去，融入正在进行的大规模的无意识精神运动中。这个象征性的庆典仪式似乎为每一个新队员的新生活都做好了准备。每个儿童似乎也忘却了他作为单个人的个体身份，他从自己身上看到的是群体的身份、政治化的身份——光荣的少先队员。

入队仪式将儿童置于一个大家公认的程序化背景中来进行。这样的少先队员"成员资格"是作为一种象征意义而存在的。学校教育者期望通过一些外部活动（队前教育、入队仪式等）将这种具有归属性的存在感植入到成员的意识中去。这种生动的、引人注目的或场面壮观的仪式也许将有助于儿童把入队这一重要事件铭刻在记忆中。在 M 小学的入队仪式中，确实大多数儿童心潮澎湃，并产生了相应的符号与成员身份感。在学生刚参加完入队仪式后，笔者打电话问一位家长，"你儿子回家激动吗？""儿子根本没在家，去他姥姥家炫耀去了。"甚至有家长给辅导员打电话询问，少先队是怎么规定的，孩子睡觉也不摘红领巾。

在很多刚加入少先队的儿童身上我们看到了他们对红领巾的"宝贝感"与珍惜感。那么，以上的入队仪式是否内化到了所有新入队孩子的心目中呢？在入队仪式一个月后，笔者感受到了大多数普通儿童加入少先队仪式后成员身份感"热度"的减弱。

问：你参加入队仪式时有什么感觉？
学生 A1：很激动，很自豪。
问：现在是什么感觉？
学生 A1：没有什么感觉。
学生 A2：……（摇摇头，很茫然）
问：你现在不觉得很光荣吗？
学生 A1：还行吧！反正大家现在都是少先队员了，也没那么激动了。
问：你喜欢戴红领巾吗？
学生 A1：额，喜欢吧（做鬼脸状）。

学生的回答大多停留在"还行"这样模糊的字眼上。少先队员这个"符号化"的身份对一年级的孩子来说变成了具有高度象征意义的符号。入队仪式的各种程序在孩子们的头脑和记忆中反复灌输的这些符号印迹也在慢慢消失。"仪式是通过多种要素的组合建构起来的,它们形成了不同的强度,并产生了团结、符号体系和个体情感能量等仪式结果。"① 参与者如果能体验到参与仪式的价值与意义,产生共同的情感,从而能继续加强其相互参与的感觉,在这样的情况下,即使是程式化的形式也会是成功的仪式。否则,仪式就只不过是流于形式的,甚至是死板的、失败的仪式、空洞的仪式和强迫的仪式。儿童个体对少先队组织的归属感也并不会自动转为单个成员式的归属感,即:一个"我们"的认同并不必然随之产生"我"的认同。假如不是从教育者或组织者的视角来看,而是从儿童成长的视角来看,那么仪式的庄严性就不应该是为了铭记什么抽象的东西,而是为了留给儿童一些美好的回忆,留下一记道德的印痕。因此,当仪式组织者仅仅从成人社会的教育目的去事先准备好各种仪式程序,讲究仪式中各个精准的细节时,仪式就会由于其自身的重复性和单调性以及个体感受的无触动性而失去它给人以深刻印象的性质。换言之,当仪式不能触及儿童内心深处的那根弦时,它对儿童的道德成长就难以发挥作用。

第二节 升旗仪式:政治身份教育的日常化

升旗仪式属于中小学校每周一必须举行的仪式。升旗仪式营造了一个特殊的时空,这个特殊的时空必然会成为学校对学生进行爱国主义教育的重要阵地和主要途径。仪式参与的主体是少先队员,这使得升旗仪式自然而然地成为少先队的常规仪式。少先队员的政治身份在升旗仪式中会被恰当地突出和表现。升旗仪式作为承载政治话语的重要媒介,也成为少先队重要的政治教育内容。

"升旗仪式是我们进行爱国主义教育的重要方式,需要我们精心

---

① [美]科林斯:《互动仪式链》,林聚任等译,商务印书馆2009年版,第85页。

设计，使孩子们产生一种思想上和情感上的触动，使他们的心灵在仪式进行时得到升华，并激发起一种责任感和使命感，激发起献身祖国的伟大豪情。"（德育副校长）

升旗仪式活动程序主要是在大队辅导员的领导下由少先队员们自己组织。那么，日常生活中的学校升旗仪式是否真正达到了这种效果？在升旗仪式中，孩子们在多大程度上能体悟到这种共同的爱国主义情感？以及个体会多么强烈地维系于这种群体情感？个体通过参与仪式所产生的好奇和热情能维持多久？

一 升旗仪式的时间与空间

每一个仪式几乎都有其固定的结构，整个升旗仪式也是如此，整个过程有开始有结束，有开场白和结语。每一个环节也都有标记，这种标记可以是特殊的话语符号指令，也可以是音乐或歌曲等。

> M 小学的升旗仪式基本上控制在十分钟左右（具体升旗仪式程序见附录）。大队辅导员杨老师指出，"有的学校，升完国旗，升队旗，唱完国歌，唱校歌，唱队歌，然后还有领导讲话，整个过程大约得半个多小时，太烦琐了。我们基本从早晨七点五十分开始，八点结束，这样不耽误学生的第一节课（学生第一节课是八点二十分开始）。仪式（时间）如果长了，学生就会反感。我们整个升旗仪式没有影响他们的早读"。

仪式创造了一个超越日常意义的特殊时空。统一时间是控制空间的基础。仪式行动是身体活动，它发生在一定的地点、时间，并在空间和时间上塑造了人们的共同生活。① 仪式时间的规划是仪式筹划者要考虑的。仪式时间过长，仪式会变得枯燥。可另一方面，仪式气氛的烘托又需要一定的时间和空间。

M 小学因操场场地有限，无法容纳全校学生同时参加升旗仪式，因

---

① ［德］乌尔夫：《社会的形成》，许小红译，广东教育出版社2012年版，第74页。

此一、二年级的学生是不参加升旗仪式的,而是在教室里"听"升旗仪式。三、四年级和五、六年级轮流到操场上举行升旗仪式。每个教室里都有音响设施,能听见操场上升旗的整个过程。但后来教室里的音响效果不一,有的教室基本听不见,所以在教室里"听"升旗仪式的班级一般都在上早自习或晨读。

> 今天是周一升国旗的日子,我查看了一下教室,发现教室里虽然正在播放升国旗的各个程序,但大多数教室里,老师们都在带领学生进行晨读,而教室里没有老师的班级则乱哄哄的。(田野日记)

勒菲弗认为"空间是政治性的、意识形态性的"①。"身体不到场"的情况下,其结果会是怎样的?缺乏了视觉的、触觉的、听觉的空间,是否会造成仪式意义的悬置与空虚?就此笔者访谈了部分班主任。

> 问:你们在教室里怎么没有"听"升旗仪式?
> 班主任:刚开始时,让孩子们听教室喇叭里的升国旗仪式的声音,但音响效果不好,孩子们也听不进去,教室里很闹。学校也没怎么要求,所以我们就进行晨读了。

升旗仪式是否可以"脱域"?虽说现代社会人们可以在"缺场"的情况下感受和了解远距离空间里所发生的事件,但这种升旗仪式空间的"脱域化",是否真的能够将人的感知经验从特定的生存场所中解放出来,从而获得对升旗仪式的本真体验?涂尔干认为社会的神圣是由面对面的仪式产生的,并由一致性调节沟通形成。② 仪式本身与仪式进行的时空是一个不可分割的整体。成员的亲身参与是一个重要的要素,身体亲在仪式现场,个体才有可能完全体验到仪式的神圣性和权威性。莱辛指出,

---

① [法]亨利·勒菲弗:《空间与政治》,李春译,上海人民出版社2008年版,第124页。

② [美]威利:《符号自我》,文一茗译,四川教育出版社2010年版,第117页。

所有身体都不只存在于空间中，而且存在于时间中。它们在其连续时间的任何一个时刻中继续，可能呈现不同的表象，处于不同的关系之中。① 对于低年级的学生来说，这种时空的"空虚化"难以使他们形成较好的抽象空间意识。因此，这种空间与时间相分离的升旗仪式，这种想象的升旗仪式难以实现其应有的效果。这种因为人和物的相对分离而必然会出现对升旗仪式情感上的分离，出现对升旗仪式的模糊认识。成功的仪式是需要独特的物理空间形式作为媒介的，也就是说，仪式活动需要在个体周围产生一种地带感。在此，视觉符号占据的是空间位置，借助于空间位置，升旗仪式的符号形式与象征意义也才得以展示。"当具有强烈情感意义的物体出现在特定的场所，出现在规则的空间模式、形状和形式之中的时候，空间的特性就好像具有了情感的价值。处于这种环境中的人，就会把感情与物体的形状和物体的自然空间位置联系起来。"② 对儿童来说，升旗仪式更需要一个身体经历的过程，需要一个可视化的过程。升旗仪式首先是通过参与者的身体起作用。身体不在场，就无法获得仪式的真正效果。升旗仪式时间与空间的分离必然会造成儿童对仪式活动情感的遮蔽。因此，升旗仪式不能是"听仪式"。"听仪式"的最终结果是使这种仪式的听觉符号稍纵即逝，声过无迹。

另外，即使学生"身体到场"，其心灵是否真正到场？也就是说，即使学生参加升旗仪式时身体在场，是否会出现"精神缺席"或"精神不在场"的现象？在 M 小学的现场升旗仪式中，笔者多次观察到唱国歌的时候很多学生唱得有气无力。甚至有许多同学在嬉戏打闹，即使班主任站在后面进行监督，仍然避免不了"缺席在场"的发生。事实就是：即使学生身体在场，其身体客观上受到学校的规则要求，其思想与精神却没有真正参与其中，也就不能产生教育者所期望的教育效果。最终的结果是：操场上站立的孩子每周一都在"看仪式"。久而久之，这种日常化的、习惯性的、模仿性的行为，是否会变成一种完全形式化的东西？这

---

① ［美］米歇尔：《图像学：形象，文本，意识形态》，陈永国译，北京大学出版社 2012 年版，第 126 页。

② ［美］萨克：《社会思想中的空间观：一种地理学的视角》，黄春芳译，北京师范大学出版社 2010 年版，第 135 页。

样的仪式行为是否仅是一种"无思想、无触动的行为"?

如果说学生参与升旗仪式能够产生新奇、兴奋和热情的感受,从 M 小学升旗仪式的情况来看,这种现象也只存在于开学初或第一次参加升旗仪式的学生中。升旗仪式对主持升旗仪式的班级来说稍有兴奋度,对大多数作为背景的学生来说,其所产生的情感色调往往是苍白的。最后的结果是,参与者们到场一会儿,但却没有多少热情,也不能产生教育者所期望的集体兴奋。当学生只是作为一种背景或观众,只是被动地参与时,从中获得的也只能是较低的情感体验。

二 谁能成为升旗手与护旗手

什么样的人才能成为升旗手与护旗手?这在学校已经成为一种规则:或者它是一种年龄的达标,或者它需要一定的成绩或荣誉作为前提。升旗手或护旗手必须是过去一段时间里取得很大进步,或者平时一直表现优秀的学生。在升旗手和护旗手的人员选择上,年龄上的优势也变成了约定俗成的事情。在 M 小学,升旗方队成员、升旗手及其他升旗程序性活动的组织只能由六年级的少先队干部轮流循环进行。升旗手和护旗手在大多数学生眼里被认为是卓越或突出的标识。选择升旗手的标准本身暗含着升旗手地位的神圣。能够成为升旗手或护旗手,这是一项殊荣,是孩子们的目标和梦想。低年级的学生在担当此殊荣面前常常感觉是可望而不可即的事情,达到这种身份是需要时间等待和教师选拔的,因此校园内羡慕的眼神处处可见。

"我非常想当升旗手和护旗手,非常帅!"(一名三年级学生)

"班主任老师只让那些成绩好的同学当(升旗手和护旗手)。我肯定不行。"(不好意思地挠挠头)(一名六年级学生)。

"我只当过一次,我觉得特别棒,特别是在唱国歌,升国旗的时候,我拉着升国旗的线,鲜艳的红旗徐徐上升,觉得特别神圣。"(一名六年级学生)

"我一般会选用平时表现比较好,能力比较强的学生(当升旗手和护旗手),我觉得他们应该成为大家学习的榜样,这对其他同学是一种激励。而且,这样重要的工作交给他们也不会出差错,毕竟这

是全校性的事件,大家都在看着呢。"(六年级的一位班主任)

在学校,升旗是一件神圣的事情,也是一件普通的事情。升旗资格的获得应该是人人都有可能,人人也应该的事。但是在学校,各种活动几乎都充斥着对身份的隐性分层与选择。凡是被认为是大型的或庄重场合出现的活动,学校组织者都会"慎重"选择"最佳人选"。这也使得儿童从一开始就几乎生活在"被选择"、竞争性的生活环境中。学校教育者对选拔升旗仪式"主角"的单一规则行为,导致了大多数普通学生对升旗仪式的淡漠与疏离。不少学生认为根据学校和老师的"任用"标准,自己永远不可能"登上台面"。由此,学校的升旗仪式在众多孩子眼里就成为"是那些人的事,跟我们有什么关系?"于是,尽管升旗仪式中教育者对庄严气氛的营造极为精心,由于大多数儿童都处于一种游离状态,并没有使升旗仪式产生应有的效果。

三 国旗下的讲话:政治话语的表达

M小学升旗仪式中"国旗下的讲话",每次都是由大队辅导员确定主题。一般是她从网上搜集一些资料后结合相关的主题来进行。讲话的主题通常根据升旗周的节日或相近时间的节日来确定。这些节日包括国家法定节日、传统节日等,如"学雷锋""国际助残日,关爱残疾人""六一儿童节"。大队辅导员也会根据有关国家的主题活动或孩子身边发生的事件来定主题,如"中国梦""开学典礼""拒绝垃圾食品""静雅校园"等。大队辅导员定完"国旗下讲话"的主题,由学生自己去写,不允许学生从网上抄。学生一般会在父母的指导下进行(也会从网上下载后进行修改),然后由中队辅导员把关,最后交给大队辅导员。每个周五的下午,负责升旗仪式班级的学生都会来找大队辅导员,确定下周一的国旗讲话稿。在修改过程中,大队辅导员总会努力去改变那种在演讲稿里说成人套话的现象,试图将日常生活中的话语、将各种需要对学生进行思想教育,或学习习惯教育等相关的题材融入国旗下的讲话中。下面呈现的"国旗下的讲话"是M小学众多"讲话"中的一部分,笔者对比了一下网上的信息,这些"讲话"内容有些是学生从网上下载的,只是修改的幅度有大有小而已。

国旗下的讲话（1）

尊敬的老师，亲爱的同学们：

大家早上好！

今天是10月10日，那大家知道10月13日是什么日子吗？是中国少年先锋队建队日。中国少年先锋队队歌歌声嘹亮振奋人心，队旗队徽上的星星火炬指引着我们前进的方向，五指并拢高举头上象征着人民的利益高于一切。红领巾，激励着我们不断向前进，光荣的队史，是我们的骄傲！

在这里，我们认识了把热血奉献给革命的王二小，认识了把生命交付给森林的赖宁。在这里，我们认识了抗震小英雄林浩，还认识了关注环保、关注母亲河的刘丹阳……

一个个名字在队册上闪闪发光，一件件事迹铭刻在我们的心上。

毛泽东爷爷1949年为少先队员题词："好好学习，天天向上。"

胡锦涛爷爷在中国少年先锋队建队60周年之际，向全国的少先队员提出，"要争当热爱祖国、理想远大的好少年；勤奋学习、追求上进的好少年；品德优良、团结友爱的好少年；体魄强健、活泼开朗的好少年"。

今天，我们在M小学这个环境优雅、团结温暖的大家庭里读书。我们要牢记入队誓言，好好学习、好好锻炼，学会做人、学会创造，为实现"中国梦"而努力学习和拼搏。任何一个梦想，就像一架小小的飞机需要动力，有了动力它才能飞起来。而梦想本身就是我们通向未来的动力。有了梦想，我们就好像一架装上了发动机的小飞机，能够朝着自己未来的目标不断地飞行和前进。

梦想在哪里，在生活里。我们应该庆幸自己生活在这样一个伟大的时代，这样一个能让梦想被触摸到、被实现的时代。最后，让我们在队旗的指导下，从小树立远大理想，严格规范行为，养成良好习惯，健康成长，时刻准备着，为少先队谱写更加辉煌的乐章！

国旗下的讲话（2）

创建"静雅校园"倡议书

亲爱的同学们：

  大家好！

  学校是我们学习知识、放飞梦想的乐园，也是养成良好习惯、健康成长的沃土。但是，开学以来，在我们身边，还存在着一些不和谐的现象：校园内，总能见到各种垃圾；上课铃响了之后，还有很多同学在叽叽喳喳说话，甚至打打闹闹地跑进教室；当老师说下课时，总有一些同学不顾一切地冲出教室，大喊大叫，追逐打闹，在低年级小同学中，还有踩草坪、爬雕塑的身影……还有的同学张口就骂人、说脏话。我们学校有四千多名学生，如果每个人都这样，那整个校园哪里还谈得上文明有序？

  从本学期开始，学校开展创建"静雅校园"和"静雅班级"活动，在此，我们六、八中队特向全校同学发出以下倡议：

  1. 同学们课间要有秩序地进出教室，不拥挤、不在走廊里追跑打闹。

  2. 不在老师办公楼奔跑、高声喊叫。无事不到老师办公区域。不玩危险游戏和危险动作，不在走廊跳绳、拍球、踢球、扔沙包等，到指定的活动区域做有益的游戏活动。

  3. 到功能室、操场等地方上外堂课时，站队有序地到上课地点，上下楼梯右行，不能奔跑。

  4. 保护环境，不在校园内乱扔废纸，见到废纸和垃圾主动要捡起。不吃零食，不在校门口购物，不购买垃圾食品，厉行勤俭节约，倡导绿色生活。

  5. 争做讲文明、懂礼仪的学生。

  同学们，我们是校园的小主人，如果你真的热爱自己的校园，就得多为它着想，想想怎么当一个合格的小主人，想想我们能为校园做些什么。当我们获得了优异的成绩，别人就会说：看，M 小学的学生多优秀；当我们养成了静雅的好习惯，处处严格要求自己、提醒别人，来学校参观或开会的客人就会想：看，M 小学的学生多有修养。同学们,我们要积极实践静雅,它不仅显示的是个人的修养,还代表着学校的荣誉。"静雅校园"是我们全校师生都在共同努力的目标。大家都要拿出行动来,改掉自身的坏习惯,争做一个"静雅少年",用实际行动来爱自己、爱我们的校园,创建出一个和谐、美好的"静雅校园"。

"语言是一种时间机器,它允许不同世代之间的社会实践得以再现,使过去、现在和未来的分化成可能。……由于人类对语言结构特征的掌握,它在时空中的消失与时空距离上的意义保持可以和谐共存。"[1] 尽管国旗下的讲话主题会有所不同,但大多数的讲话语言用的都是一种"说服性语言",或者进行激励或者进行规劝。这种说服性政治语言存在两种潜在的子类型,就是罗伯特·达尔在影响力术语讨论中所论及的"理性说服"与"操纵性说服"[2]。在操纵性说服中,人往往被当作一种手段、工具,而不是目的。[3] 国旗下的讲话所针对的眼前的学生群体是未来的"共产主义接班人"群体,其所提出的希望或者是普遍性要求,或者是因事因时间而宜的特殊性要求。"所提的希望对在场的所有人都有梳理性,在抽象的概念与普遍的要求串行而成的逻辑中,体现社会结构的要求。"[4] 这种政治性语言或者规劝性语言基本上成为国旗下讲话的主流话语。它不仅担负着传递信息的功能,而且也是激励儿童情绪情感的一种重要手段,以使儿童更好地理解国家的形象与意义。学校教育者试图通过这一环节提醒儿童的身份,紧紧抓住儿童,并由此把儿童推入一个想象的世界。在这个想象的世界里,国家被象征性地建构为每个人共同的"家",这个"家"是大写的"家",因此活动也上升为神圣的教育活动。国家的旗帜此时此刻也扮演着强大的符号作用。学校升旗仪式的展演不可避免地带有国家的权力和国家的符号,并以其程式化的东西,以象征的方式和手段表达权威,督促儿童爱国、爱

---

[1] [英] 吉登斯:《现代性与自我认同:现代晚期的自我与社会》,赵旭东、方文译,生活·读书·新知三联书店1998年版,第25页。

[2] [美] 罗伯特·达尔:《现代政治分析》,王沪宁、陈峰译,上海译文出版社1987年版,第56—66页。

[3] 马敏:《政治象征》,中央编译出版社2012年版,第132页。

[4] 刘云杉:《学校生活社会学》,南京师范大学出版社2000年版,第308页。

校、爱家……

在大多数情况下，国旗下的讲话体现为被爱国主义话语体系所认同的一套价值体系。在国旗下的讲话中，与过去有关的节日的话题在此刻被重新提起，特别是与国家或民族相关的话语在此刻得以表达。组织者试图通过这一环节将国家这一政治观念转化成儿童亲历的体验、情感和日常生活，提供给儿童一个重温这些故事并将过去与现在联系起来的机会，特别要使儿童记住革命历史时期的重要事件。组织者期望孩子们从国旗下的讲话中能领略到民族的意义以及如何维护国家的责任，从而具备一个接班人应具有的素质和要求。M小学国旗下的讲话内容，各个时期的英雄榜样占了很大比例，像"学习雷锋"就是其中一个永恒的话题，这些话题也成为学校德育的主要内容。尽管国旗下的讲话是按照节日或主题在不断变化，但如若以年为单位来计算，则是年复一年地重复着同样的话题、同样的活动。那么，这些讲话是否足以在孩子们的心底激发起教育者所期望的爱国情感？

  问：你们能听明白今天国旗下讲话的内容吗？
  学生A：知道。我们应该记住抗日战争的英雄，是他们带给我们今天的好生活，老师平时也这样告诉我们。
  问：你呢？
  学生B：啊？！我，我没注意听……（挠头）

当国旗下的讲话仅止于褒赞性演说或规劝性演说，其语言表达若与具体的生活联系相脱离时，这些枯燥的话语就无法被"受话人"准确地接受或理解。在多次观察中，笔者发现讲话者面对的是众多缺乏注意力的"观众"。孩子们要么在打打闹闹（即使班主任在维持秩序的状况下），要么东张西望。当然这与儿童不同年龄段的发展特点也有关。在大多数情况下，"言说的个体和倾听的集体之间叙说着一种非对称的交流，参与者更多地是被要求、被规约"①。儿童的精神和身体都处于一种被规训的

---

① 王海英：《构建象征的意义世界——学校仪式活动的社会学分析》，《当代教育科学》2007年第14期。

状态。在这种状态下,这种价值体系如若完全不涉及儿童日常话语的内容,其效果必然远离教育者的预先设计。当活动者的话语远离了孩子们的生活时,其效果就是很微弱的。话语成功的前提是观众信任或理解活动者的话语内容。从实际情况看,很多时候在学校升旗仪式上,会充斥着冠冕堂皇的演讲词。这说明我们偏爱教育性的、严肃的语言,作为听众的儿童只能随时准备忍受枯燥无趣的场合。庄严肃穆的空间则更映射出仪式与人之间无形的心理距离。升旗仪式上很多话语是用同样的意图、同样宣告的方式、同样事先制定的程序,在相同的情境里被表达,这就使仪式成为一种简单的重复,成为一种模式化的表演。"个体心灵就成为他者的跑马场,成为被能指充塞的世界,个体失语了,他们的声音被一种统一的洪大声音所淹没,渐渐丧失了说话的能力与信心。"[1]

四 每周之星:追求卓越

M 小学每周升旗仪式流程都是一样的。升旗仪式的最后一个环节就是表扬"全面发展之星"或"每周之星"。学校通过这个环节来表扬优秀,树立学习典型。主持人在最后表彰完"每周之星"后,都会对全体学生提出希望和要求:

> "经过评选,五、六年级的'每周之星'是:五、一班'文明礼仪星'×××,五、二班'遵规守纪星'××,五、三班'英语口语星'××,五、四班'进步之星'×××,五、五班'计算小状元'×××,六、一班'解决问题星'×××,六、二班'遵规守纪星'×××……
>
> 让我们以热烈的掌声祝贺他们吧,希望同学们在每周之星的带动下,努力争当'星级学生'。"(升旗仪式片段)

就"每周之星"笔者访谈了几个同学对"星级学生"的看法:

问:你们对升旗仪式中被表扬的"每周之星"羡慕吗?

---

[1] 吴康宁:《教育与社会:实践反思建构》,广西师范大学出版社 2008 年版,第 143 页。

学生A：不羡慕。

问：为什么？

学生A：我妈妈说了，只有学习好，才是重要的，要"星"干什么？

问：那发到"星"的同学学习成绩不好吗？

学生A：点了点头。好多"星"，都不是学习的"星"。

问：那你学习成绩好吗？

学生A：还行吧。

访谈中，部分儿童受成人功利化的教育思想影响，这个"每周之星"并没有像教育者想象的那样起到充分激励的作用。但表扬"每周之星"还是成了M小学升旗仪式中重要的重复性部分，这一环节也是M小学升旗仪式中的"恒定环节"。"星级评价"贯穿于M小学儿童学习生活的始终。这些"星级学生"在同伴群体中是"同道中人"，彼此相互了解，学校通过升旗仪式中表扬"每周之星"这一环节，频繁地对其他儿童进行现身说教，要求全体同学学习这些榜样群体。表扬"星级学生"这一环节又一次提醒儿童要在学习和行为上向优秀者学习，要做属于自己"本分"的事情。

在被访谈的学生中，笔者发现"星级学生"并不像组织者所期望的那样成为学生学习的榜样。当过"星"的学生不再羡慕当"星"，没有当过"星"的也并不很强烈地想去当"星"。当然也有非常优秀的学生，以每年屡次被评为"全面发展之星"而骄傲和自豪。事实上，只有在榜样的形象唤起了学生注意的时候，他们才会愿意去模仿他的行为举止。现实中，儿童向"星级学生"学习的意识并没有像教育者所期望的那样被频繁和强烈地激发出来，他们也没有产生更加热切的模仿欲望，也并没有对升旗仪式的这个"表扬"环节给予更多的关注。

五 学生心目中的升旗仪式

对政治身份的认同感的意识通常通过信仰的体系、仪式和象征得到加强。马肯齐这样写道："……神话、象征、仪式和意识形态……对于给出一个通告的意义来谈论社会和政治的'认同'的努力来说是极端重要的。"①升旗仪式作为一种政治教育活动,其目的是要对参与者进行爱国主义教育。在升旗仪式中,少先队员们整齐划一的出旗方队、冉冉升起的国旗,以及振奋人心的国歌,这些视觉、听觉符号共同营造了一种神圣而又庄重的仪式情境,也形成了政治话语的空间。作为未来接班人的少先队员政治身份此时被重新提起,组织者试图利用这种作为国家成员之一的象征性身份,通过特别营造的氛围以及精心设置的仪式环节,激发其为国家而奋斗的豪情壮志。

> M小学负责德育的副校长指出,"升旗仪式是学校规定的必须进行的教育环节。孩子们在进入学校后,学校会有意识地对他们进行爱国主义教育,使他们形成一种爱国情感,升旗仪式就是基于这种目的而设计的。这样孩子们在接受了几年的学校教育后,他慢慢地就会形成一种爱国意识"。

学校每周一都会有专门的老师对参加升旗仪式的老师和学生进行点名签到。学校坚信:通过每周一的升旗仪式,通过学生和教师的共同在场或熏染,这种仪式的定期重复能够实现爱国主义的教育目标和任务。但每个孩子对待升旗的态度显然是不一样的。如有的孩子特别期盼每周一的早晨参加升旗仪式:"以前,我们只能在教室里'听升旗',看不到国旗冉冉上升的样子,现在,我们终于可以抬起头,向神圣的五星红旗行注目礼了。"

而有的孩子则持另一种态度:

> "我们在看升国旗、奏国歌的时候,就是想看一看国旗是否在(国歌)音乐停止的时候恰好升到了顶端,很多时候都不一致。"
>
> "星期一我们要穿校服,戴红领巾。因为要升国旗,还不能去晚。否则会挨罚的。"

---

① [英]德里克·希特:《公民身份:世界史、政治学与教育学中的公民理想》,郭台辉等译,吉林出版集团有限责任公司2010年版,第258页。

唱国歌的时候，学生表现也不一样。三、四年级的学生参加升旗仪式的时候，他们唱国歌的声音要比五、六年级的声音要整齐、要大一些，要多一些认真。

学校认为，升旗是一件神圣的仪式活动，这个空间应成为一种非常庄严的场所。因此，升旗仪式要求学生庄严、肃穆、态度认真。如果有不遵守升旗仪式的学生被老师发现，必然是要受到惩罚的。有一个三年级的男孩在升旗仪式快要结束时在队伍里打闹，结果被大队辅导员杨老师发现，杨老师直接让一名大队委把他"请"到办公室。

杨老师问："知道错在哪里吗？"

"一位同学打我，我……"（学生试图分辩）

"上一边站着去，想好了再说。"（杨老师直接打断他的话）

学生站了一会："老师，我想好了。"

学生在陈述的时候，仍然在顾左右而言他。

杨老师直接又打断了他："先去上课，下课后再来。"杨老师随后也去教室上课了。

过了一会儿，这个男孩又来了，我问："杨老师不是让你下课后再来吗？"

"班主任让我站办公室。"

"那好吧，你站那儿吧。"

下课后，大队辅导员杨老师问，"你怎么一直站这儿？"

"班主任让我站的。"（估计是班主任生气了）

"现在知道为什么错了吗？"

"知道了，老师，我不应该打闹。"

"升国旗时，小学生礼仪，背给我听听。"

"小学生应该……老师我记不住了。"

"你不知道小学生礼仪，那你肯定不知道自己哪里错了。回去把升国旗的那一条背会了，下课来找我。先去上课。"

过了一会儿，这个男孩拿着一张纸回来了。笔者问："杨老师不是让你下课来背吗？"

"班主任让我在办公室背。"

下了第二节课后，这个男孩找杨老师背诵。背完后，杨老师拍着他的肩膀说，"下次升国旗时，我看你的表现。回去吧"。

在对这个男孩违反升旗仪式的惩罚中，大队辅导员并不想剥夺他上课的权利，让他下课后再来接受惩罚，但班主任对他的惩罚显然不一样，直接不让他上课而予以惩罚，导致了这个孩子两节课都没上。班主任试图通过更严厉的惩罚以配合学校的管理与教育。在学校重要的仪式场合，学生如有违反仪式庄严性的行为，就会被"抓"到德育处受罚。笔者也从他们眼里看到了他们对重要仪式的漠然与叛逆。这样，升旗仪式慢慢成为一个相对正式且不专注的仪式。在多次的升国旗仪式上，笔者看到的是形式上的、漫不经心的仪式。如果对他们的语言和行为加以分析，我们就会发现他们并没有流露出教育者所期望的"正向的"情感。

在升国旗的时候，会有各个班的学生在打扫卫生。今天，我发现有几个孩子单独开辟了升国旗的"场地"。一个女孩一手拿笤帚，一手指挥大家唱国歌。等她们唱完后，我上前询问，"你们想参加升旗仪式吗？"

"不想。"一个女孩响亮地说。

"那为什么你们在举行'升旗仪式'。"

"觉得好玩。"

"你们参加过升旗仪式吗？"

"参加过，没有意思，不如打扫卫生好玩。"

"我还当过每周之星呢。"（另外一名女孩回答）

（升旗场外也有站着严肃地看升旗仪式的学生）我过来问了一下："你们站在这里干什么？"

"我们打扫卫生时，要求停止，要看升旗仪式。"（显然升旗场外的儿童表现也是不一样的）

仪式中作为物质性的符号活动总是在一定的时间和空间中存在。借助于仪式活动的上演，升旗仪式的音乐、语言、节奏等会被一一设置。升旗仪式的直观性、庄严性、在场性，以及由此而产生的某种阐释性会赋予参与者一种神奇的力量。从组织者的视角来看，在整个升旗仪式的进行过程中，各种符号的设计与使用，整个氛围的构建与渲染对学生身份的认定、归属感的形成、使命感的强化等方面提供了很好的教育场景。行队礼、唱国歌、主持人带有教育意味的谆谆讲话……都在产生象征意义的仪式空间中进行。对大多数学生来说，这种感性的视觉、具象发挥了积极的作用。仪式参与者跳出了日常生活而走进了一个庄严神圣的世界，并获得一种象征性身份，体验一种象征意义。但是，慢慢的，如果升旗仪式在孩子们眼里却变成了一种程式化的东西，成为一种必须遵从的强制性任务，儿童与仪式之间也就慢慢产生了隔膜。以至于日常生活中很多学生对待升旗仪式的态度是心不在焉的。所以升旗仪式中，我们经常看到孩子们娱乐式、嬉笑式的反应和动作，并伴有些许的不庄重和轻蔑、甚至有对仪式活动排斥的行为和情绪。在松散的却又充满遵从氛围的群体中我们看到了学生群体对仪式本有意义的抗拒，最终导致学校升旗仪式抽象化、形式化的尴尬现状。

第三节　日常惯习化仪式

当你一踏入小学学校门口，你经常能感受到扑面而来的各种仪式仪规。这些仪式仪规是儿童作为一名学生、一名少先队员、一名国家未来的接班人都要耳濡目染、熟记于心的。同时，学校要经常组织一些大型的仪式活动，所以也就需要对仪式参与"骨干"群体进行经常性的训练或指导。学校仪式活动组织者期望借助于仪式训练，使仪式活动正常展演，并使儿童注意正确的行为方式，养成良好的惯习化行为，以强化儿童对自己作为少先队员身份应具有的认知和行事方式。学校为日常惯习化仪式所作的制度化安排，在开学初的各种训练活动中就已经体现得淋漓尽致。

一　作为惯习的仪规

仪规（rite）是仪式行为最小的意义单位，如鞠躬、敬礼等。仪规是要让"整个社会的成员认识到'我们该怎么做'，新的社会成员会在参与仪式的活动过程中确立自己在社会中的角色及行为导向"①。学校教育者相信儿童在遵从仪规的过程中，日常生活中所需要遵循的行为规则会自然地"嵌入"他们的身体。大队辅导员杨老师谈到仪式的作用时指出，"对孩子们谈共产主义，进行政治教育，是很空洞的，通过少先队组织活动来进行熏陶，特别是组织一些仪式活动是很有必要的"。

日常生活中，学生在校园中经常会与教师不期而遇，学校要求学生与教师完成一定程度的互动仪式，但很多情况下，学生会遭遇到老师的"无礼貌的不关注"②。这种"无礼貌的不关注"在学校里时有发生，也恰恰反映出学校日常生活中师生互动的权力不对等。师生之间的这种不对等交流，儿童似乎也习以为常。儿童这时已经把成人的要求和指示当作不可更改的道德规范。

> 有一次，几个学生课间打篮球，貌似犯了错误，篮球被德育处主任没收了。两个男孩来德育处想拿回篮球，结果德育处主任出去了，另外一个主任在看文件。学生没喊"报告"就进办公室了，正在看文件的主任大吼了一声，"站到一边去！"他们俩乖乖地站着，主任什么话也不说。最后快到上课时间了，其中一名学生小声说，"老师，我们快要上课了，我们要上课"。
>
> 师："知道犯了什么错吗？"
>
> 生："我们不该在楼道里打篮球。"
>
> 师："还犯了什么错？"
>
> （学生不明白）
>
> 师："你们是上市场买菜的？买菜也应该懂礼仪啊？"（主任开始点拨）
>
> 生："还犯了错误，应该先敲门，报告，对老师应该恭恭敬敬的。"
>
> 师："这不是都知道吗，我以为你们不知道呢？"

---

① 翟杉：《仪式的传播力：电视媒介仪式研究》，中国传媒大学出版社2013年版，第24页。

② 高德胜：《道德教育的20个细节》，华东师范大学出版社2007年版，第6页。

最后两名男生经老师批评指点，向老师道歉。

儿童对学校日常惯习化仪式仪规的反应显示出了儿童对教师权威的惧怕。师生之间仪式表达的不对等也展现出了权力的不对等。以上这位老师强制使用礼节符号进行教育，目的是要使学生形成一种规矩：尊重老师，服从权威。"仪式使一种关系权力得以运作。这种关系权力是自我维系的。它用不间断精心策划的监视游戏取代了公共事件的展示。"① 教师运用社会赋予他的权力，强制让学生对教师行使一定的礼仪以表示对师者的尊重，强化或彰显教师的"权威"来进行教育和控制。日常惯习化仪规，它时刻提醒着儿童的身份和行为，它作为一种规训的手段一定程度上实现了学校管理和控制的目的。

二　少先队仪式活动训练

学校开展各种活动之前都要进行仪式活动的训练，如升旗仪式、入队仪式等，这种训练是一种仪式表演所必须经历的程序，也是少先队教育的重要形式，组织内的训练成为政治上纳新的补充渠道。

大队辅导员新学期成立了国旗班，统一穿校服，让孩子们自愿选择是否参加国旗班。"以前每个班到六年级时都能参与组织升旗仪式，感觉疲疲沓沓的（懒散）。本来三年级的学生刚刚参加升旗仪式，是充满激动感和兴奋感的，但一看到升旗护卫队学生走路的样子，就成为看笑话了。很多学生在上面（升国旗走方队时）都走'顺拐'了。一个班（学生）全上，七扭八歪，仪式感没有了，所以我想建立一支稍微正规一点的升旗队伍。升旗仪式中，每个人都上去，是不可能的。每个人想体验，可以体验国旗下的讲话。以前轮着来（每个班轮流进行），仪式感就体现不出来，庄严性也没有了。建立国旗班就是为了使升旗仪式更为庄重，使孩子们的精气神提起来。"（大队辅导员）

---

① ［法］福柯:《规训与惩罚：监狱的诞生》，刘北成、杨远婴译，生活·读书·新知三联书店 2012 年版，第 200 页。

国旗班队员从五年级和六年级的学生中选,每个班选五个同学,组成两个升旗方队。每个队轮流参与升旗仪式,团队成员自己安排各种角色,如播放音乐、组织、走方队、护旗等。德育副校长并不赞成成立国旗班,他认为影响了各个班级对参加升旗仪式的积极性与自豪感。大队辅导员与副校长的意见显然是不同的。但她还是坚持自己的想法,让国旗班成立起来。

除了国旗班的训练,大队辅导员杨老师还非常喜欢组织各种活动,也喜欢将少先队的活动变得生动多样。每年的"手拉手"活动她都要精心组织。M小学要进行去山区"手拉手"活动的仪式训练时,杨老师专门开会进行通知:

"我们距离六一儿童节还有三个星期,每星期两个下午,各一个小时的训练,时间比较紧,利用放学后的一小时,有的同学可能要练舞蹈、音乐,那些课程你可以调课、补课,但我们的大队部活动,错过了,你是无法再补上的,这对于我们大队委的成长和锻炼非常重要。"

杨老师私下跟我交流:"孩子们在少先队里塑造良好的品质,需要从平时的训练活动中获得,孩子们通过参与活动有利于提高自己的能力。"

那么,学校组织的这些训练,学生是如何想的呢?他们是否会发自内心地想参加呢?

笔者访谈了五年级学生,问他们加入国旗班什么感觉?大多数学生感到很自豪。从平时的观察中,笔者也发现大队委们各方面都表现很突出,他们积极活跃于各种活动中。有一个同学没被老师选中进入国旗班,主动找大队辅导员,说希望加入国旗班。在这些积极参与的学生背后,家长是非常支持的:

"小学生就要参加各种活动,锻炼自己的能力,这样孩子在做其他事情的时候,态度上都会是积极向上的,我感到孩子变化很大。"

当然也有学生持不同的观点:

"学校组织各种（仪式）训练活动，经常占用我们的课，上课的老师经常会因为我缺课而批评我。"

"孩子总是参加各种训练，不能正常上课，我很担心孩子的学习，可是又不好意思跟大队辅导员说，怕杨老师不高兴，很是纠结。"

在这种很纠结的心理背后，反映了家长和学生的迷茫或挣扎。部分家长认为少先队组织各种活动的目的是为了学校的"颜面"，学生参加很多活动没有太大的意义。而且，学生在实际训练、参与队活动时，大多数情况下他们并不能够参与策划所组织的工作，只是被要求去直接执行给定的一套方案。种类繁多、反复操演的仪式慢慢地会使学生中普遍存在一种"使人丧失力量的沉默"。在开大队部会议的时候，那种沉闷的气氛显得尤其突出。少先队既然是儿童的组织，必然在活动的组织上要求教育者较少的外部控制，儿童应该有更多的自我选择和决定权，尤其体现在组织什么样的活动以及活动的组织方式方面。事实上，学校组织什么活动很多时候也是来自上级的文件和要求。那么，在组织活动时，教育者如何将这种外部的活动要求与儿童自己的需要灵活地融合起来是我们要思考的问题。

小结　少先队仪式与儿童政治身份的赋予

仪式总是会被赋予一种神圣性。学校通过仪礼将神圣的使命投射到个体身上，学生在党和先烈的目光交织之中，被赋予了新的身份。学校为儿童的政治社会化提供了一个巨大的表演场，提供了不同于家长的权威角色——辅导员老师，提供了不同于一般的学习榜样群体——"大队委"，以及一系列制度性的约束——校纪、校风、少先队组织仪式仪规等来筹划一系列的政治教育。

美国学者戴维·柯泽指出，"国家是不可见的，它必被人格化方可见到，必被象征化才能被热爱，必被想象才能被接受"[①]。特定的仪式和象

---

① 郭于华：《仪式与社会变迁》，社会科学文献出版社 2000 年版，第 343 页。

征符号在一定程度上实现了学校对学生爱国主义精神的培育。在仪式中，这些象征符号以一种特定的方式存在着，并使它们能够作为至关重要的群体价值观代代相传。入队仪式与升旗仪式作为学校重要的政治仪式，仪式活动中的"国家符号"非常明显，而且作为一种政治场域内的操演策略，它们已经成为学校的一种常规化仪式。这些仪式通过象征的手法，表达出"国家在场""政党在场"，从认知和情感上对儿童进行思想政治教育，这些都是学校精心安排的政治教育活动。仪式进行过程也包含着明显的"权力话语"。正如罗伯特·F.默菲指出，"仪式的意义在于为社会个体获得新的地位提供一种标志物，这种标志物对于个体此前的角色与身份构成一种区分和隔断，对于个体此后的角色与身份则赋予了一种新的资格，它代表了社会个体一种新的生命开端"①。入队仪式作为一种操演仪式正式赋予了儿童一种新的身份或地位，"见证"了儿童脱离原来"无身份"的过程。这种新的角色与身份同时也要求儿童能够规范自己的言行，以促使其成为一个真正意义上的接班人。

集体的符号性活动，以仪式形式来自我界定，加强了社会和政治认同以及群体团结，它可以为个人提供政治方向和属于一个更大共同体的感觉。②在学校日常惯习化仪式和训练活动中教育者将儿童置于一个生动的"仪式熔炉"中，让参与者事先熟悉仪式设计的程序，进行预演"热身"，以便于在正式进行仪式时配合仪式所需要的角色，实现仪式活动设计的目的。通过这些日常仪礼的熏染，教育者也期望学生形成新的集体共同感，悦纳自己的身份。学校就是用这种作为意义符号的象征体系——仪式来满足其政治教育表现和展演的需要。这些儿童在学校中必须要参与和体验的仪式都是充满政治教育意义的事件。在这样的仪式设计下，"支配性象征符号将社会的道德和法律法规与强烈的情感刺激紧密相连"③。但综观 M 小学的各种仪式活动，教育者所营造的氛围几乎都是"国家在场""少先队在场"，而鲜有"儿童在场"。如何设计学校仪式，

---

① 施蕾：《学校仪式的意蕴与优化设计的思考》，《思想理论教育》2010 年第 22 期。
② ［英］维克多·特纳：《象征之林：恩登布人仪式散论》，赵玉燕、欧阳敏、徐洪峰译，商务印书馆 2006 年版，第 30 页。
③ 同上书，第 28—29 页。

如何让仪式更好地为儿童的成长服务是教育者要深思的问题。如果一味地去迎合学校宣传的效果，而没有站在儿童的立场去看待仪式的作用与价值，其结果可能适得其反。以至于在教育场域，"教育者不断地为各种仪式活动赋义、增值，使其原始的象征性、生活性功能日益丧失，成为一种工具性行为"[①]。这恰恰失去了学校仪式的本真教育意义。只有当仪式成为儿童群体重新巩固自身身份认同、提升对组织意识理解的手段时，当他们感到他们团结了起来，彼此融入有趣的生活世界中，并联在一起时，他们才会体验到自己被真正融入一个令人向往的组织队伍中。

---

① 王海英：《构建象征的意义世界——学校仪式活动的社会学分析》，《当代教育科学》2007年第14期。

"……我们从孩童时候开始就在心里存有一种美德教育，这种训练对成为一位完满的公民产生一种强烈的渴望，公民知道如何按照正义的要求去统治和被统治。我们认为我们应该把这种训练与其他训练区分来看，并且只有它才能配得上'教育'的称号。"

——柏拉图

第三章

儿童政治身份的展演
——参与少先队活动

少先队组织活动中有大型的政治性活动，如少先队代表大会。全国少先队代表大会一般每五年召开一次，学校少代会一般是每两年召开一次。当然有很多学校也并不举行少代会。除了少代会活动外，学校还会举行比较常规的教育活动，如纪念烈士扫墓活动，以某一个主题为核心进行的大型演讲比赛活动，以及进行具有儿童性质的"手拉手"活动……

第一节　少先队代表大会

M小学在2014年秋天举行了第一届少先队代表大会。整个少代会的流程包括：少先队提案解答、大队长工作报告、优秀少先队员、优秀辅导员表彰、大队委竞选等活动。少代会的决议经过与会代表讨论、表决通过，大会把有关决定用书面形式形成意见。

一　少代会提案

M 小学少代会举行前，每个班有两名学生与其家长商量并提交少代会提案。少代会提案要求少代会代表们提交议案，表达心愿。大队辅导员整理后，报告给副校长，学校对各个提案整理后，在大会上予以宣布并承诺进行整改。学生们从学校设施、教学管理、德育管理、校园活动、心理健康、校园安全和环境、图书借阅等方面提出了 90 余份"提案"。

> "少先队员面临的最大问题是没有适合的场所做自己想做的事，建议在社会上建立一些综合性强的场所，如将科技、读书、拓展训练、运动等综合在一起，成立少先队员俱乐部，合理安排时间，每天下午都由各校大队部组织学生前往活动。建立场所的资金可以由政府投资，吸纳社会募捐，工作人员可以招募义工。卫生清洁等工作可由队员们自行负责。"

> "别让垃圾食品伤害我们。建议少先队多组织开展拒绝'垃圾食品'等相关主题活动，播放垃圾食品危害的图片，让学生学会自我保护，拒绝垃圾食品。"（《请给予队员自己的空间》，六年级第六中队）

大多数学生代表提出的提案都是关乎学生实际学习生活的，比较具有实际意义。那么每个班级选出的两名代表是否又征求了班级其他同学的意见？其他同学是否知道并参与了提案的提交？就此笔者进行了访谈：

> 问：你知道学校最近要开少代会吗？
> 学生 A：不知道。
> 学生 B：我们老师说过，好像是让班长和学习委员参加。
> 笔者又询问了提交少代会提案的学生：
> 问：你知道少代会提案是什么意思吗？
> 学生 C：就是要向学校提意见。
> 问：你是怎么提的？

学生C：我和我爸爸一起弄的。

问：那你认为你们提的意见合适吗？

学生C：我爸爸提了学校门口乱摆摊点的问题和学校门口交通拥挤的问题，我觉得挺合适。

因为是第一次召开少代会，学校比较重视。校长召集了学校的中层干部召开办公会议，讨论少代会提案的实践落实情况，提案的聚焦点主要集中在教学、德育、后勤等几个方面。最后，在少代会上，学校关于少代会提案的回答有很多涉及具体整改的措施，特别关于儿童安全方面的。应该说，少代会在有限的程度上实现了学生的期望与要求。整个少代会提案环节试图将学生的维权意识纳入程序过程中，体现出学校管理的民主性。教育者的设计目的和愿望是良好的，但在实际的做法中，学校并没有完全将即时的、零散的、随机的提案意见付诸实践进行解决。这也与部分儿童提出的建议太理想化有关，限于学校的现实条件，学校只能是有限度地解决家长和孩子们提出的问题。

二　大队长工作报告

少代会的工作报告，是将上届少代会以来少先队组织的工作和活动情况，向大会汇报，由代表做审议。因为这是第一届少代会，少代会的工作报告就汇报了M小学前一段时间的工作业绩，以及今后工作的设想和建议。M小学少先队大队长在少代会上代表全体少先队员提交了工作报告。

增强少先队员的光荣感和归属感

——在中国少年先锋队M小学第一次少代会上的工作报告

各位代表、各位领导、各位辅导员老师：

大家好！

近年来，我校少先大队在团市委、市教育局和学校的正确领导下，少先队工作与时俱进，锐意创新，高举着星星火炬旗帜，带领全校少先队员一起自信而快乐地成长。我是M小学少先大队大队长×××。现在，我代表M小学大队委员会，向大会作工作报告，请各位代表审议。

一、星星火炬闪耀 M 小学

1. 加强组织建设，抓好干部队伍。自 2011 年以来，我们充分加强了组织建设，努力抓好小干部队伍。建立红领巾小干部检查岗，一项项制度规范了少先队的工作，提高了少先队工作的实效，一支支想干事、会干事、巧干事的干部队伍的形成，促进了少先队工作的有序、有效开展。品学兼优的少先队小干部××、×××在市第六次少代会期间，因表现突出，被市少工委选中分别陪同××书记和×××市长参加少先队活动。

2. 推进少先队员思想道德建设。在少先队员中开展了"星级学生"的评选活动，队员们个个都兴致高昂，争当"星级学生"，全方位的要求自己。通过评比，使队员们的思想道德有了一个很大的提高。

3. 紧抓阵地建设，营造和谐氛围。每周一的升旗仪式，我们结合一些重大的纪念日，进行主题教育，让队员们了解优秀的民族文化，从而增强民族自豪感，培养他们热爱祖国、热爱人民、热爱集体、热爱生活的情感。

班级文化展板是常项工作，我们确定每期主题，由各中队自由设计，宣传委员每次认真的检查评分并公布结果，班级文化展板成为我们中队建设中的一块重要阵地。

4. 开展主题活动，促进少先队员自我教育。为了让少先队员清楚了解并不断加深对少先队章程的理解，熟悉少先队组织生活，增强组织责任感，增强对组织的忠诚、依恋和归属感。我校少先大队通过规范的仪式感染和实际的体验活动组织了一系列增强少先队员光荣感、归属感的队活动。

（1）以成长为取向的队前教育

学校少先大队非常重视队前教育，队前教育能使一年级的小同学了解少先队的光荣历史，认识少先队是一个光荣的组织，为自己能早日成为少先队组织的一员而感到光荣和自豪。

（2）"金色童年手拉手，相伴快乐共成长"手拉手活动

三年来，我校少先队员先后与××镇、××镇希望小学的少先

队员结成手拉手小伙伴。我们在学习上互相帮助,在生活中互相关心。

今年我们又创新开展了"红领巾,相约中国梦"手拉手重温入队誓词活动,我们与××镇少先队员一起,手拉手重温入队誓词。在活动中,两地队员进一步加深了党、团、队衔接的组织意识,以及生活于少先队组织中的归属感和使命感,让队员们在实践体验活动中,潜移默化地受到了感染和鼓舞。

(3) 入队仪式让梦飞翔

每一名队员都经历过加入少先队组织的过程,谁都不曾忘记自己加入少先队组织时的心潮澎湃与激动,以及由此所产生的归属感与成就感。每年"六一"节前后,M 小学师生和新队员以及新队员家长都要隆重集会,举行庄重而规范的新生入队仪式。

(4) 奏响队干部竞选的"集结号"

为培养广大少先队员竞争、公平、民主的主人翁精神,我校少先大队每学年一开始便会吹响大队干部竞选的"集结号",以队员自主报名,各中队选举的方式推荐最佳候选人,通过张贴竞选海报、少先队基本知识竞赛、竞选演讲和才艺展示等环节,最终选出新一届少先大队委员。

(5) 小小志愿者,关爱送新生

每学年为了让一年级新生尽快熟悉校园、融入新的学习环境,也为了让家长们放心,我校少先队组成了校园志愿者队伍,发挥学长的"传帮带"作用,为新生们提供热情的关爱服务,成为校园里一道美丽的风景线。

(6) 感恩母亲呵护蛋宝宝

母亲节,四年级的队员们通过一天的护蛋体验,了解到母亲从怀孕到抚养自己的含辛茹苦,加深理解了母爱的意义,并推己及人地去爱自己周边的人,做一个博爱的少先队员。

(7) 弘扬传统,热爱祖国,争当有强烈责任感的好少年

为弘扬中华民族优秀传统文化,丰富我校少先队文化生活,展示队员书法、绘画、摄影艺术才华和精神风貌。今年"六一"期间,少先大队举办了"中国梦,我的梦"书画摄影大赛。

其中 40 余份优秀作品报送至由共青团省委、省少工委联合主办的省首届青少年书法美术作品展。我校在本次作品展中：一名同学荣获书法作品金奖和铜奖，一名同学荣获绘画作品铜奖，另有六名同学分别荣获书法、绘画作品创作奖。

三年来，我校优秀少先队员，曾先后多次代表 N 市参加"队旗飘飘映党旗"省少先队献词大赛和全国、省青少年爱国主义读书教育活动、讲故事演讲比赛等活动，并获得三金、二银的好成绩。

5. 红领巾在快乐成长中收获丰硕成果。在学校的大力支持与领导下，我校的少先队工作取得了可喜的成绩：近三年来，我校共有一名少先队员荣获全国优秀少先队员，五名少先队员荣获市十佳少先队员，六名少先队员获市优秀少先队员荣誉称号，十名少先队员被评为 N 市"小名士"。一名少先队员被评为省"美德少年"，三名少先队员被评为市"美德少年"。我们在队员身边树立了一个个可亲可学的鲜活榜样。

三年来，我校少先队工作规范化建设扎实推进，我校少先队连续多年被评为"N 市红旗大队"。并先后涌现出六个"N 市红旗中队"，我们的辅导员队伍精益求精，经过他们的辛苦付出，三年来，先后有一名辅导员荣获"省模范辅导员"，一名辅导员荣获"市模范辅导员"，六名辅导员获"市优秀少先队工作者"荣誉称号。

各位代表，回顾过去，我们强烈地感受到，全校少先队员的健康成长和我校少先队工作的蓬勃发展，是各级领导亲切关怀的结果，是广大少先队辅导员和少先队工作者为我们辛勤耕耘、默默奉献的结果。在此，我代表 M 小学全体少先队员向你们致以少先队最崇高的敬礼。

二、高举队旗跟党走，牢记使命担重任

我们既是今天 M 小学少先队成果的受益者，也是明天 M 少先队的建设者。我们既是幸福成长的 M 人，更是肩负重任的 M 人。我们要牢记习近平总书记的嘱托："从小就要立志向、有梦想，爱学习、爱劳动、爱祖国，德智体美全面发展，长大后做对祖国建设有用的人才。"时刻准备着为实现伟大的中国梦贡献智慧和力量！

三、宏伟蓝图催奋进，任重道远普新章

今后五年，我校少先队将把握多样需求，竭诚为队员服务。少先队将把社会主义核心价值观，努力践行到学校少先队常规工作，通过红领巾广播站、红领巾电视台等宣传阵地，有计划、有步骤地加强思想道德建设和活跃少先队生活。

弘扬特色活动，全面提升少先队组织的影响力和塑造力。通过开展"我们的""快乐的""难忘的"少先队主题教育活动，以独特的少先队礼仪感染每一位队员。重视发挥队旗、队徽和红领巾等少先队文化的特有标志对队员的教育意义和潜移默化的教育效果，真正在学校少先队中实现"队室建起来、队鼓敲起来、队号吹起来、队歌唱起来、红领巾飘起来"的目标，进一步规范少先队员入队仪式，积极推广少先队小干部的轮换制，做好大、中、小队的干部选举。

各位队员代表、辅导员老师们，少先队事业是充满希望和活力的事业，是需要辛苦付出，无私奉献的事业。美好的前景在向我们召唤、神圣的使命激励我们奋勇向前，让我们沐浴幸福的春风，吹响红领巾集结号，在党的阳光照耀下，以坚定的信念、饱满的热情，努力开创 M 小学少先队的新局面，让星星火炬在实现伟大中国梦的道路上放射出更加灿烂的光芒！

谢谢大家！

N 市 M 小学少先大队
2014 年 10 月 14 日

从整个大队长作的报告内容来看，比较像一个工作总结概况，报告的主要内容是陈述学校少先队的主要工作业绩。报告总结了学校少先队这三年来所组织的各种活动以及所取得的各种业绩。只是汇报过程中，这个工作报告没有从儿童的视角对少先队活动进行阐述，甚至都没有模仿儿童的语气，是直接以成人的口吻作的报告。这也反映出学校少先队组织活动忽视儿童性这一实际问题。儿童在演讲稿里说着成人的话，儿童几乎没有自己的语言，持有的也是一种照本宣科的播音员式的官方语言或"象征性语言"。那么，说话者知道自己在讲的是什么吗？作为主讲

第三章　儿童政治身份的展演——参与少先队活动　/　109

人的大队长及作为观众的孩子们是否能理解此工作报告的内容？他们能听得进去吗？这样的发言触及他们的内心深处了吗？在这里，语言的官方化与"此时此刻"的孩子们是否产生了最大限度的分离？巴赫金指出，"意义是在积极而带有共鸣的理解过程中实现的。意义不属于词汇本身，意义存在于说话者或听者的心灵。意义是说话者与听者通过使用特定的声音材料进行互动的结果"①。在少先队活动中，孩子们应该有自己的语言，用自己的语言来说他们对活动的认识与理解，表达自己的观点与看法，也只有这样才能体现出少先队组织活动的儿童性和生活化。这也是教育者在组织活动时要注意的指导思想上的问题。

三　"身份面纱"：我是少代会代表

　　校长参加完少代会后，跟大队辅导员建议："一定要使少先队工作成为 M 小学的特色。整个少代会过程太严肃，有些成人化，应该再活泼些。"

　　"以前，学校也很重视少先队工作，但并没有形成特色。今年校长提议要组织少代会，我也没办过。我上网查了很多资料，'照着葫芦画个瓢'，总算完成了任务。现在校长给予了很大的肯定，也提出了更高的要求。其实，更多的时候只是我自己在单打独斗，很累。"大队辅导员既高兴自己的工作得到了认可，同时也很无奈：以后工作会更忙了。

　　"我觉得这些少代会代表并不明白参加少代会的意义。少代会代表们并没有深入到各中小队及队员中开展调查研究，各中队交上来的提案只是一部分学生和家长的意见。"（一名中队辅导员）

　　学校一般的中队辅导员与作为组织者的大队辅导员看法显然是不一样的。在整个少代会活动中，孩子们对自己在干什么并没有明确的目的和认识，也没有明确的立场或标准以及能力来判断自己的行为。"代表者应致力于成为一面镜子，或者充当信使与邮差，尽可能丝毫不差地将被

---

① ［美］派纳：《课程：走向新的身份》，陈时见等译，教育科学出版社 2008 年版，第 298 页。

代表者的意见反映出来。"① 组织者意图使这些被选举出来的代表们经由学校训练和塑造，使其代表性普遍化，以达到对全体学生的管理与教育。

在整个少代会活动过程中，"儿童作为参与者并不以其自然之身，而是以被赋予某些特性的社会之身和政治之身进入到政治领域"②。整个少代会流程在追求程序化和规范化的过程中成人化色彩特别浓厚，儿童的政治身份表达也体现出成人化的倾向。学校组织活动必须使儿童接触到具体的、活生生的现实，否则这些抽象术语并不能达至儿童内心深处。当然从另一方面来讲，作为 M 小学第一次组织少代会，它已经在很大程度上实现了少代会组织的目的，让儿童和家长亲身体验到了日常生活中较少体验的活动。

第二节　少先队常规政治活动

一　纪念活动：烈士陵园扫墓

清明节 N 市举行烈士功勋纪念活动，这已经成为制度化的纪念仪式。每年参加活动的人员有党政干部、警察、武警、小学生代表。学生代表们佩戴鲜艳的红领巾，代表少先队员群体参与整个纪念仪式。学生代表站在中间，警察和武警站在周围，形成一种保护的意蕴。整个仪式过程中，有主持人讲话、领导讲话，有飘动在微风中的国旗，有举行完仪式后全体人员瞻仰烈士纪念碑的肃穆，有孩子们严肃、真诚而不乏稚嫩的眼神……阵亡的将士和英雄纪念碑再次引起了人们的注意和怀念。

纪念活动"提供了一个重温这些故事并将之与现在联系在一起的机会"③。纪念碑是一个公共符号，是纪念战争中阵亡将士的重要标志物。纪念活动是组织者试图将革命时期的历史记忆嵌入孩子们的精神世界的一个重要活动，这是一个提供社会记忆的过程。过去那些外在的、遥远的远距离事件通过纪念活动进入到了儿童的日常活动中。烈士陵园也由此成为学校爱国主义教育过程中组织者要精心打造的一个重要的"记忆

---

① 张凤阳等：《政治哲学关键词》，江苏人民出版社 2006 年版，第 155 页。
② 马敏：《政治象征》，中央编译出版社 2012 年版，第 216 页。
③ 黄东兰：《身体·心性·权利》，浙江人民出版社 2005 年版，第 110 页。

场所"。组织者通过纪念仪式引导未来的接班人——少先队员们回忆起革命时期奠基式的过去，期望通过对民族和国家历史的回忆，对革命烈士事迹的回忆，通过这些回忆性的纪念活动，使少先队员们形成对党和国家的认同。

  在回去的路上，学生们叽叽喳喳。
  这是六年级两个优秀班级的学生。在返回的公共汽车上，我跟大队委们聊天："你们刚才唱队歌时声音怎么这么小？"几个同学很不好意思地说，忘记歌词了。
  也有学生后来表示：
  "我们参加这个活动知道了什么是'扫墓'，不再稀里糊涂了。"
  "整个过程很庄严、肃穆，让我们感受到了对烈士们的敬仰，活动很有意义。"
  笔者问及学校为什么派这两个班时，一位学生很自豪地回答：
  "我们这两个班是六年级中最优秀的班级，一般有什么大型活动，都是我们班参加。"

这样的活动，学生作为一种代表，代表的是一种身份，代表的是一类群体。在这个过程中，他们感受到了纪念空间的庄严与肃穆。受周围氛围的影响，学生们神情很严肃也很庄重，但学生们在瞻仰纪念碑环节时速度很快，眼神也略显茫然。很显然，活动中的孩子们并不完全理解纪念仪式的真正意义。

纪念碑、革命旧址等政治符号凝聚了这个民族的历史记忆，它是要使儿童产生一种强烈的信号意识，唤起儿童对革命烈士事迹的敬仰，从而确立自己的民族或国家身份。这一政治教育过程是教育者试图对儿童进行价值唤醒与政治教化的过程。纪念仪式也是一种受"规则支配的象征性活动，它使参加者注意他们认为有特殊意义的思想和感情对象"[1]。这种纪念仪式是要将个体对历史的回忆与集体经验的制度连接起来。组织者试图通过纪念仪式这种标准化的、指向国家神圣的活动，在儿童心

---

[1] Steven Lukes, "Political Ritual and Social Integration", *Sociology*, Vol. 9, No. 2, 1975.

目中建立起国家与他们之间的关系，建立起一种责任感与使命感。这种纪念仪典的目的就是要唤起某些观念和情感，以借此表示对革命先辈的崇高敬意。这种活动是对"奠基式的过去进行现时化。回忆着的群体通过忆起过去，巩固其认同"①。记念活动不只是让儿童知道历史上发生了什么，而且应该让他们有所感受。在这次活动中，整个活动设计是要促成儿童对现存政治制度所实行的政治信念和规范的认同，并使这些"未来接班人"形成对国家政治或历史的认同，从而促进他们的政治社会化。

二 主题活动：我为"核心价值观"代言

这学期，M 小学大队部接到了一项"政治任务"：市团委要求组织"践行核心价值观　圆幸福中国梦"读书讲故事（演讲）比赛活动。从一年级到六年级，每个中队有一个参赛名额。在老师的动员下，学生们报名参加此次活动。比赛的作品由学校组织的评委老师进行筛选，被评出的学生作品由学生面向全校其他同学讲述（表演）。

> "这个活动的目的是要通过讲故事、听故事的少先队活动，将社会主义核心价值观思想以通俗易懂的方式呈现给所有的学生，引导学生记住要求、心有榜样、从小做起、接受帮助，认识'践行核心价值观'在实现中华民族伟大复兴中国梦中的重要意义。"（大队辅导员）

在学生的故事演讲中，他们有的述说古代伟大人物的爱国事迹，有的刻画革命战争时代的英雄人物，更多的学生则从身边发生的故事来阐述自己对"社会主义核心价值观"的理解。

> "我感觉这次活动是很成功的。你看，在这些故事阐述中，有很多学生讲述他们刚开始对核心价值观也是有着大大的问号，但后来通过身边发生的故事，慢慢理解了文明小卫士不能装样子，懂得了

---

① ［德］扬·阿斯曼：《文化记忆：早期高级文化中的文字、回忆和政治身份》，金寿福、黄晓晨译，北京大学出版社 2015 年版，第 47 页。

一诺千金、诚信至上的内涵,知道了如何做一个有爱的人,明白了核心价值观的应有之义。孩子们用童稚的声音讲述了各种各样的故事,再次给我们重现了'最美女教师'张丽莉的奋力一推,'最美妈妈'吴菊萍的惊人一接,'最美司机'吴斌最后76秒的坚守……很多孩子激情洋溢地喊出了梁启梁的'少年智则国智,少年强则国强'的呼声。感觉这样的活动还是不错的,至少使更多的学生了解了什么是核心价值观,即使不是非常明白,也受到了教育。"(一位评委老教师)

孩子们的作品从立意到朗读,其情感的表达和流露着实让听众们折服,那么,这些作品是否出自他们自己之手呢?

"这是我爸爸帮我找的主题,内容是我自己写的,爸爸给我修改了一下。"

"演讲稿是我妈妈和我一起弄的。"

活动进行过程中,几乎每个孩子的家长都全程参与陪同。当然,很多家长都被孩子们讲述的故事感动了,有家长表示:

"自己原来以为24字的核心价值观离自己的生活很遥远,也是很抽象的东西,没想到通过跟孩子一起查阅资料,听到从自己孩子嘴巴里表达出的故事,发现核心价值观确实就在自己的身边。"(一位五年级学生家长)

"这次活动,虽说主要是我们帮助孩子弄的稿子,但我们一起查阅了很多资料,收获很大。"(一位三年级学生家长)

"这次活动对参与活动的孩子,对家长,对所有听到故事的孩子都是触动很深的,也加深了每个人对'中国梦'的理解。"(M小学德育处主任)

"通过讲故事的方式宣传'红色奉献',这样的实践活动效果明显是不错的。"(大队辅导员)

社会主义核心价值观对儿童来说，还是比较抽象的。社会主义核心价值观需要融入故事、活动中才能被儿童所理解。在这次主题活动中，由于孩子们讲述的都是具体、形象、感人的故事，大多数演讲者和听者都能够理解故事所讲的内容和意义。所选拔出来的优秀者再面向全校少先队员进行展演，这样几乎所有的儿童都接触到了这些感人的事迹。这样的故事入脑入心。客观来讲，学校发起的这次活动不仅仅是具体的少先队活动，内在地更注重了活动的附着性意义。把抽象的核心价值观教育转换成"讲故事"活动，确实吸引了不少学生的兴趣。在这样的活动中，儿童了解故事并传达给他人，学校的规训不再是一种单纯的被接受的准则，而是充满了生活气息。教育者让学生通过亲在性体验，在活动中完成从"日常观念"到"政治信仰使命"的置换，推动了政治教育活动的展演与升华，逐步增进了儿童对少先队员政治身份的体认。儿童在互动和交流中彼此分享着对核心价值观的理解与共鸣，贴近了儿童的生活与实际。

三　惯例活动：跨校"手拉手"互动

M 小学每年在六一儿童节前夕都会与山区的孩子举行"手拉手"活动。今年的主题是"'红领巾，相约中国梦'——M 小学与 W 镇 L 小学少先队员手拉手重温入队誓词活动"。活动的时间是在周六，天空下着不小的雨。大队辅导员杨老师联系山区的学校将活动改在室内举行。

（一）"仪式"的赠送

> "学校每年都会举行'手拉手'活动，今年会有什么不同吗？"针对笔者提出的这个问题，大队辅导员很自豪地回答："我们原来都会让孩子们捐一些礼物，包括书包、书籍等，但是我在今年参加省辅导员培训时受培训专家的启发，就思考'手拉手'，捐赠捐什么？专家指出，我们可以做好事，可以宣传少先队，我们要强化少先队阵地，放大少先队符号。所以今年我们除了原来进行的给孩子们赠送一些小礼物外，少先大队决定通过传送仪式活动，来亮出少先队的旗号、标识，给山区的孩子送少先队规范化的仪式。"

"儿童对活动的需求比对物质的需求更强烈。我们在接受培训时，专家告诉我们：少先队组织教育影响的实现需要借助'有形'的、可触摸的、可参与的行为和活动来加以显示。这种通过对活动的直接体验对孩子的影响是最为直接的。队活动因为有自己特有的形式和标志，所以有别于其他教育活动。活动时，队员要佩戴红领巾，要行队礼，要敲队鼓，吹队号；同时要求在严肃的气氛中出旗、退旗，要在热烈庄严的仪式中唱队歌，最后还要呼号。而这些仪式规范在山区的小学中，他们是不知道的。"谈起"手拉手"送仪式，杨老师热情洋溢，兴致满满。

"'手拉手'活动的另一个主要目的是让城里的孩子们接触偏远地区的孩子，感受他们的生活是什么样的，也让偏远地区的孩子与我们的孩子进行交流，让孩子们与社会进行近距离的接触"，大队辅导员补充道。(一谈起组织活动，大队辅导员总是会表现出满满的成就感)

每年的"手拉手"活动都会成为 M 小学少先队组织正式活动的亮点，学校都会给予很大的重视，大队辅导员杨老师也会倾尽全力进行各种仪式活动的排练与创新。

"设计此次活动的目的是让乡村的孩子们也能理解党、团、队衔接的组织意识，以及生活于少先队组织中的归属感和使命感。让城里和乡村的孩子们共同参与这些实践性的体验活动，使他们潜移默化地受到感染和鼓舞。"(德育副校长)

在整个"手拉手"重温入队誓词、仪式展演活动过程中，M 小学的孩子成为"主演方"。M 小学少先大队首先进行整队报告，然后出中国少年先锋队队旗，唱中国少年先锋队队歌。两个学校的孩子代表分别进行发言后，传递国旗、党旗、团旗、队旗四面红色旗帜的活动就隆重开始，在四个旗手的庄严口号中，全体参与者，包括山区的辅导员和孩子们的家长都受到了感染和鼓舞。这些仪式环节都在之前的少先队入队仪式上演练过，所以整套仪式中标准的整队报告，庄严的少先队仪式，响亮的呼号、红色旗帜的传递,都有条不紊。L小学的学生代表则充满好奇感与陌生感。在仪式中,学生应该集体站起来的时候,L小学的学生有的还坐着,很多环节跟不上M小学学生的节奏,他们显得很慌乱而又不知所措,俨然自己成了不合时宜的"配角"。活动结束后,我悄悄访谈了L小学一个女孩:

> 问:你是几年级?
> 学生A:四年级。
> 问:你参加过这样的仪式吗?
> 学生A:没有(摇头)。
> 问:你对刚才的入队仪式感觉怎么样?
> 学生A:感觉挺壮观的。
> 问:你们学校经常有这样的仪式活动吗?
> 学生A:我们有升旗仪式,我们很少举行这样的活动。
> 问:你能明白那四面旗帜传递的意思吗?
> 学生A:不太明白……但感觉他们说得很有气势,挺羡慕他们的。

M小学大队辅导员的设想是通过赠送仪式,让L小学的孩子感受入队的庄严性。从实际情况来看,一方面,L小学的孩子确实在仪式活动中受到了一定程度的感染,仪式的教育作用得以发挥。但另一方面,L小学的孩子在事先没有被告知、了解的情况下,突然被抛入了这种庄严的、陌生的仪式程序中,他们显然不能立即反应过来,所以显得手忙脚乱,很不适应。整个过程中,他们好像自己成了客人,注视着这些外来的突然"闯入者"。特别是看着那些拿着摄像机的叔叔阿姨们,更加显得局促不安。

(二)礼物的赠送

山区的孩子刚刚接触自己的小伙伴时,显得比较矜持和内向。活动的其中一个环节是互赠礼物。在这个过程中,有一位老师拍下了孩子们"再次相聚"的珍贵一幕。这对"手拉手"的小朋友从2012年就开始了,2013年学校把山区的孩子接到城里的孩子家里来住了一段时间,让他们感受城里的生活。这两个小伙伴就拍了很多照片。所以这次再次相聚，城里的小伙伴就把这两年在一起的点滴生活照片冲洗出来做成影集作为礼物赠送给自己的"手拉手"小伙伴。还有一位小姑娘把他父母在外打工时买给她的贝壳项链送给自己的"手拉手"小伙伴。（这应该是她自己很珍贵的"宝贝"了）得到礼物的小伙伴非常高兴，马上戴在自己的脖子上。

一位城里的妈妈则提着东西给大家展示了跟孩子"结对子"小伙伴的奶奶自己晒的竹叶茶、一点杂粮，还有一封信。信的内容是这样的：

×××同学：

你好！

（去年）从你家回来以后，我从你们身上学会了许多东西，比如：礼貌待人、帮助他人、关心他人……都值得我学习。

听说你这个星期六来我们这里，我和××同学为你们准备礼物。但我一直觉得这个不行，那个不行。×××，祝你来的时候一路平安。×××同学你是我心目中的好朋友，也是以后的好朋友，一直到永远。

我祝叔叔阿姨身体健康！

我的电话号码是：××××××××××

你的好朋友：××

这位妈妈说，"这已经是第二年的联系了，去年××奶奶还送了一些自己家种的东西，明年还有一年孩子就毕业了，就想让自己的小儿子继续跟他们联系。我们希望学校能一直提供这样一个交流的平台"。

有一位参加"手拉手"活动的妈妈眼睛红红地说，"去年我们去了（山区）孩子的家，家里什么都没有，（山区）孩子跟爷爷奶奶住在一间小房子里，吃的菜里也没有肉。当时我就主动拿了几百块钱给孩子，这样的活动我们希望多进行"。

活动结束后，山区镇中心校 L 学校的小学生带领 M 学校的结对子学生一起参观他们的学校。L 学校的学生显得很腼腆，结果，M 学校的学生反客为主拉着小主人去参观他们的校园和教室。校园很小，只有一座三层楼，但孩子们都很开心地转来转去，没有了一开始的矜持与羞涩。

M 小学德育处的主任说,"其实我们的'手拉手'活动不光对山区的孩子有帮助,对我们城里的孩子影响也很大,可以让(城里孩子)他们感受一下其他孩子的成长环境,感受到这些山区孩子的良好品质。而且山区的孩子并不是只需要我们提供物质上的帮助,许多人理解为给他们一些钱或物就可以,这好像是对他们进行施舍,这恰恰是误解了'手拉手'活动。这些孩子需要的是我们对他们的关怀。他们有的缺少父母的关爱,需要我们小伙伴们的友谊"。

礼物的赠送这个环节,双方孩子都拿出了自己"最珍贵"的东西赠送给对方。这里没有对对方物质价值高低贵贱的评量,只有对对方心意的重视。这种传统的交流形式在"手拉手"活动中尽显其积极功能,孩子们在"物质交流"的同时,很好地进行了精神和友谊的交流。所以当活动直接交由儿童自己自由处理时,反而真正展现出活动的内在价值与意义来。这样的自由活动在 M 小学的大型活动中虽然只是一些"点缀",却能在儿童的"政治生活"片段中熠熠发光。

(三)"手拉手"代表发言

"手拉手"活动与其他的仪式性活动一样,缺少不了"发言""讲话"的仪式环节。"这次活动,我们要展现出这是孩子们自己的活动,所以没有领导讲话,只有双方孩子代表发言。"(大队辅导员)代表山区讲话的是一个很漂亮的小女孩,但讲话时可能由于紧张表现出怯怯的样子,在整个发言过程中,拿着讲稿的手是不断颤抖的,但声音还是非常好听。

讲话内容:

尊敬的老师,亲爱的同学们,各位叔叔阿姨,大家上午好:

我叫×××,是镇小学四年级二班的学生。首先,我代表镇所有的学生向你们的到来表示热烈的欢迎!衷心地感谢你们放弃工作、学习、休闲、娱乐的时间来到我们这里,向我们这些山区的孩子撒播关爱,传递友情。我们的家乡××镇是一个山区小镇,没有得天独厚的优越,但有青山秀水,有优美的风光,有漫山遍野、清香飘逸的果园。几年来,在各级领导的关怀和多方爱心人士的帮助下,家乡面貌日新月异,各项事业蓬勃发展,蒸蒸日上。今天,我再一次诚恳地邀请你们常来我们家乡做客。老师们,同学们,我们的生活和学习条件发生了莫大的变化,但这只是一种表面的现象。主观的差距需要我们付出更大的努力去改变,期待我们在你们的帮助下,我们学习的自觉性、积极性不断提高,学习方法得到改进,学习目标能正确定位,养成良好的学习习惯、生活习惯和行为习惯。相信你们的到来一定会助长我们实现期盼和渴望的力量,让我们手拉手,传递正能量,在结对中学习,在学习中追赶,在追赶中超越,共同茁壮成长,为实现民族、伟大复兴的中国梦贡献力量,让我们彼此铭记这一刻,让我们的奋斗在此时此刻重新起航,共同放飞梦想,让我们的友谊地久天长。

谢谢大家!

接着是 M 小学代表发言:

尊敬的领导、老师、亲爱的同学们:

  大家好,我是 M 小学少先大队宣传委员×××,梦想是一座不可动摇的山峰,梦想是一片辽阔的天空,梦想是一望无垠的大海,梦想是我们成长的动力,带领我们自由航行。今年,通过两校大队辅导员的辛勤策划和各位中队辅导员的精心指导,我们两所学校又选出了41对少先队队员,确立了"手拉手"伙伴关系。"手拉手"活动让我们和山区 W 镇的少先队员们走到一起,互相关爱,互相激励,共同成长;"手拉手"活动更为我们打开了成长之窗,让我们去认识社会,了解社会,服务社会;"手拉手"活动架起了友谊的桥梁,让我们互相帮助,解决学习上的困难,共同提高学习成绩,建立起深厚的感情。红领巾是少先队员入队的象征,是我们付出努力的见证。每当我看到胸前的红领巾在飘扬时,我便想起了在队旗下说过的誓言。所以,我们应该更加尊敬它。今天我们又一次聚焦在这里,重温入队誓词,感到无比激动。佩戴上鲜艳的红领巾,我们将铭记队训,好好学习,天天向上。佩戴上鲜艳的红领巾,我们将遵循队章,发奋图强,报效社会。古人说:"少年智则国智,少年强则国强。"同学们,我们像一只只雏鹰,今天我们磨炼羽翼,明天就会搏击长空。今天我们还是一群孩子,明天就会是祖国的栋梁。相信随着"手拉手"活动的不断展开,我们的手一定会越拉越紧,我们的心一定会越贴越近。

谢谢大家!

在两个学校的学生发言活动环节中,虽然没有了领导发言,但是从孩子们的发言中我们依然能看到"领导的影子"。那么,他们的讲话是否真正代表或展示出了彼此的身份?是否真正体现出是"儿童自己的活动"?还是仅仅只代表一种官方化的身份而进行发言?抑或者是通过儿童的嘴巴表达出官方的旨意?作为一名发言代表,如果讲话者通过语言使自己采取他人的态度,在这个意义上,言说者只能使自己成为他人,"而他人的价值观成为他自己的价值观,自我扮演了泛化的他人的角色"①。从实际发言内容看,"手拉手"代表发言持有的是一种官方语言,它体现出一种集体意志,其发言稿也许就是老师代写或经过审查的。代表发言采用的是这个场景所需要的官方政治化语言,以及这个场景所需要的语气,目的是要实现此次活动的"政治目的"。在这个活动中,代表者讲稿中理想化的形式语言居多,生活中的自然语言居少。最终是"他们在一个制度所搭设的舞台中,按照既定的程序,用事先拟定好的台词认真地演戏"②。

当大量政治性话语进入儿童的讲稿中,儿童在不理解这些话语意义的情境下,这种话语本身的力量对儿童的积极影响自然会被弱化,甚至活动本身所带来的积极意义会被削弱。如果讲话者的话语仅停留在群体性的官方性话语体系中,受众就很难理解或体会讲话内容。这也就不难理解,为什么很多人在听报告或讲话时,他们会产生一种空洞感和枯燥感的原因。当受众从群体性角色转向个体化角色时,其所能接受的言语活动也需要随之变化,这样才能进入群体自身的自我之中。"手拉手"讲话,由于渗透进了过多浓厚的官方话语,由之也被涂抹上了一层政治活动色彩。儿童由于难以真正理解其中的意义,最终也只能使这一环节成

---

① [美] 米德:《心灵、自我与社会》,赵月瑟译,上海译文出版社2008年版,第23页。
② 刘云杉:《学校生活社会学》,南京师范大学出版社2000年版,第306页。

为为满足仪式程序完整性而做的一个补充。

第三节 大队部建制化的政治培训活动

少先队内的组织活动是制度化的。少先队内部的领导机制是：大队—中队—小队。大队辅导员建立了少先队组织内各种任务的布置、检查、汇报工作的制度。大队部会议也成为锻造他们政治身份的一个重要部分。开学初，大队辅导员会对大队委们进行开学各项正常工作的培训或强调。如大队部的主要检查内容：学生是否佩戴红领巾、学生是否迟到、学生违纪行为的记录等。每个级部有四个同学检查红领巾，每周检查两次（除周一升国旗外）。杨老师强调大队委们不能没检查就乱写，不能影响晨读课，8点之前必须查完，检查结果要公示，并对各个班级进行量化统计。

开学初，杨老师对大队委们提出了严格的要求，并对上学期大队委们出现的问题进行不点名地通报："有的同学在检查时吃棒棒糖，这些都不允许，值勤要有值勤的样子，更要有少先队小干部的样子，值勤时戴值勤牌，用完（值勤牌）放回传达室。检查学生迟到时，不要没收学生的课本，我们是通过查看课本来记录名字和班级，目的是要保证名字真实，登记完要还给学生。"

大队部的会议是庄重严肃的：为了不影响学习，大队部规定一学期只能开三次会议（实际上要超出这些次数）。

"每次会议，大队长都会搬一张桌子在台上，表示现在开会。虽然在开会的时候，有几个大队委会交头接耳，但只要大队长一声号令：'安静'，整个会议室就像时间凝固了一样，鸦雀无声。接着，大队长就会滔滔不绝地介绍杨老师安排给我们下一步的任务。"（一名五年级大队委）

大队长表示："我（开会）尽量不耽误大家的时间，因为我想：大家这节课说不定会有什么重要的事，不能因为我多讲一些不重要的事而耽误（大家）。在别人有事请假时，我会尽量同意，在我自己有事情和集体冲突时，我会牺牲自己的时间，以大局为重。"

大队委们很是听从大队长的安排和要求，在他们看来，大队长是在执行大队辅导员的命令和指示，听从大队长，就是听从大队辅导员的指令。

该学期末，大队辅导员杨老师要求每个队委写一份工作总结或心得体会，下周一交。结果周一时有很多人没交。杨老师也没太在意，但到周四时，一名四年级的新队委交给杨老师一份手抄报式的心得体会和一份检讨书。

检讨书

杨老师：

　　你好（又涂改为您好），在上个星期五时，大队长让我们写一份心得体会，并要求在星期一交上。我星期一因为要收作业、值日、送作业，把这件事忘记了。总之，拖来拖去，到了星期四，我才交，可大队长说已经不收了。当我知道要交给大队辅导员，我特别担心，担心自己被撤职，但我又想起同学对我的信任，就决定写份检讨书，不辜负同学和老师对我的信任。给同学们做好榜样。所以，我恳求您原凉（原谅）我。

　　我以后要做到这几条：

　　1. 认真完成大队部给我的工作。不能有一点点粗心马虎，如有，立即改掉。

　　2. 完成工作后，立即上交，不可以有一点拖拉。如拖拉，写检讨书。

　　3. 在工作时，要认真。不可三心二意。

　　以上三条如有做错的地方，立即写检讨书。字数必须超过200字。

　　希望杨老师原凉（原谅），感谢在百忙中抽时间看一份检讨书！谢谢您！

敬礼！
×××

从检讨书中可以看出学校规训的威力，以及学生致歉的虔诚和内心的担忧。学生甚至主动承诺下次违反规则所要接受的具体惩罚，而惩罚自己的方式也是效仿老师的做法。他是用教育者的"语言戒尺"来度量自己的行为的。

> "我们少先队教育，是要给孩子们提供一种归属感，一种'以校为家'的感觉，并且让他们享受'在家'的感觉，产生心理上的认同感。"（德育副校长）

第四节　少先队小干部"常规任务"：检查工作的开展

M 小学在少先队组织管理方面试图以队干部为主体，通过一部分人领导管理大多数人的方法来实现"自己对自己的管理"。少先队小干部们以学校安排的任务为基点形成了一个结构化的"领导团队"。学校也为小干部们安排了各自的分工：检查学生是否迟到，是否佩戴红领巾，每个班的卫生区域打扫情况，每个班是否每天在认真坚持"一日两歌"，以及学生仪容仪表是否得当，等等。学校组织者的指导思想是：少先队员小干部政治身份也正是通过参与这些管理活动才得以体现。现实中，大多数儿童在这些检查活动中也表现出了他们对自己所负责检查工作的认真度和严肃性。

> "我们大队部的工作有很多，有三人一组分工，检查每天中午的'一日两歌'，从一年级到六年级，每个星期都是一样的，要检查两次，时间不定，一个小组检查一个年级。每一个年级，每一个班，我们都认真对待，公平、公正地去检查，从不偏向每一个班级。（我们）检查红领巾，和'一日两歌'一样，每个星期都检查两次。我们要检查班里哪一位同学没有戴红领巾，或者有哪位同学把红领巾放到包里，等到我们检查的时候他再戴到脖子上。这样的学生我们都会记名。除了检查这些，我们大队部的同学还会检查仪容仪表，就是一些大队委到每个班级里面，让每一位同学都把双手放到桌子

上，我们来检查他们的手指里面有没有灰，是否干净，是否佩戴各种饰品，学校不允许佩戴东西。这就是我们大队部的主要工作。作为一名大队委，我必须以身作则，并且监督好同学们的日常行为习惯。只要发现有不良行为的同学，我就会及时指出，帮他们把错误改正。每当他们改正过来，我就觉得这份工作非常有意义。"（一名六年级大队委）

一　常规检查内容

少先队的各项常规检查工作都是分年级进行的，如检查红领巾，从二年级到六年级，共五个级部，也就是五个小组来检查，每个小组负责一个年级，持续一学期。

>　　大队委们对检查红领巾有自己的看法："我觉得不能强制同学们佩戴红领巾，很多同学因为没戴红领巾被记分，受到老师的惩罚，因此非常讨厌它，应该通过向同学们讲述红领巾的作用，让他们能够把戴红领巾当成一种习惯。"（一名五年级大队委）
>　　也有持不同意见的："检查是有用的。经过每天检查红领巾，原来，每个班平均有五六个没戴的，现在，每次去查红领巾时，没有几个不戴的了。"（一名五年级大队委）
>　　一位大队委介绍他的一次检查经历："有一次，我在检查的过程中，我发现有藏在桌子底下的同学，我说：'站起来。'这时我发现他没戴红领巾。我觉得我有责任告诉他要戴上红领巾，于是我就告诉他：'下次你一定要戴上红领巾，因为戴上红领巾是件光荣的事。'（当）我再去检查时，我再也没有发现他没戴。"（一名六年级大队委）

大队委们除了检查学生是否违规外，还肩负着对校外陌生人群进入校园的监控：

>　　下午快放学时，五年级的一个男孩进来跟德育处主任说，"我们上体育课时，校门口外边有一个贼眉鼠眼的小青年，问我们，你们

学校有多少个班,一个班有多少个人,你们几点放学,我们班的同学告诉了他。而且我还听见他说完后跟一个人打电话,说'老大……'我曾经在公共汽车上见过这个人,他还拿着刀。"德育处主任又详细问了一下,嘱咐这个孩子以后要留意一下,注意安全。让同学们不要随便跟陌生人讲话。(一名五年级大队委)

学校通过各种方式在学生心中建立起防卫机制,使学生对社会上的一些负面因素有了敏感性和警惕性。在检查中,很多小干部表现出极大的工作热情和责任感。

笔者与检查"一日两歌"的三个大队委交流了一下:

问:学生喜欢唱歌吗?

学生A:唱歌本来就是让大家开心的,可是,不是所有的班级都喜欢。

学生B:有一次,有一个班的学生都在玩,我们一去,他们就喊:"来检查的了",装作唱歌的样子,你说我们该不该扣分呀!(很纠结的样子)

问:学生为什么不喜欢唱?

学生B:不知道。

学生C:我觉得不能强迫同学们唱歌,本来挺喜欢唱歌的,可是一检查,扣班级的分,大家就不情愿唱了。就像检查红领巾一样,戴不戴红领巾都没关系,只要我们天天向上,会分享,乐于助人,就能对得起少先队员和红领巾这两个词。(一名四年级学生)

在检查红领巾的大队委身上,笔者看到了少先队员们孩子式的认真与严肃。许多学生,特别是班干部很在意自己的班级是否有扣分。一次,当大队委检查完五年级五班的时候,班里跑出一个学生问:我们班没有(不戴红领巾的)吧?得到肯定的回答后,松了一口气。他本来就是大队部的成员,很关注自己班有没有被扣分。事后,他告诉笔者:"我们班如果被扣分,班主任会狠批我们这些在大队部'工作'的同学。好像有我们在大队部就不应该被扣分一样!"言谈之中他表现出很委屈的样子。

大队部的另一部分成员负责检查学生是否迟到问题。检查时间是在 7 点 50 至 8 点之间。学生迟到主要集中在刚开始检查的时候。检查的学生只要看到戴红领巾的都会予以拦截（此时会有幼儿园大班的孩子入校，他们是没有红领巾的），并有学生专门将其背的书包打开，记录下迟到学生的班级和名字（书本上的名字能确定具体是谁，以免有学生虚报姓名和班级）。

一个一年级的女孩被逮到了，马上就哭鼻子了。她妈妈也跟着，妈妈赶紧过来跟检查的学生说："现在还没完全到 7 点 50，念（原谅）她是第一次，就放过她吧，以后不会这样了。"看到家长小心翼翼地解释，最后，负责检查的学生心软了，就同意了。家长送女孩进校时，边走边安慰："没事了，没事了。"家长出来后，又问了一遍负责记名的学生，"没记吧？"学生说，"没记"。（田野日记）

在检查工作的过程中，笔者经常看到大队委们的"尽职尽责"。但他们也会有"恻隐之心"，会对那些看起来很可怜的学生"网开一面"。过了 7 点 52 分之后，就很少有迟到的学生了。值勤的学生也只剩下两名，一名记分，一名负责"逮"学生。他们很负责任，瞪大眼睛观察是否有迟到的学生。

到 7 点 58 分时，又有一名迟到的学生，是二年级的一名男孩，脸上的表情是一副可怜的样子，就是那种做错了事情，被当面抓住，哑口无言、不去反抗但又略显无辜的表情。检查的学生从他背上的书包里掏出课本，记完他的名字后，他就快步向教室跑去。尽管他迟到是错的，但总让人觉得孩子很可怜。我不知道这名学生到教室后，老师会给予怎样的惩罚。（田野日记）

这些检查与被检查的孩子给我们呈现出一种场景："抓与被抓""逮与被逮"的追逐。低年级的孩子很多对学校生活并不太适应，特别不适应这种规训化的学校生活。所以在学校里我们经常看到他们犯错后那种无辜的样子，起初，他们会对学校、老师和家长的很多行为感到不解和奇怪。随着年龄的增长，年级的升高，他们会慢慢适应这种规训化的校园生活。但如果仅止于外在的约束，其动机不是发自内心的，他们良好行为习惯的形成也就难以维持持久。

"学校形成了严格的检查制度，学校会组织学生进行'突查'，不定时全校性突击检查某一常规或集中突查某班的全面常规，并根据突击检查结果张贴'星级标志'，充分发挥'红领巾监督岗'的作用，提倡'人人都是监督员'，及时举报不良现象。"（某中队辅导员）

大队委们被赋予监督执行或监督其他儿童是否触犯校规的权力，以及对违犯规则的人记名或打报告的权力。大队委们的大部分课余活动时间也是在检查其他同学的任务中度过的。

新学期，大队辅导员杨老师被加了一项学生安全工作。尽管杨老师觉得学校分给她的工作已经很多了，但她还是接下了这项任务。杨老师把学校的每个角落进行"划片分区"管理，把大队委们分到每个区域，分到各个区域的孩子们又分为"红牌""蓝牌"和"黄牌"。"黄牌"负责"逮"乱跑或者打架的学生，把他们的名字记下来。"蓝牌"检查"黄牌"是否到岗，"红牌"负责监督"蓝牌"的学生是否到岗。杨老师会不定期地检查"红牌"。据杨老师的反映，"红牌"的学生比较自觉，不用去检查他们。这样就真正形成了福柯所说的"层级监视"，最终形成一个无限细小的规训机制。"权力根据一种连续的等级体制统一地运作着。"[1] 每天都会有专门的学生在电脑上输入各班扣分情况，每月形成对各班的扣分惩罚通报。刚开始输入电脑记录的学生工作量很大，杨老师又加了一名学生。这项活动进行到两个月后，出现在学生记分单上的名字越来越少了。按照杨老师的理解：说明这种惩罚性的监督制度确实起"作用"了。学生也慢慢适用了这种"受束型"的空间布局，不再去"触碰"学校要求的行为底线。杨老师很满意这种效果，她说，"只要一

---

[1] ［法］福柯：《规训与惩罚：监狱的诞生》，刘北成、杨远婴译，生活·读书·新知三联书店 2012 年版，第 221 页。

想到每个角落都有检查的学生在（岗），我心里就踏实了。"这样，某个学生就可能既是监督者又是被监督者，监督者的权力得到了"制衡"，每个学生都处于"全天候"被监督的状态之中。① 在这种有效的观察和检查机制下，儿童的一举一动一目了然。

但在执行过程中，并不是所有违纪的学生都会被"逮到"。

> "他们（安全小卫生）只抓我们低年级的学生，好多高年级的学生一次跨好几个楼梯也没人敢'逮'。"（多跨楼梯是要被扣分的）（一名二年级学生）

这种不公正的检查做法使得一些违反学校规章制度而又受到惩罚的低年级学生感到很气馁，也很不服气。

学校的管理策略是以惩罚为中心而进行的制度约束，这样安排被监视的空间单位，它使得监视不间断而且能够使监视者立即知道具体的情况。大队委们实际上扮演了一个监控器的角色。"学生的生活也被简化为直接的外在表现，作为某种可被测量、管理、记录和控制的东西而存在。而学生经验的独特性、异质性与学生的生存能力，都消解在控制与管理的意识形态之中了。"② 学校把监视和被监视的关系应用到了孩子们之间的互相"告状和揭发"上，而且这种"告状和揭发"是公开的、具有"合理性"的。整个大队部成为学校管理的"得力助手"。为了获得上级的认可或完成自己的任务，人人都可以监视和举报他人。当然，人人也都成为被监视的对象。

福柯指出："规训是一种把人既视为操练对象又视为操练工具的权力的特殊技术。这是一种谦恭而多疑的权力，是一种精心计算的、持久的运作机制。"③ 学校设计的这种"自我监视"制度是一种比较"一劳永

---

① 郑和：《班级中的规训与惩罚——基于班级要素的社会学分析》，《现代教育论丛》2007年第6期。
② [美]吉鲁：《教师作为知识分子：迈向批判教育学》，朱红文译，教育科学出版社2008年版，第111页。
③ [法]福柯：《规训与惩罚：监狱的诞生》，刘北成、杨远婴译，生活·读书·新知三联书店2012年版，第193页。

逸"的控制策略。它表面上强调的是自我管理,事实上,这是控制的境界。学校通过让学生产生某种"管理"他人的愿望来为学校的管理服务。被检查者则成为一个必须被加以训练、分类、规范化的群体,处于一种被"监视式注视"的状态中。无论是检查者还是被检查者,都被训练得温顺而服从。大队委们一直被他们所扮演的角色以及学校所限定的规则所束缚,表面上他们主要是完成大队辅导员所安排的各种任务。实际上他们的内部角色被符合逻辑地分配,而这恰恰符合学校管理者的观点:

"一个好的管理队伍应该把它的任务分割成简单和基本的行为。我是教数学的,我喜欢把任务分割清楚,每个人都要事先明确自己的职责,这样他们就可以清楚地知道自己该干什么了。所以,他们在执行各自的任务之前,我需要给他们制订明确的规则。"(大队辅导员)

整个检查过程像极了福柯所说的,"个人被对象化,被观察,被记录,被铭写,而且,这种监视是持续的、分层的、切实的,它构成一种复杂的,自动的和匿名的权力。这种监视权力覆盖着整个机构和空间,它是这个机构的构成部分,它在没完没了地发挥作用,它既不掩饰,又保持沉默,它既显呆板,从不变换,但又极其警觉,从不漏掉任何细节。它在这个机制中固执而坚定地存在着,似乎没有起源,也没有终结,它玩弄着一种关系游戏,在监视者和被监视者之间持续地发挥效应"①。福柯指出,"纪律的实施必须有一种借助监视而实行强制的机制"②。学校检查制度将监视和规范化裁决这两种规训技术结合起来。它既是一种监视的目光,又试图在这种目光中寻求规范化裁决。通过检查,个体仅作为外在可见物,被对象化了。同时,在这种对象化中,他也不断地被控制、被认识、被塑造,成为学校权力介入的对象。"权力醒目地驻扎在将个人对象化的检查中,在这种检查仪式中,存在着一套完整的权力类型和知

---

① 汪民安:《福柯的界线》,中国社会科学出版社2002年版,第196页。
② [法]福柯:《规训与惩罚:监狱的诞生》,刘北成、杨远婴译,生活·读书·新知三联书店2012年版,第194页。

识类型。"① 在这个规训化的学校空间里，学生时时处处会受到监视，任何学生有违犯学校规定的做法都会被记录下来，尽管这种监视的目的可能是为了学生自己的安全。而作为被检查者的儿童个体，检查的程序和惩罚措施都将会影响到他们今后一定程度的行为和角色。

二 规约与惩罚

学校中的规约与惩罚到处都存在，包括从外在的规训到内在的约束，有奖励，有惩罚。笔者就红领巾检查制度对中队辅导员进行了深度访谈：

> 问：为什么各个班级对佩戴红领巾的态度差异比较大？
>
> 中队辅导员 A：有的班，班主任老师（他们习惯称班主任，基本没有称呼中队辅导员的，在他们内心深处，认同的是班主任的角色，而不是中队辅导员的角色）要求严格，（学生）就戴得比较整齐，有的老师不太要求，就会有很多不戴的。不过红领巾一般还是比较好要求戴的，即使学生忘戴，一般也会借其他同学的戴。教室里也经常有学生捡到多余的红领巾，能临时"救急"一下。如果一段时间不戴红领巾的学生出现的多了，班主任就在班里强调一下。
>
> 问：扣分跟班主任的津贴有关系吗？
>
> 班主任 B：和班主任量化有关。
>
> 问：量化分数对班主任有影响吗？
>
> 班主任 B：量化和津贴有联系，不过具体怎么联系，也不是很清楚。

在学校场域中，这种规训的力量几乎无处不在。这个过程是充满层级监督、规章制度的控制的。在这个过程中，所有人，包括每一个孩子和每一位老师都处在这种制度的监视下。"这种规训机制掩藏着一种规范处罚。"② 所有这些检查的结果都体现在班级量化上。班级量化又最终落

---

① 汪民安：《福柯的界线》，中国社会科学出版社 2002 年版，第 197 页。
② ［法］福柯：《规训与惩罚：监狱的诞生》，刘北成、杨远婴译，生活·读书·新知三联书店 2012 年版，第 206 页。

实到班主任量化中。班主任最终会将惩罚回馈到犯错的学生身上。学校给予班主任以某种奖励或惩罚,即使没有什么惩罚,但在很多老师心目中,不奖励就是一种惩罚。"不是第一,便是倒数"的信念在学校大行其道。"这是整顿秩序时惩罚的作用与裁决的特性。"① 大多数人都会被限制在这种量化制度上,当然也会有极个别的老师对此不以为然。

班级量化制度需要依靠成员的共同努力才能保持或获得一定的分数。用量化的指标对儿童的成长加以度量本身是否就是一种轻慢?这种数字量化看似是一种公正的行为,是否真的就是公正的呢?学生对学校的各项检查,表面态度是积极地接受,但内心深处学生是否将学校的规范和要求内化了?是否存在表里不一的情形?他们是否仅仅只是停留在不违背学校的规定性要求上?

现实中,不同的班主任对待检查的态度是不一样的。笔者随机访谈了几名普通学生:

问:"你们班有不戴红领巾的吗?"

学生A:"没有。我们班主任对不戴红领巾的(同学)惩罚特别严重。"

问:"老师会怎么惩罚?"

学生A:(不好意思说,转向另外一个同学)"你说!"

学生B:(沉默了一下)"我们老师可厉害了。"

笔者插话:"罚站?"

学生B:"不只是这,还让自己找红领巾去。"刚才不敢说话的同学见开了头,接着说,"我们(班)连续好几周都没有不戴的,卫生也没有扣过分"。

另外一个班的学生C见他们班这么严格,说,"我们班主任可好了,从来不这样,最多让不戴红领巾的去打扫卫生"。

问:"你每天都戴红领巾吗?"

学生C:"学校规定戴,我当然都戴了,只有一次忘记戴了。但

---

① [法]福柯:《规训与惩罚:监狱的诞生》,刘北成、杨远婴译,生活·读书·新知三联书店2012年版,第204页。

是我讨厌检查。"

作为一个社会的儿童，他的意识和行为不能不受社会的制约，尤其受所在集体的制约。他不能不遵守学校和少先队组织的纪律和规范要求，服从组织领导的管理，如果有所违背，他就要受到劝告、批评、谴责乃至惩罚。"在这种渗透性的控制中，个体既是受规训的，又是主动迎合的，既是被算度的，又是算度的，既是被谋划的，又是共谋的，个体共同筹划了生产过程。"①

笔者又访谈了检查红领巾的大队委：

问：如果同学不戴红领巾，老师会有惩罚措施吗？
答：会有的，一般会罚站，或者批评一顿，或者让没戴红领巾的同学去打扫卫生，罚值日。
问：同学们会害怕惩罚吗？
答：害怕。
问：为什么会害怕？
答：自己觉得给班内扣分会很内疚，而且觉得别人戴了，自己没戴，挺不好看的。

学校门口挂在绳子上那一大串作为"商品"而随时等待买家的红领巾，对大多数孩子来说，几乎是必需品。在学校门口每天几乎都可以看到很多孩子哭着喊着让妈妈买红领巾。忘记戴红领巾的后果的压力在每个人的身上弥漫着，检查中被逮到没戴红领巾的学生往往是很害怕和内疚的。如果有人没戴红领巾，班级被扣了分，他就会受到班主任老师的批评，甚至会受到来自班里其他同学的埋怨或"声讨"。这样的惩罚会使他在同学之间被疏远、被排斥，严重的可能会使他周围变成一片"关系"上的空白。对于儿童来说，这种惩罚被看作是一个可以感受到的信号，这种信号使受到处罚威胁的情绪在其内心深处不断蔓延。事实证明，在这种检查中，大多数孩子是很惧怕扣分的，这已成为学校管理和班级控

---

① 金生鈜：《规训与教化》，教育科学出版社2004年版，第25页。

制的一种司空见惯的"行之有效"的手段。

这种人为地强制性要求佩戴红领巾的惩罚是否是最有效的？是否会在孩子心中引起叛逆？戴红领巾本意是要在儿童身上激发出一种自豪感与归属感，而这种扣分的检查方法是否会造成对这种感情的亵渎？儿童害怕受罚与尊重权威却完全是两回事。只有当受罚者本身承认处罚是正当时，担心受训才有道德价值。涂尔干指出，"如果使惩罚不带有一丝感情，也就失去了一切道德内容。于是，惩罚就被还原成彻头彻尾的身体行为，而没有什么能够为其提供作为存在理由的意义"①。大队委们检查红领巾，是将学生置于学校的目光与监视之下，这是对学校硬性规定的一种服从。在这种严格的只能遵从学校规则的群体中，他们内心是否会存在对学校规则的抗议？最终导致的结果是否可能是：学生产生一定的压力感，出现表面上高度遵从，人前背后却又不一致的行为？"当重点放在矫正错误行为而不是放在积极有用的习惯时，训练就是病态的。"② 学校教育者，对儿童的教育所采取的形式往往是警惕他、以防他不遵守学校的规则制度。从儿童发展的立场来判断，这些规则和要求可能是专横的，或者说学校的道德训练是专横的。这种专横的教育方式是否会促使教育者将注意力放在防止失误而不是注意儿童健康的成长？这样，儿童是否会被鼓励按某种特定的行为方式去表现？这种特定的行为方式是否就是对的？儿童如何才能对自己在干什么葆有积极主动的认识，从而形成自己的判断力？这些积极的体验如何才能不断积淀在他们逐渐成熟的自我之中？

三 检查中的"斗智斗勇"

在学校每天的各种检查中，笔者体会到了检查工作与学生学习生活的同等重要性，也体会到了孩子们对这种检查制度默默地遵从感与无力感。学生处在被检查的时空中，随时都有违规并被逮到的可能。但儿童本身各不相同，他们也会发现，有时很难做到完全遵守学校的各项规章

---

① [法]涂尔干：《道德教育》，陈光金等译，上海人民出版社2001年版，第195页。
② [美]杜威：《学校与社会·明日之学校》，赵祥麟等译，人民教育出版社1994年版，第148页。

制度。在做不到又想逃避惩罚的情况下，他就会想出各种"歪点子"，并怀有侥幸心理，期望能逃脱惩罚。但这些"小动作"往往难逃学校检查的"法眼"。有几次在检查学生是否迟到时，有一个学生几次报的都是假班级和假名字，就逃掉了，德育处主任就找老师把监控调出来，让各班大队委来辨认，最后有学生辨认出是自己班的某某同学，那么等待这个学生的将是来自德育处主任和班主任老师的惩罚：

德育处主任：知道叫你来干什么吗？
学生：不知道。
德育处主任：想一想自己犯了什么错？
（学生不吱声）
德育处主任：你叫什么名字？
学生：我叫×××。
德育处主任：你不叫×××，你叫××，你叫×××，明白什么意思了吧？自己好好反思一下为什么骗老师？

对于那些课间被逮到的违纪比较严重的学生也会被"请"到德育办公室接受"教育"。课间休息时，有一个三年级的男孩在三楼爬窗户时，被老师发现了，来到办公室，学生还不承认错误。

站了一节课后，德育处主任进行批评和教育：

"你这样做（爬窗户），会有三种情况：一是别人捣蛋把你推下去了，二是你的手一松，掉下去了，三是课间同学拥挤，不小心把你挤下去了，三种情况的结果是一样的，最后，就是你再也看不到你爸爸妈妈了。

现在明白老师叫你来办公室是为了什么吗？"
（学生低头不语）
"知道这样做是错的了吧，聪明的人不重复犯同样的错误。上学期老师说你进步很大，现在刚开学，又犯这样的错。
回去好好跟班主任说一下……"

学校的各种检查底线是定位在安全问题上。在 M 小学德育处，只要被大队委"逮"来的犯错的学生，都会被德育处主任训斥一顿。一般德育处主任都会以记入档案来"警告"他们：

德育处主任：你犯了错，会记入档案，一直跟着你，有一个方法可以消除，那就是在毕业之前表现好才可以消除。你们要记着是否在我这里"挂过号"。知道"挂号"是什么意思吗？"挂号"就是你们是否"犯过错误"。另外，如果看到其他同学犯了错，也要主动来告诉我。

学生：没看见。

德育处主任：整天在四楼，你们看不见？你们除了控制自己要守规则，另外还要监督其他人是否守规则，主动来找我……

违反学校规定而被逮到的学生要进行"自我表白"。他们对自己的所作所为、所想所思，以及个人的认识错误程度等都要作出交代。

笔者跟大队辅导员杨老师沟通了关于孩子们不爱戴红领巾，如何让他们戴红领巾的问题时，杨老师指出，"有的学校规定星期三戴，他们为什么不喜欢戴？我觉得是他们缺乏归属感。也可能是队前教育没做好，入队仪式没有给他留下深刻的印象。入队仪式要记忆犹新，如果有队前教育的沉淀，给孩子们脑海中留下的东西让他们记忆深刻，他们就不会那么排斥戴红领巾。检查红领巾也是要使他们养成一种规则意识，就像学校规定每天都要穿校服一样是必需的。另外，如果在后面的少先队工作和活动中，触动他们的活动没有，也会导致他们对少先队组织、对红领巾的淡忘"。

她停顿了一下，继续说，"所以一定要进行队前教育，知道加入的是什么组织，知道队的名称，知道队的标志，队旗是什么样的，红领巾是什么样的，会系红领巾、行队礼，知道呼号、队歌"。

在命令儿童行动的权威中有某种强制力量，这就是规范。规范本质上是一种外在于人的存在，但这种存在渐渐成为一种想象的秩序，或者一种具有约束力的忠告或惩罚。现实中，儿童更多的是对权威的服从，这种服从在教育者看来是学校管理有效性的表现。教育者期望少先队组织的所有成员都能在内心深处归属于它。他把各种规则和律令灌输给儿童，然后通过奖励和惩罚的方式敦促并训练他们听从指令。但儿童并不会完全顺从于他人强加于"我"的种种律条，他也会遵从他的内心并试图去碰触这些规定和框框，试图去实现"我"心目中"真实的生活"，只是这种碰触在现实中总会带来一定程度的惩罚。

四　少先队干部：检查者的身份

从一年级开始儿童加入少先队，这是一个关键性的教育事件，此后的队内生活也是非常关键的。大队委在组织生活里领导能力会得到提升，具有自我组织能力和管理能力，他们也乐于从事这些检查活动。M 小学为检查工作的顺利实施特别设置了"安全小卫士"这一工作岗位。"安全小卫士"由六年级的学生组成，他们主要负责在课间记录：是否有学生打架、学生是否在校园里乱跑、是否上楼梯时一次"腾空"跨越几个楼梯，以及学生是否上学带玩具等违反校规校纪的行为。教师三令五申不准带与学习无关的东西进入学校，提醒学生进入学校的主要任务就是学习，要有严肃性，不能进行与学习无关的活动。被逮到的"违纪"学生会被记录，其所在班级也会被相应地给予扣分的处罚。一般低年级的小学生被逮到时会非常害怕，有的会默不作声，有的会流泪，但他们最终都会被记录下所在的班级和名字，最后要等待班主任的批评，甚至是全班同学的指责。"安全小卫士"作为学生干部代表直接参与了对学生自己的管理。

笔者在询问负责检查的大队委们是否喜欢这项工作时，学生回答："还行吧。""当某个行动者扮演一种已被制定的社会角色时，他通常都会发现，一种特定的前台已经为他设置好。不管他扮演这个角色的主要动机是想完成特定工作的意愿，还是想维持相应的前台，行动者会发现，这两件事他都必须去做。"[①]

"去年十月份时，我非常荣幸地被选为一名少先队大队委，负责

---

① ［美］戈夫曼：《日常生活中的自我呈现》，冯钢译，北京大学出版社 2008 年版，第 23 页。

检查五年级同学佩戴红领巾的情况，那时我特别激动兴奋，同时又感到了自己身上的责任感。红领巾是少先队的标志，我不仅要检查同学们是否佩戴了红领巾，更要告诉、提醒大家时刻谨记我们少先队员干部的使命。通过这一年的检查工作，我既提高了自己工作的能力，增强了责任感，也更加认识到作为一名大队委的带头作用，（我）要比同学们更加努力学习，更加努力工作，才能指导、帮助他人，成为一名全面发展的好学生。"（一名六年级大队委）

在观察研究中，笔者发现大队委们更多的是作为老师或学校管理者的帮手角色而呈现的，或者说他们更多的精力是放在对其他同学的管理或控制上。他们每天乐此不疲地进行着各种检查，检查的结果就是给那些违反纪律或规则要求的学生所在的班级扣分，再由这些班级的班主任老师去惩罚这些学生。从这个角度讲，儿童在获得现存制度化生活中必需的规则、规范、价值和倾向的过程中，少先队小干部经历起着重要的作用。

  大队辅导员也指出这些活动是要增强学生的体验："放手让学生帮助老师检查各项工作并参与各种活动，小学阶段和大学阶段的活动最能锻炼学生，到了中学，学生学习压力就大了，就没有时间和精力去参与或组织各种活动了。"事实上，大队委们学校的各种活动中，确实个个看起来精气神特别足。杨老师在给大队委们指导时，告诉大家如何进行工作与学习的分工安排：在课堂上要把老师讲的内容全部都消化理解了，课下的时间就是参加各种活动，这样学习也不会落下。杨老师分享小时候的成长经历时说，自己在学校一直是学生干部，就是这样锻炼过来的，对这段"干部生活"她一直很自豪。（田野日记）

作为检查员的大队委，他们要把学生的违纪数据进行统计。课间，两个学生过来，拿着检查表要改什么东西。

大队辅导员：你们是干什么的？

学生：我们给一个班的检查结果记错了，要修改。

大队辅导员：你们干什么也得打个招呼吧，进门也不喊报告，出去。

两个孩子出去后，敲门喊：报告。

大队辅导员（停了一下）：进来。什么事？

检查的大队委：我们检查的时候，有一个学生把红领巾戴在羽绒服里面了，我们检查完给记名了，他出来告诉我们戴红领巾了，要修改过来。

大队辅导员（很严肃）：红领巾是一种标志，不是领带，戴在里面谁看得见，必须要戴在外面。（两个学生听了后，知道不能修改检查结果了，低头答应着走了）

杨老师特意给笔者解释：大队委们会从学生自己的身份出发，当出现模棱两可的事件时，他们处理起来就会倾向于学生自己。但是，规则就是规则，不能随意改动。少先队干部就是要懂得规则要求的重要性，他们更需要对规则、规范严格遵守。（田野日记）

从大队部每天的工作流程看，大队委们基本是依靠检查制度来实现学校的各项管理。他们每天检查完各项任务后，需要回到德育处办公室，每个小组将其检查结果送到固定的地方。有一次，检查三年级的小组来向大队辅导员汇报：其中有一个男生没来检查。

大队辅导员说："让他来找我。"（过了一会儿，这个男生来了）

男生解释说："她们说是周三和周五检查，我不知道。"

负责检查的女生说："我们通知的就是周二和周五，根本不是这样的。"

双方就哪天进行检查争执起来。

大队辅导员很严厉地呵斥："你们不要在这吵，你们出去讨论，到底是怎么回事，讨论好了再进来。"

几个学生出去后，叽叽喳喳了一会儿就进来了。

男生道歉："老师，是我听错了，我本来以为是周三，准备明天早来检查的，我保证周五好好检查，下周二也检查。"

大队辅导员严肃地说："你的意思是你下周二和周五能来检查？大家听好了，他说能来检查，如果下次他不来，你们不要向我汇报了,他不检查,就算是自动退出,以后什么活动都不要参加了。"几个学生点头出去了。

在这个过程中,大队辅导员解释:"我很注重学生规则意识的培养,让他们自己弄清楚是谁的责任,而不是互相推诿、争吵。在讨论是谁的责任的过程中,让他们自己意识到到底是谁错了,而不是让老师来评判。这样的认错,是发自内心的,而不是外在强加的。问题解决在争论的过程中,这既锻炼了孩子们的问题解决能力,同时也增强了他们的反省意识,既节省了我的工作量,又很效率地解决了问题。"

杨老师在其教育过程中,对自己的教育方法一直是比较满意的。在这个事件中虽没有批评、惩罚,没有讲大道理,但她的语气很强硬。孩子们感觉到了问题的严重性,感觉到了自己的"失职",意识到应该有责任感,也明白谁做错了事情就要主动承担责任,保证下次不犯。

在大队委们的检查工作中,他们已经把这种职责看成一种自我义务感的扩展。每天的例行检查工作已经成为孩子们一种模式化的生活,一种必不可少的生活。检查成了他们在少先队组织中的一项重要工作,这也被其他普通同学公认为一种"公职"。任何一种活动,只要不断地重复就会形成一种模式。学生的学习和生活也受到了这种惯习化生活模式的影响。在他们心目中,要想成为一名真正合格的大队委,就必须按照学校惯常的仪规行事。这样,普通学生接受大队委的检查,大队委接受来自学校和大队辅导员的监督。他们都共处于监督与规训之下。

"我们是为了完成老师交给我们的检查任务,老师(大队辅导员)让我们记下不遵守规定的名字,我们主要做这个工作。"(一名正在执行检查任务的大队委)

"今天我'逮'了三个乱跑的学生,'收获'很大。"一名检查的学生笑嘻嘻地说。

在大多数学生眼里,参与大队部的各种管理活动是一项殊荣。平时表现普通的学生对参与学校的管理活动几乎是没有希望的。他们往往是作为一种被检查者身份参与的。在整个过程中，学生已经适应了"权威者"们对他们的指令和号召。这种管理与被管理的生活实际上也是现代成人社会生活的一个缩影。

小结　儿童参与政治活动的自主性

少先队组织相关文件提出，儿童在大的集体里难以开展工作，所以要建立小队这一级组织，并要求小队组织在一定程度上保证儿童独立精神的发扬。M小学的中队和小队活动开展虽然比较少，但是当以班级为单位来组织活动时，这些"微型"活动反而能带来自由的色彩与生气。对大多数孩子来说，这些班级偶尔组织的小型活动体现出了他们的自主性与灵活性。活动很像一次对话，需要儿童积极地参与，才会有较深的体验。

在学校所组织的各种大型官方性活动中，儿童仿佛只是这盘棋里的一分子，所有活动细节都由学校去安排、布置。活动的主体貌似是儿童，背后推动的却是成人。组织的活动虽然表面上是儿童在主动参与，但实际上却充斥着成人的意图与目的。当然，儿童在其中发挥其作用的时候会有一些收获。但是儿童扮演的角色往往只是听从者，他们被动地接受成人所希望成为的那个样子，难以真正发出自己的声音。儿童在整个过程中主要是接受成人世界的监督和引导。这种以统一、标准化、整齐化为特征的活动方式限制了儿童的行动空间。学校教育活动如若一直带有这种家长式的作风，儿童一旦被纳入到真正的公共政治生活中，他们是否就很可能失去独立的批判和思考能力？

在儿童的日常学习生活中，孩子们生活的整体状态也是小心地服从于学校的各项规章制度，他们的需要被学校所限定，他们被允许做和不被允许做的行为被学校的规章制度所规定。他们参与各种活动，当他们出现违规行为时会被及时指出或处罚。儿童接受意识形态召唤的过程可以说是一个不断服从、缺乏内在冲突、不断接受的单向传递过程，久而久之会慢慢形成一种深深的沉默或漠视心态。

大队辅导员杨老师指出，"我们学校少先队的'政治味道'并不浓，所进行的少先队活动除了上级布置的重要'政治任务'之外，也会组织很多展示儿童特长和兴趣的活动"。

我们可以这样认为，在儿童群体中如果不是有意识地，那么就是无意地发展着这样一种情绪："这不是我们的事情；这是上面人的事情；让那一帮特殊的人物去办那些所应该办的事去吧。"① 这种情绪经常出现在普通学生与大队委的相互沟通上。普通学生对那些与己无关的事情会给以最大的不注意，也很少有积极的责任感。他们一般只去做那些老师布置的或命令的事情。在某些情况下，当不在一个监督者直接监督之下时，漠不关心就变成逃避责任。"如果我们训练儿童执行命令，去做仅仅因为要他们去做的事情，而未能给他们独立行动和思考的信心，我们就是在克服我们制度的现有缺陷和建立真正的民主理想的道路上设置了一个几乎无法逾越的障碍。"② 对于那些新加入组织的少先队员来说，他们对于少先队组织的认识如果仅停留于有限的抽象认识上，那么他们将难以产生真正的组织自豪感与归属感，也无法真正融入整个集体活动。只有亲身参与到少先队活动中，他们在集体活动中收获到与集体同伴一致的集体价值观与记忆，在集体互动中，统一的集体认知才能更好地指引他们的行为和体验，产生积极的情感认同。

---

① ［美］杜威：《人的问题》，傅统先、邱春译，上海人民出版社1965年版，第49页。
② ［美］杜威：《学校与社会·明日之学校》，赵祥麟等译，人民教育出版社1994年版，第386页。

"在当代社会中，身份远未消失，而是被重新建构和重新界定。"

——道格拉斯·科纳

第四章

少先队小干部的选拔与培养

马维娜在其博士论文中指出，"场域不仅是一个游戏空间，场域还是一个争夺空间。场域中各种位置的占据者利用种种策略来保证或改善他们在场域中的位置，不断在场域中展开斗争，斗争的焦点在于谁能够强加一种对自身所拥有的资本最为有利的等级原则"①。学校场域存在各种竞争，儿童之间的竞争不仅仅体现在学习上，而且体现在积极的政治要求上。在教育者看来，儿童参与种种竞争性活动的过程也是培养学生管理与其他各项能力的过程。这样，学生群体本身，被学校的整个制度和受到竞争鼓励的评分制度分割成了许多可以控制的小单元。② 学校则为孩子们的"积极要求"营造了各种竞争性的活动氛围。同时学校要求孩子们通过竞争来表明他们是否坚持了正确的价值观，判断他们是否具备能够参与并帮助教师对学生进行管理的能力。这种做法在孩子们年龄很小时就已经开始了。

---

① 马维娜：《局外生存：相遇在学校场域》，博士学位论文，南京师范大学，2002年，第8页。
② [俄] 谢·卡拉-穆尔扎：《论意识操纵》，徐昌翰等译，社会科学文献出版社2004年版，第300页。

第一节　队干部竞选：儿童政治身份的分层

学校从一年级开始便把学生分设于两道不同的"走廊"里——一些人被培养成为小管理者，另一些人则成为被管理者。作为被形塑的群体，孩子们进入学校就极其敏锐地观察并注意自己的周围世界。加入少先队后，很多少先队员就开始产生对管理者身份——大队委的向往，他们也开始准备参与新身份的竞争。

我的哥哥是一名少先队员，我问哥哥胳膊上戴的是什么，哥哥说："这是'三道杠'。"那时我还不知道什么是大队委、"三道杠"。我现在上三年级，等到四年级，我就可以竞选当大队委了。（一名三年级学生）

笔者询问一名五年级的少先队员。

问：你参加大队委竞选了吗？

答：没有，因为我不是中队长。

一位六年级的大队委回忆说："我从入学起就在想：我怎样才能成为一名光荣的少先队员？加入少先队后，看到其他的大队委同学，我就特别想知道：我怎样才能加入大队部？"

一　竞选流程

进入小学阶段，孩子们开始出现对身份的关注。孩子们被吸引参加少先队，就已经意味着候选人之间的竞争。候选人的竞争包括少先队大队委、中队以及小队的竞争。"我是上学期竞选进入大队部的，我们班只有两名同学竞选成功，所以（我）很自豪。下学期还会有竞选，但也有可能（我们班）一个也竞不上。"（一名四年级大队委）这种由"身份不同"而产生的"细微差别的自恋"体现在很多大队委身上。

能够参与大队委竞选资格的一般一个班里只有一个名额，最多两个。竞选任职过程首先是自愿报名，其次是要通过中队（班级）的民主推选，然后由评委老师进行打分。竞选前期，各候选选手精心制作竞选海报，在校园展板上向全校师生展示自己的优势或想法。竞选活动共分笔试和面试两个环节。笔试内容为少先队基本知识和小学生日常行为规范。面试环节，分为竞选演讲、才艺展示、少先队知识现场问答三个环节。实行教师评委打分，现场由"老队委"评委公开投票的形式，最终推选出20位优秀队员成为少先队大队委。笔试是大队辅导员杨老师出的题，基本都是《中国少年先锋队章程》里的内容。由于杨老师比较忙，试卷是由笔者批改的。学生的作答基本都在90分以上，没有什么太大的差距。

今年竞选大队委的面试演讲是在第一届少代会上进行的。孩子们一个接一个地上台发表自己的就职演说，他们或落落大方，或羞涩扭捏。虽然孩子们事先都作了认真的准备，但真正进行时，很多少先队员非常紧张，自己准备的演讲词就忘掉了。这样的学生不在少数，他们尴尬地站了一会儿后，主持人提醒时间已到，就继续进行下一环节：回答有关队知识的问题。这些问题是杨老师从他们的笔试试卷中出的题，但很多学生一遇到一些答案较长的题目就回答不上来了。这样在竞选中出现失误的学生得分就会很低。

在竞选结束时，大队辅导员带领新上任的大队委们作少先队小干部就职誓词：

> 我是光荣的少先队小干部。
> 我懂得一道杠杠一份责任，
> 我要志当"火车头"，样样事情能带头；
> 我要乐当"孺子牛"，热心服务勤奔走；
> 我要愿当"水中鱼"，团结队员做朋友；
> 我要勇当"智多星"，善出点子会创新；
> 我要争当"小火箭"，自动向上齐奋进。
> 我是光荣的少先队小干部。

通过竞选获得大队委资格的学生，会被正式邀请参与学校生活。他们会直接受大队辅导员的领导来行使大队委的权力。杨老师指出，"大队委在大队部中成长是比较快的，在大队部他们能够持续不断地产生指导集体活动所必需的知识和能力"。从实际情况来看，他们充当学校管理工作检查活动的执行者这一角色。

学校给每一个大队委安排一个职务，实现了少先队小干部对大多数学生的管理，培养了部分精英学生的管理能力与参与意识。

二 投票

《中国少年先锋队章程》明确规定："队员是少先队组织的主人，在队里都有选举权和被选举权，队员可以对队的工作活动提出意见和要求。"M小学每年会在六年级学生毕业前夕进行大队长的换届竞选。四年级和五年级的大队委都可以参与大队长的竞选。大队辅导员认为，"相比较来说，单从年龄看，四年级的孩子比五年级的孩子缺少了一定的经验和能力，他们竞选相对来说会处于弱势。但他们到五年级的时候还会有一次竞选机会。而且及早参与这样的竞选也会使四年级的学生积累经验。新竞选上来的大队委可以跟着高年级的学生锻炼将近一年，升入六年级后，他们就可以在队组织担当重要的工作了"。

大队长竞选相对会比较激烈些。大队辅导员在大队长竞选之前对全体候选人进行了一番动员性的演讲："我们培养的大队长必须既能领导，又能服从。他必须具有自我指导的能力和指导别人的能力。民主选举，大家都是干部，都有相应的责任。大家要明白：'一道杠'就是一份责任，少先队干部是很光荣，但要样样事情都能起带头作用，乐当孺子牛，热心服务于同学，能够以奉献为主。下面开始竞选！"

进展到投票环节时，每个竞选者的面前有一个杯子，每个"老队委"，包括竞选者都有一粒"小豆豆"，他们可以把自己的这一粒"小豆豆"投给自己赞成的人，也可以投给自己。杨老师也只有一粒"小豆豆"。在投票过程中，我发现有三个孩子的杯子一直是空着的，但他们最后也没有把票投进自己的杯子里。在整个投票过程中，儿童并没有算计、投机的味道，含有很纯正的"公正"的选择意味。

在这次竞选中，一共有14个新同学参与竞选，"老队委"加上杨老师是评委，一共是51人，1个女孩当选大队长，获得19票，3个当选副大队长。学生的投票分布并不是很集中。

"学生通过这样一种形式，体会到争做主人翁的意识，体会到机会总是靠自己争取来的。这是一种公开、公平的竞争，是孩子们行使自己权力的表现。学生的投票是比较客观公正的,他们在一起的时间比较长,如果你在某段时间脱离了群体,没有跟大家一起做一些事情,没有参与共同的集体活动,就不会得到认可。"(大队辅导员)

在竞选的过程中,有一个女孩很优秀,但没有竞选上。杨老师指出,"她比较依赖于她妈妈,在学习和各种活动的参与上,几乎都要征求她妈妈的帮助和意见。孩子的成长,家长可以引导,但不要过多参与,这是一个个人自觉的东西。五年级的孩子应该比较成熟了,能力也比较突出了。我也告诉这个孩子不能从家庭找原因,要从自己自身找原因。学生干部应该自主去安排,不能只从父母身上找理由,不能总是'我妈妈没时间,我妈妈没告诉我,我妈妈没……'锻炼的不是妈妈,要心中有数"。

在竞选活动结束后,这位女孩的妈妈打电话给杨老师,希望老师不要放弃对孩子的引导。杨老师详细解释了她最近的情况,说"最近孩子不太参加活动了,而且在一次很关键的市级活动上,她自己没来,也没打招呼,大家的队伍排列都定好了,结果最后联系不上她,弄得工作非常被动。我的观点是:允许每个孩子犯错误,但不允许在同一个地方屡次犯。当然我们也不会放弃每个孩子"。

在这次竞选活动中,竞选上的大队长,让人一看就感觉是一个很自信的女孩。"我相信我一定会干好大队长这个职务的,我喜欢这种挑战性的工作。鲁迅爷爷曾说过:'俯首甘为儒子牛。'牛吃的是草,挤出来的是奶。它不要求得到什么,献出却很多。牛的品格是崇高的,我愿意去当这样的一头'小牛',全心全意为大家服务,任劳任怨。"

那么没选上的孩子会有怎样的感受呢?

"我这次虽然没选上大队长,但我入选副大队长了,我要好好加油!"

"我没有入选,给我投票的人很少,可能是我缺乏自信,不太会表现自己,别人也不了解我。"(声音轻轻的,很沮丧的样子)

投票是个人和社会群体生活中一种经常性、周期性的活动。儿童阶段的投票跟成人阶段的投票是不一样的，儿童会用他自己的眼睛去观察他周围的人和事，以他自己的视角和立场选出他想要选的人。但既然是竞选，就会有人"入围"，竞选成功；有人竞选失败"名落孙山"，就会潜在地影响到一部分人的热情与自尊。所以从儿童成长的角度来看，过早的投票竞选活动对儿童来说是否会得不偿失？

三　竞选词

参与竞选大队长的候选人都是中队长，他们虽在班级里担任了一段时间的小干部管理工作，但他们上台演讲的时候还是自信中充满了紧张，"老练"中流露出稚嫩。

竞选者 A：

我参与，我成长；我成长，我快乐

感谢亲爱的母校，育我学习成长的大家园，我在您的怀抱里度过了四年忙碌而充实的时光；感谢亲爱的老师，教我知识文化的引路人，我在您的帮助似海绵吸水般完成着"丑小鸭"的蜕变；感谢亲爱的小伙伴们，和我一起坚定成长，目光追随着优秀的你们，让我不敢懈怠、努力向前！

所以，我来了，站在了竞选 M 小学大队长的舞台上，站在了最容易被发现的视线里，站在了一个自己渴望攀登的高度上，站在了一个挑战自我的位置上。在这里，我想圆自己的梦想！

我的竞选理由如下：

从小学入学开始，一至四年级，我在班级担任班长，并在二年级当选少先队中队长同时被语文老师、英语老师和体育老师指派担任课代表。课堂内外的我，勇做老师的好帮手，同学的好伙伴。抱领新书，收发作业；维持纪律，晨读领诵……在长期的学习工作过程中，以认真的工作态度、较强的工作能力，扎实地充当老师的小帮手，同学的服务兵，积累了一定的工作经验，今后可以运用在不同的岗位上。我有信心，有准备迎接新的挑战。

竞选者 B：

我是一名中国少年先锋队队员，我有责任给大家带一个好头，每次看见大队长，我都有一种激动，觉得她很辛苦，可她却从来没说过累，我相信，大队长身上那种无私奉献的精神我也一定可以做到，为学校增光添彩！但我更相信我一定会成为一名大队长。

如果我能竞选为大队长，我会努力用一颗真诚的心为同学们做好各项服务，努力做好老师的好帮手，争取让老师省心，让同学开心，让家长放心，让我们的校园更加美丽和谐……

竞选者们对将要竞选的职位进行了憧憬与描述，表达了自己的意愿与决心。在孩子们的演讲词中，更多的是表态型或描述型的。他们大多数描述自己的特长，以及"上岗"后的表现与承诺。这种表达方式与成人的竞选演讲几乎是不谋而合的。结合演讲词及事后的了解，笔者发现大多数同学的竞选发言是经过家长的指导和帮助完成的。只有部分竞选者是用自己稚嫩的小手或在父母的帮助下写出自己的竞选词。当笔者问及几个竞选的学生为什么要竞选大队长，他们大都表示想锻炼自己，服务于同学之类的套话，还有个别学生表示是家长让自己竞选的。他们对于大队长的工作职责和内容以及竞选目的并不是很清楚。在学校观察的这段时间里，我发现有不少孩子参与各项活动时，几乎都需要家长的包办代替，特别是一些竞争性的活动，这种帮助不只是一种辅助，甚至是一种全盘包办式的替代。伴随着家长们的介入，孩子们在这样一项活动中，得到的是整个成人世界竞争规则的熏染与模塑。在这里，"他们在进行着初步社会化过程的洗礼。儿童世界成为成人世界的一种预演"[①]。在成人眼里，实际上它可能就是孩子之间的一场政治活动游戏的预演。

整个竞选过程充满着动员、演讲和表演。学校"创设"的大队委及大队长竞选场域成为儿童追求可靠身份的场所。通过正式的竞选程序，大队委们维持或改善了他们在学校空间中的位置。竞选成功的学生便被建构成一个独立的"干部群体"。当孩子们将这一过程当作合法化的选择来理解和认同的时候，这一竞选过程所衍生出来的"官衔"就会孕育出

[①] 齐学红：《走在回家的路上》，北京师范大学出版社 2005 年版，第 211 页。

一种象征资本。这种象征资本也体现在学校各种检查活动的"特权"中。但这种"资本"或"职位"并不是获得之后就能"高枕无忧"的，大队委们随时可能因犯错而被免职。曾有一个大队委因为没有遵守要求被撤职，由此而特别伤心。

第二节　少先队员评优：优秀队员身份的遴选

M 小学每年都会有市"十佳"（优秀）少先队员和校"十佳"（优秀）少先队员的评选。校"十佳"少先队员从大队委中选，先由他们自己申请，然后由大队部投票。结果只有十一名学生报名，其中一名学生填报的材料不合格。

大队辅导员很生气："你们只有十一名报名，而且有一名还不合格，假如有两名同学填写材料不合格，就不够十名了。×××（她点了一名男生），你为什么没填？"

×××："我觉得我不够（资）格。"（其实在平时的观察中，笔者感觉他是一名挺优秀、挺机灵、乐观活泼的队干部。）大队辅导员沉默了一下。

最后，大队辅导员让大家举手对这十名同学表决，是否有疑义。"我念一下申请人员的名单，你们投票表决一下他们是否够（资）格。"

大队辅导员念完后，问了一句："不同意的举手。"

结果有两名不同意（其中一名是刚才说自己不合格的×××）。她也没问不同意的原因是什么，说"那其他同学都同意了？"大家点了点头。"那就这样定了，就报这十名同学。"那两名不同意的同学，脸上有些许的尴尬。

很显然，评选"十佳（优秀）少先队员"的决定权表面上已下放到孩子们手中，即必须经过全体大队委的举手"表决"。教育者用表面上互相商量和自愿同意的方法来代替用强力，这种用少数人服从于多数人的方法，仍然是一种从属的上级压制下级的方法。整个投票过程教育者是用强力来维持的，而且采用的是一种微妙的形式，不给个人解释、说明与申辩的机会。队员听从了老师的直接或间接暗示。从某种程度上讲，这种强制和压迫的形式较之明显的威胁和抑制并不巧妙或有效得多。在学校场域中，这种做法似乎也已经是正常和自然的事情。这样做的结果就是，儿童的想法和做法一直不会被看作是合理的。而且他们也似乎已经习以为常。"权威就像'幽灵'一样悬浮于学校生活当中，成为学校组织走向民主化的障碍。"①

被评上校"十佳"少先队员的学生，在下一学期初，要被推送到市里参选市"十佳"少先队员。选拔的依据是每个人需要曾经获得过市级以上奖励，并需要把证书交给大队辅导员。杨老师再从中选取两位同学。这两位同学如果没有被评为市"十佳"，则直接成为市"优秀少先队员"。孩子们交上来的证书非常多，大多是体育和音乐方面的获奖。

> 杨老师对市级优秀少先队员评选办法是有看法的："评选'十佳'怎么能全看获奖证书呢，应该主要看他们平时的综合表现。以才艺表演作为一个评选的指标是不合理的。才艺突出就一定是优秀少先队员？只是感觉到孩子们是很优秀的，没有评上心里难免有些遗憾。"杨老师无能为力的心情表达得很明显。

在评选市"十佳"的过程，外人是没有资格参与观看的。家长都是守在门外陪着孩子，里面是评委和参与比赛的孩子，环节包括知识问答和才艺表演。这种突出才艺表演的评选办法必然会使家长和孩子们倾向于特长的付出。这使得优秀少先队员的评选从"品德和行为"的优秀转化成了"才艺展示"的优秀。

班级推选校"优秀少先队员"则主要是按照上学期期末的"星级评价"来评选。笔者了解了一位三年级的中队辅导员，他说："三

---

① 叶飞：《从"控制"走向"治理"——基于"治理"理念的学校公共生活探析》，《湖南师范大学教育科学学报》2014年第5期。

年级数学组的班主任基本上都是按照'星级评价'这种方法评选的。所谓'星级评价'就是基本的'行为素养星'和各学科任课老师发给学生的'星'的一学期的累积,老师根据'星星'的总数确定学生的'星级'。'星级'比较高的就被推为优秀少先队员。"

在二年级另一个班级,他们是自主评选"优秀少先队员"。参评的同学站起来,其他同学给予举手表决。有一位可能平时表现不太好的男孩站起来,当他环顾四周,要数一数有多少同学举手评选他时,竟然没有一位同学举手。他很尴尬、难过地坐下哭了。也只有在这样低年级的学生中才会出现这样不匿名的比较"公平的"举手表决。

2014年,学校送到市评选"市十佳优秀少先队员"的两名同学成功胜出。这对学校来说也是一件高兴的事情。在少代会上,领导亲自为这两位同学颁奖。制度内的奖励给个人带来了荣耀。在小学阶段,尤其是在大队部的各种竞选中,学生对于荣耀的追求往往是递进式发展的。刚刚加入少先队,他们懵懂中并不知道为什么要参与各种竞选,在同学面前的荣耀感往往占了很大的比重。成为别人的榜样,是他们要努力的方向。这一方面会促进别人的发展,另一方面也会激励自己的成长。激励所有人向前发展是学校教育者想要达到的目的。随着年龄的增长,学生也会慢慢产生自己的想法和要求,前面讲的×××同学认为自己还达不到优秀的标准,认为自己不能申报优秀少先队员,这显示出他不再只强调荣耀在自己心目中的位置,而更注重对自己的内在要求。他对其他同学持不同意见,也表现出对其他同学的更高要求。虽然他的这一想法并没有表达出来。

第三节 少先队干部的直接培养者
——大队辅导员

少先队活动在很大程度上会打上少先队组织者的烙印。大队辅导员的思想、价值观甚至她的性格特点在活动中都会淋漓尽致地体现出来。在大多数情况下,大队辅导员成为学校里儿童是否遵从规则或"越轨"的裁定者。在M小学,学校的所有少先队活动发起者和负责者都是大队辅导员。学校规定，开展少先队工作是大队辅导员的主要工作，学校会在各个方面给予大力支持，保证少先队活动能顺利开展。在中队辅导员的配备上，M小学每学年初在人事安排时，严格把关，选聘素质高、能力强的教师担任班主任，同时兼该班的中队辅导员。在管理上，学校建立了校长室——校委会——德育处——少先队大队——少先队中队的工作网络，确保少先队工作在组织上落实，渠道上畅通。

大队辅导员指出，"我希望平时对学生的训练和要求在学生身上会形成惯例。这些惯例一旦形成，每个学生就会知道什么行为是对的，什么行为是错的，优秀典型树好了，其他同学也能觉察到，这样就能促使所有学生一致地去做学校要求做的事情"。

她所设想的是：这样的惯例一旦形成，就会获得一种规约性力量，而且一旦被遵循，就能够增加将来再次被遵循的可能性。这恰恰也就达到了教育者的期望目标。大队辅导员力图使她提出的工作要求和内容对学生具有"一定的约束力"（在笔者看来，杨老师对学生的教育应该是属于比较强硬的那种，在与儿童的交流沟通中，儿童话语权较少），并且她会多方面地树立大队委的权威，让更多的学生服从大队辅导员帮助他们树立起来的权威。

在访谈中，在大队委身上，我们确实能看到大队辅导员在大队委们中教育威信的实现：

"我爱大队部和辅导员老师，因为大队委是全校师生沟通的桥梁。杨老师用心血和耐心灌溉着我们，使我们变成一个有责任心、有爱心、有自信心的小学生。我一定会按照宣誓词所说的认真履行自己的职责，做好自己的工作，协助老师把学校的各项工作完成得更出色。"（一名五年级学生）

杨老师曾经当过一段时间的班主任，曾给自己的学生布置了一份自由作业，谈谈对她的看法：

儿童眼中的大队辅导员

杨老师是一位很严厉的女老师，她刚来的时候，我们班纪律很差，结果见了她的样子和她说的话我们差点被吓破了胆。以后我们小心翼翼。记得有一次，一位卫生组长忘记关走廊的窗户，我们班一向的卫生好成绩被扣了分。杨老师气得把那位卫生组长罚了二三个月值日。杨老师，以后不要那么严厉，害得四五六年级知道你严厉，都对你敬而远之，同时对于我们班同学也有好处。（杨老师所带班级学生）

杨老师是一位非常严厉的老师，但有时她也非常幽默。记得她那时刚来我们班时，我们班纪律很乱，但在杨老师的带领下，我们班纪律慢慢进入了前三，杨老师做事一向十分严谨。记得有一次上课时，杨老师发现有一个同学座位下有一张纸，就把他说（批评）了半天，说你位（座位）上有一张纸，他位（座位）下有一张纸，每个同学位（座位）下都有一张纸，学校不就成了垃圾堆了吗？于是，我们位（座位）就没有纸了。杨老师还让我们背一些名著，如《弟子规》《三字经》。杨老师是数学老师，她却想着让我们背语文名著，说多背会让记忆力变好，以后初中、高中也用的着……杨老师做事也非常提早，比如下学期要办的事，上学期就给我们交代好了。让我们现在就去做，下学期就能做好。希望学校里的老师都能像杨老师一样。（同一班级学生）

M 小学六年级学生临近毕业时，朝夕相处的大队委们纷纷来找大队辅导员写毕业留言。杨老师把自己的名字写进一首藏头诗中，以激励孩子。孩子们拿着老师写的诗仔细品味着，爱不释手。杨老师发出感慨，

我自己本人喜欢有创造性的工作，我喜欢跟孩子在一起工作，并时常能想一些新的活动花样，孩子们喜欢，我也喜欢。虽然辅导员工作很累，但我觉得辅导员工作成就了我。

小结　从群体活动到个别培养

M 小学负责德育的副校长指出,"在少先队工作中,我们是以体验教育为主线,这些活动主要以培养学生良好行为习惯和健全人格为目标,我们组织学生开展丰富多彩的少先队活动,尽量让所有的孩子都能参加,使学校充满生机,学生充满朝气"。

少先队文件要求"大中队辅导员不要去包办代替大中队长(委)的工作,去直接领导中小队,而是要指导和帮助大中队(委)领导中小队长"①。即少先队开展的各项活动应是面向全体少先队员的,应体现少先队小干部的主体性。"对于中国共产党来说,少先队所生成的组织资本是政党延续所需要的基础性组织资本。这些组织资本既是经过共青团再加工后向政党输送的组织资本的源头,也是保证政党获得社会认同的基础要素,因此,这就决定了少先队必须是全覆盖的群众性组织。"② 那么,如何才能体现少先队是教育全体儿童的组织,而不是只把"好孩子"拉进来,把其他的学生拒之门外?在队干部的培养过程中,教育者是否要把学生的层次分得太清晰?面对大多数队员,少先队如何杜绝只培养个别或"精英"的倾向?如果对这些问题不加以认真思考的话,真的可能会出现这样一种情形:"好孩子为儿童思考的范式和准则进行排序,为了不被边缘化,孩子们放弃了自己的声音,进而形成一个巨大的'沉默的螺旋'。"③

"我觉得我在组织孩子们的活动时,首先是接到团市委的要求,按照上级的要求再去安排中队辅导员或大队委去落实活动的完成。我觉得我并不是像大家讲的那样对孩子们进行全盘思想政治教育。

---

①　张先翱:《张先翱少先队教育文集》,中国少年儿童出版社 2014 年版,第 53 页。
②　郑长忠:《组织资本与政党延续——中国共青团政治功能的一个考察视角》,博士学位论文,复旦大学,2005 年,第 126 页。
③　袁宗金:《学校道德教育的转向:从"好孩子"到"好公民"》,《教育理论与实践》2005 年第 5 期。

在实际过程中会有思想政治教育的内容，但实际上我觉得这些活动对学生的影响是全方位的，包括德育和能力的发展。"（大队辅导员）

"是面向所有的学生吗？"笔者接着问。

"不可能是所有的学生，毕竟学生层次和水平是不一样的，我们就是要把'好'的学生选拔出来，带领他们参加各种少先队的活动。这也可以实现'以点带面'的教育作用。"（大队辅导员）

学校培养"小干部"，对学生进行了一定的分层培养。"成为精英的过程就是'择优'的过程，'择'是通过一定的制度进行选取，'优'就是精英的供给群体。"[1] 精英是被"选择"出来的，在现代社会中更多的是被"选举"出来的。[2] 为了更好地培养这些"精英"们，大队辅导员把从各个班级里选拔出来的优秀学生聚集到一起在大队部加以培养。他们经常在学校里接受小规模的训练。在这一过程中，教育者提供给孩子自我控制和服从规则的训练机会，期望作为榜样群体的大队委在解决实际问题时能够形成一套比较好的处理问题的习惯。但在现实中，少先队活动大多数是由加入大队部的孩子们参加的，普通学生很少参与这些活动。普通学生对学校的活动也很淡然，有的甚至不屑于参加这些活动。众多普通儿童渐渐成为被遗忘、被漠视的群体。他们刚开始渴望进场，却被"排除在场外；虽在场内，却不被接纳；表面在场，实际不在场；物理场的在场，意义场的不在场。实际是局外生存"[3]。

少先队应成为真正的儿童群众组织，使行动的力量成为每个成员的内在智慧。不亲自参与活动就会使得那些被排除在外的学生缺乏兴趣和热情。教育者发布指令，告诉孩子们要去做什么，帮助他们形成各种活动的启动、指令和程序。在少先队群体中，几乎没有人会去批判性地质疑那些活动的目的、内容或程序，没有人试图去搅动习惯了的定式，也没有人试图去拆解熟悉了的和已经接受了的东西。很多普通儿童甚至会拒绝或抵制参与到各种少先队活动中去。当然，大队辅导员也是很困扰

---

[1] 张凤阳等：《政治哲学关键词》，江苏人民出版社2006年版，第169页。
[2] 同上书，第165页。
[3] 许昌良：《从"集体的失望"中向教育的原点漫溯》，《思想理论教育》2012年第1期。

于这样一个客观问题：学校人数过多，班级过于拥挤，所组织的活动只能是极少数学生参加。

"学校的上层沟通方面也存在问题：学校行政人员和中队辅导员之间缺少真正的合作。中队辅导员一般都是在忙于自己的班级教学和管理事务，他们组织活动的时间和空间受到限制，也没有什么激励机制，他们的积极性也更难调动起来。中队活动和小队活动缺少，必然会使大多数学生不能有充分的机会参与进来。"（大队辅导员）

事实上，即使普通学生参加了一些大型的活动，但他们仅作为一分子或陪衬，对活动的组织及其意义了解不够，也产生不了很大的兴趣，在理智上和情感上也就难以产生预期的效果。队员们缺少一种真正意义上的集体生活感。学校教育者过多地强调少先队整体活动的效果，没有关注作为个体的儿童的成长，最后只能是"烧掉"孩子们参与各种活动的热情与冲动。结果是，多数孩子站在少先队组织外，身体遥望着轰轰烈烈的活动的进行，精神上游离在各种活动之外。

"通过各种物品，每个个体和每个群体都在寻找着他或她自己在一种秩序中的位置，始终在尝试着根据一个人的生活轨迹竞争这种秩序。通过各种物品，一种分层化的社会开口说话……为了将每个人都保持在一个确定的位置里。"

——鲍德里亚

第五章

少先队符号标志

少先队组织主要通过符号系统和日常活动来实现少先队管理的任务。这些符号体系包括：队徽、队旗、红领巾、队礼、呼号、队歌、鼓号队等。少先队员本身也是一种符号化的存在。仪式体系包括：新队员入队仪式、少先队队会仪式、升旗仪式、少先队检阅仪式、离队仪式等。少先队符号设计者试图通过建立这些符号体系，赋予符号以具体的含义，形成一定的意义，并通过经常性的说明和教育以及各种仪式活动，使这些符号及其意义内化于少年儿童，从而达到政治教育的目的。

第一节 少先队员符号标志：红领巾

世界充满了符号。日常生活中，我们会被大量的符号所包围。或者可以这样说，"我们每天都生活在一个符号与象征的世界中"①。符号对我们具有不同程度的意义。从符号学的角度来看，人们所使用的物品都可以看作符号。符号的一个主要作用是在主观的东西和客观的东西之间嵌入一个楔子，并进一步把自我与世界区分和分离开来。② 各种符号充斥于日常生活的各个领域。"symbol"（象征）这个词来源于希腊语"symbol-on"，字面意思是"比喻""符号""标志"。象征物代表着某物或某人。符号象征是符号意义和内容的物化表达。在象征中，不同维度的符号或事物会聚集在一起。这样，人就不再生活在一个单纯的物理世界之中，而是生活在一个符号宇宙世界中。符号是人类的意义世界之一部分。③

一　红领巾的象征意义

符号是约定性的，符号也总会表达一定的象征性内容或意义。符号表征着某种事物，意味着它所意指的符号的意义功能，符号也会表征符号使用者的意识体验。沃洛辛诺夫建立了符号学和意识形态研究之间的紧密联系。"没有符号，就没有意识形态……一切意识形态性的东西都具有符号价值。"④ 这里，他是在一个特定的意义上使用"意识形态"一词。作为一种象征，符号一定被建构成它所意指的真实存在的体现。依据这些符号、形式和象征，我们能够看出事物之间的关联。这些象征物的作用是非物质的，我们必须懂得如何读懂它们，因为在可见的象征中也许承载着另一种真相。⑤ 如国旗、队旗、红领巾等，最开始它们只是一块布，但它们被赋予了特有的政治意义后，就变成了具有象征意义的符号。"一旦对象被选定，无论这种对象是否平庸，都将具有独一无二的特性。由此而来，一块破布也会获得神圣性，一片残纸也可能变得弥足珍

---

①　[美]彼得·伯格、[美]托马斯·卢克曼：《现实的社会构建》，汪涌译，北京大学出版社2009年版，第35页。

②　[美]萨克：《社会思想中的空间观：一种地理学的视角》，黄春芳译，北京师范大学出版社2010年版，第126页。

③　[德]卡西尔：《人论》，甘阳译，西苑出版社2003年版，第55页。

④　[英]霍奇、[英]克雷斯：《社会符号学》，周劲松等译，四川教育出版社2012年版，第20页。

⑤　[德]辛格霍夫：《我们为什么需要仪式》，刘永强译，中国人民大学出版社2009年版，第15页。

贵。两种存在也许具有本质上的差别……但假如它们体现了共同的理想，它们就毫无二致。"① "社会用另一个不同的世界代替了我们通过感觉感受到的世界，而这个不同的世界，正是社会本身所创造的理想筹划。"② 当然，符号也只有被赋予某种意义并被接受后才能发生作用。

《中国少年先锋队章程》指出，"五角星加火炬的红旗是我们的队旗。五角星代表中国共产党的领导，火炬象征光明，红旗象征革命胜利。五角星加火炬和写有'中国少先队'的红色绶带组成我们的队徽。队旗、队徽是少先队组织的标志"③。符号与象征是密切联系在一起的。红领巾的意义不是本身自有的，而是成人基于政治的考量而赋予的。所以，关键不在于具体的物件或符号标志是什么，而在于符号标志所蕴含的意义。同时，红领巾还表征着一个群体、一个组织的概念。红领巾这一象征符号既是具体的，又是抽象的，具有意向性特征。儿童戴上红领巾，就在客观上形成了一个具有高度同质性的群体。戴上了红领巾，少先队组织的"成员资格"就变成了相应象征意义上的存在。由此，红领巾赋予每一个儿童以另一全新的身份——少先队员，也给单个人提供了新的"庇护"，使他们产生一种新的依赖与安全感。

"我们少先队就是通过红领巾吸引孩子们的注意力，引导他们积极向上。这也是我们的教育方法和手段。"（大队辅导员）

符号与其对象形成一种约定的联系才会产生一定的意义。"符号体现着信念和价值，并充当了参与其中的传达媒介；符号还有助于被传达物的意识形态辩护。"④ 借助于符号，某种特定的意义和价值观会得以被表达和阐述。红领巾与少先队员相联系，它自身就成了规则和符号的系统化状态。这些象征符号充当了少先队组织与孩子们之间的媒介。象征符号和其含义之间也建立了一种固定的联系，而且它们的意义是可以不断

---

① ［法］涂尔干：《社会学与哲学》，梁栋译，上海人民出版社2002年版，第102页。
② 同上书，第103页。
③ 《中国少年先锋队章程》，中国少年先锋队第五次全国代表大会2005年6月3日通过。
④ ［法］乔治·古尔维奇：《社会时间的频谱》，朱洪文等译，北京师范大学出版社2010年版，第45页。

延伸的。如上甘岭上的队旗,南极长城站中国少年纪念标,国庆60周年阅兵群众游行的队徽、队旗,"神舟六号"搭载的少先队队旗……它们所代表的符号意义使它们成为现在孩子们崇拜的对象。这种象征性的符号有意识地引导儿童认同自己的身份地位。

> "老师告诉我们:在长征时,红军脖子上会系上一个毛巾。战士们的鲜血染红了他们脖子上的毛巾,就这样,才有了我们现在所戴的红领巾。"(一名二年级学生)

"人是生活在物体世界和符号世界这两个世界中的"①,"物品会携带对日常意识产生重大影响的信息"②。符号把物体世界和符号世界连接起来。红领巾作为一种象征符号,作为少先队员共享的一种群体符号,它成为儿童彼此之间交流和欣赏的共识性符号。它首先是在儿童中建立起群体的身份,但如何保持这种群体身份需要学校持续的教育性活动。

二 "神圣"的红领巾

能够佩戴红领巾,在低年级孩子们的眼里看起来是一项殊荣。笔者对三年级的学生布置了一些类似小感想的作业,来考察他们对少先队的一些看法。如有学生写道:

> "我加入少先队的时候,当时妈妈激动地要哭了,我很自háo。我很希望能当上'全面发展之星',我会努力的。"(一名三年级学生)
>
> "从一年级开始,我很不明白,红领巾为什么每天都要戴在身上呢。从二年级开始我就知道了。因为红领巾是在打仗时期用战士的鲜血rǎn成的。所以红领巾是为dǎng的伟大而pèi戴的。所以我们要好好真xī(珍惜)它。如果你不经常戴它,你就不péi做一名合格的

---

① [俄] 谢·卡拉-穆尔扎:《论意识操纵》,徐昌翰等译,社会科学文献出版社2004年版,第103页。

② 同上书,第82页。

少先队员,如果你经常戴它,你就可以做一名合格的少先队员。想做好一名少先队员你就要好好学习,天天向上。刚开始第一pī没有我的时候,我感到伤心,所以我觉得我做的还不够好,所以以后我感觉我的成绩是上升的。第二pī的时候,我感到很光荣,从戴上的那一kè,我就要好好地做一名少先队员。"(一名三年级学生)

"红领巾是用革命战士的鲜血染成的,能带上它是多么荣幸的事情,它在我心中是无比的高大。终于有一天,我带上了它,那就是当上少先队员的那一天。"(一名三年级学生)

"戴上红领巾是我的光荣,因为红领巾是少先队员的象征,是文明的象征,以后我会天天按时上学、放学,天天佩戴红领巾。"(一名三年级学生)

"红领巾是一种责任,是一种担当。我们虽不要像抗战时期的儿童团那样帮助八路军打鬼子,但我们是21世纪的希望,所以我们要努力学习,将来报效祖国,为祖国的发展做出贡献。红领巾,时时提醒我们去努力奋斗。"(一名三年级学生)

在访谈的六年级学生中,还有很多学生对红领巾还是非常认同的。

"我爱我的红领巾,因为它是红旗的一角;我爱我的红领巾,因为它是用战士们的鲜血染成的;我爱我的红领巾,因为它是整天陪在我身边的伙伴;我爱我的红领巾,因为……有太多原因让我爱上这个朴实无华,但又代表着中华少年先锋队的'信物'——红领巾。"(一名六年级学生)

"自从成为少先队员,我的变化不止局限于脖子上多出的那一条红领巾,我发现,自打我开始参加班级活动起,合作、团结的重要性就明明白白地展现在了我的眼前,和大家一起努力,是最成功的事情。而面对稍难的功课,我也知道了想要变得优秀,我就必须积极、向上,好好学习,将来才能对社会有用,成为一个人才。而在学科学时,遇到不会的难题更应该去拓展、去探究、去揭秘,才能遨游在知识的海洋。在面对好友时,我也明白了待人要真诚、守信,朋友才能更多,才能为以后的人生创出更多捷径。我之所以明白这么多的人生道理，少先队功不可没，作为它的一分子，我骄傲我自豪。红领巾，你鼓舞着我，激励着我，带我走向未来的道路。"（一名六年级学生）

"红领巾是革命战士用鲜血染成的"，对红领巾的这一理解成为一代代儿童想象中的集体记忆。少先队符号激发起了儿童的群体意识，使孩子们在具有象征意义的标志或旗帜下学习、生活。红领巾带给了孩子们一种激励，而激励的好处就在于让每个人都相信少先队员身份所带来的光荣与自信，并使他们下决心为"坚守"这份荣耀而付出自己的努力，不去否定自己，并乐于帮助别人，做一个众人眼中的"好少先队员"。作为将要毕业的六年级学生，他们在描述红领巾的时候，更多的是从回忆的视角来描述自己对红领巾的感情。

"时间过得真快，一晃几年就过去了。想想当时加入少先队时我们还是个小孩，现在却马上就要毕业了。红领巾陪伴我们走了过来，它像好朋友一样不离不弃地陪伴着我们，陪我们笑，陪我们哭，陪我们伤心……我们也要好好对待它们，可有些人，他们不爱惜自己的红领巾，乱涂乱扔，那红领巾也会伤心流泪，所以我们要好好地对待他们，让红领巾露出快乐的笑容。"（一名六年级学生）

"在一年级时，我就戴上了鲜艳的红领巾，它跟了我六年，这六年里，我感觉我担负了一种责任。小学六年，时间过得很快，马上我们就要毕业了，在六年的过程中，我感受最深的就是做了一名少先队员。戴上红领巾，我成了一名光荣的少先队员，学习了新知识，不再是一开始什么都不知道的小孩子了，也知道了做人的道理。现在我们虽然要毕业了，但是不管在哪，也不会忘记我们的母校，也不会忘记我们是少先队员。"（一名六年级学生）

"红领巾，我为你感到骄傲，你是少先队员的标志。戴上你，我们就要做一名德智体都优的'三好学生'，保卫你的荣耀，并为你不断增添色彩！以后，我每天都戴着红领巾，迎着朝阳，走向了学校。每天我们都在教室里认真地学习，朗朗的读书声在学校内外回荡。六年间,红领巾陪伴了我们多少的岁月啊;六年间,我们用行动证明了少先队员的职责;六年间,我们常常感受到少先队员的荣耀;六年间,老师用知识的雨露滋润我们的心灵,让我们感受到了中华文化的博大精神、数学的神奇与英语的有趣,让我们从树苗长成小树,从小鸟成长展翅待飞的雄鹰。"(一名六年级学生)

"红领巾是红旗的一角,是我们人生道路的路标。少先队是温暖的集体,是我们成长进步的摇篮。我们都是光荣的少先队员,都在少先队组织里茁壮成长,都拥有一段与红领巾紧密相连的美好回忆……"(一名六年级学生)

"在戴上红领巾之前,我的生活平平淡淡,没有绚丽的色彩。戴上红领巾之后,我突然发现,我的肩膀上多了一份责任。在学校里,看到地上的一片纸,那鲜艳的红领巾会告诉你:你应该把它捡起来,因为你是一名少先队员;在学习上,遇到不会的题目,想放弃的时候,那鲜艳的红领巾会告诉你:你应该努力完成这道题,因为你是一名少先队员;在生活上,碰到坎坷,你想退缩时,那鲜艳的红领巾会告诉你:你应该坦然面对,因为你是一名少先队员……一条普普通通的红领巾,在我眼里却别具一格,因为它引领着我走向未来。"(一名六年级学生)

"六年前,我们入队时的誓言时时在我耳边回响:时刻准备着!这是号角,它激荡着我发奋学习,拼搏进取,这是战鼓,它激励我们关心同学,热爱集体。"(一名六年级学生)

红领巾作为一种象征,一种符号,激励学校里的大多数儿童。他们谈起红领巾大多都洋溢着赞美之词,表现出对红领巾的崇拜,也体现出他们对群体符号或所在群体的一种信赖。他们这种对自己成员身份的认同,也实现了学校对群体符号的宣传与教育目的。这是一种"通过对有意义的象征符号的操纵来支配集体态度"[①]。"集体态度可以被描述为集体

[①] 龙小农:《从形象到认同——社会传播与国家认同建构》,中国传媒大学出版社2012年版,第7页。

构形,它们通常是虚拟的而不是实际的。"① 儿童对红领巾这一象征符号的认知和解读是朦胧的,也是虔诚的。

三 "被遗忘"的红领巾

儿童在进行队前教育时会被告知:"红领巾是红旗的一角,由先烈的鲜血染成,因此我们要珍爱它。"但是到了小学高年级,尤其是很多男孩子,已经不把红领巾看得那么重要。红领巾经常会被弄脏、揉皱、塞到口袋里。即使他们佩戴着红领巾,也都是很随意地系在脖子上,没有了刚开始佩戴红领巾时的那种认真与严肃。

"戴红领巾就是为了检查,防止班里被扣分,防止被老师惩罚。"(一名六年级学生)

"我们家里已经有十几条红领巾了,每次到学校门口忘记带,就得再买一条。"(一名六年级学生)

"所有人都入队了,大家都没有区别了,新奇感少了,也就少了那一份自豪感与荣誉感了。"(一位中队辅导员)

学校让大队委在各个班级检查那些没有佩戴红领巾的学生,把名字记下来交给老师,由班主任对学生进行惩罚。红领巾这时已经成为一种外在的"物品",以一种物化的形式对学生的行为进行规训。学校要求学生佩戴红领巾。一些学生慢慢开始产生淡漠情绪,还有部分学生存在质疑与排斥学校规章制度的现象。"如果一种符号是从外界引进的,而不是被引导到原始的活动中去,如我们所说的,便是一种空洞的或纯粹的符号。"②

"如果一个辅导员天真地相信红领巾的'魔力',是很可笑的事

---

① [法]乔治·古尔维奇:《社会时间的频谱》,朱洪文等译,北京师范大学出版社 2010 年版,第 12 页。
② [美]杜威:《学校与社会·明日之学校》,赵祥麟等译,人民教育出版社 1994 年版,第 129 页。

情。假如学生感觉到,在庄严的入队仪式结束后,大家就把这件事忘记了,他也会把红领巾淡忘。因为兴奋、激动这不是儿童生活的常态。所以说,如果一味地对他们进行强制性的检查,他们反而会觉得是一种束缚。孩子有这些想法都是很正常的,这种淡然的态度也是孩子们的一种正常反应。"(一位语文教师)

现实中,到了小学高年级,在很多学生看来,这时候做一名少先队员已经没有太大的诱惑力了。甚至不戴红领巾会成为对抗成人权威的一种重要方式。淡漠疏离是一部分孩子对待红领巾的自然态度。孩子们加入少先队组织时所产生的崇拜心理实际上是很朦胧的,对待红领巾的态度也是"随大流"的。他们引以为骄傲的往往是表面上的荣耀,是这些外在的东西指导着他们的行动。虽然很多一年级中队辅导员由衷地反映:"佩戴上红领巾后,有一些孩子所产生的变化是非常大的,仿佛有人给孩子注入了新的心灵。"但是,据六年级中队辅导员的观察,到了这个年龄段的孩子,他那种加入少先队组织的热情确实减弱了很多。

第二节 "杠":政治身份符号标志

在一个群体内部总是存有一些等级与威望方面的差别的。在克洛德·列维—斯特劳斯的人类学理论中,象征意义本身是无意识的,然而,行动者根据这种象征的行动,却常常需要对这些象征的自觉意识。[①] 学校会有意识地对儿童进行符号象征意义的熏染与教育,以使他们产生对这些象征符号的自觉意识。队干部标志就是对儿童在少先队组织中政治身份的一种标示或分层。

一 政治身份的类别化

"大队、中队委员会委员和小队长要佩戴队干部标志。队干部标志由白底、红杠组成。大队委标志中间是三条红杠,中队委标志中间是两条

---

① [美]哈丁:《群体冲突的逻辑》,刘春荣、汤艳文译,上海人民出版社2013年版,第11页。

红杠,小队长标志中间是一条红杠。队干部应在佩戴红领巾的同时佩戴相应的标志。标志佩戴在左臂。"① 这是少先队对队干部标志佩戴的要求。

(一)"杠"作为一种身份符号

"杠",是少先队干部袖标上的符号。队干部标志是表示地位的客观化标志,显示了人们给予该社会地位分层的集体承认。"杠"对孩子们来说,代表的是一种身份符号,带来的是一种符号性声誉,或者说是一种身份的符号需求。儿童加入少先队后,"杠"也随之融入了儿童的生活,并成为儿童进行身份识别的一个重要"指标"。"如果人们渴望、接受身份,并觉得可行,那么这些身份可以成为个人符号实践与自我结构的中介……良好的身份是自我融入世界的桥梁。"② "杠"的符号化由于其承载了身份的重要意旨,在很大程度上便成为青少年关于自我形象的"镜像"。这一镜像使青少年掌握某种透视法,从而测量出自我与他人在身心方面的距离。③ 对大多数儿童来说,拥有这种"标记设备"的人,在同辈群体心目中就成为拥有某种"身份"的人。

在 M 小学,中队辅导员领导中队和小队,每个中队按岗位再分出若干个中队长和小队长。对于"一道杠"和"两道杠",一年级的孩子在加入少先队后就可以佩戴。这使得刚刚进入一年级的儿童也开始进入一个分享符号身份的世界。"三道杠"只有到五、六年级的时候学生才有资格通过竞选去获得,并由大队辅导员直接领导。学校通过竞争的方式赋予队员身份差别的合理性。这种由符号显示的身份差异突出了学校鼓励优秀、选拔优秀的教育目的。由此,儿童被类别化为"一道杠""两道杠""三道杠"以及"无杠"的学生。大多数孩子都对"杠"充满了期待,尤其希望加入大队部获得"三道杠",以提升自己在同伴群体中的声望。

"杠"是一种身份符号,也存在对不同数量"杠"的意义的解读,这些解读既显示出个体身份的差异,也暴露出学校建构身份差异性的意图。

---

① 中国少年先锋队:《关于进一步规范少先队基层组织设置和少先队标志使用的通知》(http://61.gqt.org.cn/)。

② [美]威利:《符号自我》,文一茗译,四川教育出版社2010年版,第39页。

③ 班建武:《符号消费与青少年身份认同》,教育科学出版社2010年版,第42页。

从学校层面讲，学校通过对学生的激励，通过这种身份差异来实现将来不同人才的培养，也实现了学校正常教学秩序的管理。当一个文化客体能够完全、清晰地被一个范畴所包容时，我们可以称之为"类别化"。①"杠"，标识出个体与组织成员之间的关系。拥有"三道杠"的人，意味着拥有了某种符号装备，成为某种特殊政治身份的人。这种"特殊地位群体"被视为是具有领导地位的人，且是执行学校大队辅导员命令的直接行动者。"三道杠"群体也成为孩子们所公认的"精英圈子"，他们有执行对其他成员身份的巡查功能。那些平时没有什么"突出表现"的儿童则会被排除在外，也没有机会获得"最具声望"的"三道杠"成员身份符号。"杠"通过徽章把儿童个体区别开来，它使一部分儿童扮演着群体领导者的角色。这样，"杠"就变成了一种集体性的身份鉴别工具。从这种意义上讲，"杠"也是一种角色体系。在日常生活中，孩子们见面就主要去看对方的肩膀有"几道杠"。"三道杠"被赋予的符号价值，会由于其所象征和倡导的人生理念、奋斗精神，对孩子们的成长起作用。但对于没有获得这些符号的学生来说影响又会是怎样的呢？特别是处于边缘地位的学生群体，他的感受又是怎样的呢？这是都是值得我们思考的问题。

（二）身份榜样——对"三道杠"身份的典型崇拜

儿童进入学校，自从知道了"三道杠"这一符号标记，它就成为大多数学生所崇拜的"精神偶像"，或者说儿童就成为"三道杠"符号的"追随者"。儿童在每个年龄段或多或少都会有"偶像崇拜"的心理倾向，"三道杠"对儿童的"政治影响"必然成为一种客观存在。学校内外的种种氛围和信息也总是会被孩子们所注意、选择、加工与吸收。少先队政治身份符号标志影响到了儿童的反应，影响到了他们的行为选择。那挂在学生胳膊上的"三道杠"成为校园内一道亮丽的风采，这种身份的吸引无时不在提醒与指导着大多数儿童的行为。这是一种朦胧的推动，也是指引他们做出反应的一种微妙的力量。"三道杠"成为儿童的符号性榜样，这种符号崇拜是身份符号典型的表现形式。"三道杠"也成为影响儿

---

① ［美］霍尔、［美］尼兹：《文化：社会学的视野》，周晓虹、徐彬译，商务印书馆2002年版，第31页。

童发展的"重要他人"。儿童通过观察、接触、模仿、学习身边的人情事物，逐渐地建立起自我的身份、价值观和个人形象参照。

"三道杠"作为具有特定功能或社会角色的他人，往往是以特定的类型出现的，即使他以个体化的形态出现，也是被当作这一类型的具体化。从现实中大多数获得"三道杠"的学生来看，他们可以从队干部标志这样一种制度化的身份符号获得心理上的自豪感与满足感。因此，很多孩子都在"追寻""三道杠"，期望加入大队部。当"追寻"一种符号成为一种正向的潮流，这时符号对儿童的积极向上的推动作用就显示出来了。

"我是一名少先队员，已经进入三年级。我加入的时候，是光荣的小学生。我对少先队有很大的想法。很想加入大队委，很想成为全面发展之星，很想拥有自己的大队 pái（牌）和三道 gàng（杠）"。（一名三年级学生）

"少先队（干部）分为大队长、中队长、小队长。四年级就可以加入大队部了，我现在是一名三年级的小学生，再过半年，我就可以有资格当大队委了，我真开心！"（一名三年级学生）

"在三、四年级的时候经常看到学校里的一些大哥哥大姐姐带着大队委的'三道杠'走来走去，我就很羡慕他们。而我今天终于当上大队委了！如果现在你问我当上大队委的感觉，那就是自豪啊！现在我也能像那些哥哥姐姐一样了。当上大队委的感觉可真自豪！"（一名五年级大队委）

"自从当上了大队委，我整个人都变了。以前，红领巾也就只不过戴上装个样子罢了，但是加入大队委后，我才发现红领巾并不是为了混过检查员的眼睛，而是少先队员的一个象征，一个代表。"（一名六年级大队委）

"时隔四年，我已经不是几年前只会戴着'一道杠'乱跑的小姑娘了，我终于凭着自己的努力戴上了三道杠。"（一名六年级大队委）

"三道杠"在学生们心目中无疑成为一个具有更高附加值的身份。大多数学生对"三道杠"产生了强烈的感情投入。他们以表现"乖巧"的方式获取这种更高社会附加值的身份。"三道杠"通过儿童对同伴的关注发挥着它的强大的符号作用。儿童接受周围的各种暗示，主动建构自己的外部形象。他们就像一只只小虫建筑自己的巢穴一样，不断地从外部接收材料，接受外部的影响。教育者构筑起一道道使孩子们符合社会需要的围墙，在这座围墙之内，熏染儿童的就是那些周围榜样的行动、气质和情感。在这个过程中，儿童的感受能力和行动能力不断地被激发，他们不断地被激发去模仿那些"三道杠"，逐渐形成被模仿者的行为或习惯。

儿童在现实生活中，其作为一名普通的少先队员还不能满足他们遇到"三道杠"时所延伸而来的渴望，这是一种遇到"优秀他者"而产生的渴望。这个时候，儿童对理想和目标的理解，往往以具体的人、外在的权力等来形成有关权威的概念。"三道杠"首先是作为一种权力或分层化的身份来被认可的。儿童在这个过程中所获得的"羡慕"，实际上是对少先队"三道杠"这一外在形象或其本身所拥有的权力的认同。符号在此发挥着一种集体意识的功能。而这种功能反过来又对孩子们具有约束和规范作用。"三道杠"变成了一种权威话语，潜移默化地对儿童产生影响。儿童期望拥有这种"符号权力"，而他们对这种符号的崇拜和向往正是教育者们所期望的。这些隐性的东西会牵涉学生的自治、进入大队部的动机或对荣誉的追求等价值观念。当然，在实际生活中，他们对这种集体身份的倾向或认同也会有所不同。

"三道杠"作为一种身份面具，或是一种公众角色，这种根植于日常生活的群体榜样，开始成为学校的一种治理模式。"学校树立榜样通过刻意将某一人群的道德行为抽离出来，放大其美好的一面，予以类型化、典型化，使之成为一种'道德符码'。"[①] 但是，这种做法可能带来某种潜在的异化：他人与自我的异化，以及角色责任感与个人信念，甚至是言行举止的异化。刻意追求"三道杠"这种身份面具反而会造成儿童生活的利益化。

二 被遗忘的"一道杠"——身份的"遮蔽"

学校的"一道杠"和"两道杠"是由中队辅导员发放给平时表现好

[①] 齐学红：《在生活化的旗帜下：学校道德教育改革的社会学研究》，广西师范大学出版社2011年版，第39页。

的学生。但谁获得了这种符号，也不是永久性的。"今天，我们班的一名'两道杠'被老师撤了，因为打扫卫生没打扫好。"一位二年级的学生很遗憾地说。这种符号标记逐渐成为教育者管制学生的一件"法宝"。

二年级的孩子在刚获得"一道杠"和"两道杠"时，是认真佩戴的。在校园里处处可见低年级的学生胳膊上的"一道杠"，但你很难发现高年级的学生会佩戴"一道杠"或"两道杠"。高年级的学生则能按要求每天佩戴"三道杠"。

笔者问了几个学生，他们表示，"刚开始，我们还挺喜欢戴的，但时间久了，感觉'一道杠'比'三道杠'差远了。觉得戴'一道杠'挺丢人的，还不如不戴，如果不戴，大家还不知道你是小队长。到了六年级还是小队长，那太丢人了……戴着不舒服，就不戴了"。

问："你喜欢带这个徽章（一道杠）吗？"

一名三年级学生："也不是的。我刚开始时别上（戴上）这个徽章，只是想找找有什么感觉。后来，我就把它摘下来了。"

在大多数儿童那里，越到高年级，谁再停留在"一道杠"的身份上，越被别人耻笑。而且越到高年级，"三道杠"与普通学生的分化就越明显，他们对"三道杠"的态度区别也就越大。学校对于学生是否佩戴"三道杠"是不予检查的。一是无法确定谁是"三道杠"；二是"三道杠"是一种"光荣的"身份，而不是一种普通的佩戴任务。

平时，会有中队辅导员老师来找大队辅导员，说有学生"一道杠"和"二道杠"丢了，想再找个补上。大队辅导员直接很生气地说："丢了'一道杠'，就是丢了一份责任，不给补。"大队辅导员与中队辅导员以及学生对队干部标志的理解显然是不一样的。作为符号意义的载体——"杠"，是由物质、行为、表象等承担的。符号意义需要得到周围所在群体的认可，也正是由于这种认可，孩子们才会争相获得这种符号。至于这些不同级别的符号如何被赋予学生，或者说哪些学生有"资格"佩戴这些不同级别的符号标志物，首先需要获得学校权威者——老师们的认可。这就需要孩子们加倍努力表现自己并进行竞争。当然这些符号的获得也并不总是那么公平、公正。在教育实践中，学校及老师在对学生分类、赋予此类"符号"资源与权力时,其游戏规则是存在偏颇之处的。①普通的儿童只能在观望者和匿名陪衬者之列,他们体验不到那些"好学生"们习以为常的经历。这就难免会在学生的心中产生怨恨或不满心理,致使原本应以儿童的成长和发展为目的的少先队活动在实践过程中并不能完全实现其应有的效果,甚至于会产生出"反教育"的功能。笔者在与一位普通的六年级学生交流时,他表示:"我连'一道杠'都没得到过。"一种失落的表情很自然地流露出来。

当然,在另外一些孩子的眼里,"杠"符号代表的可能更多的是"空洞的抽象之物"。他们无"政治"追求,对其他同学对此符号的"热爱"行为也是不屑一顾的。随着年龄的增长,有些儿童对"杠"的崇拜心理慢慢地减弱了。很多高年级学生会渐渐表现出对谁是"几道杠"差异的漠然情绪,甚至表现出对"一道杠"的轻视。访谈中,笔者感到对众多普通的学生来说,这时候这些东西并不太吸引他们的注意力。当然在个别学生身上你会感到有"吃不到葡萄说葡萄酸"的味道。但对于上进心特别强的大队委,他们仍然是乐于参与并组织少先队的各种活动,愿意做教师的小助手,在他们看来,这依然是一项殊荣。

三　作为角色模型的孩子②——"在其位,担其责"

处在"三道杠"位置的儿童,开始思考在这个位置上他应该干些什么,以及如何处理"工作"与学习的关系等问题。产生这些思考的来源也是由于大队辅导员日常大队部会议的谆谆教导。他们对这一职位的职责及其担当意识突出体现在他们日常的任务性检查工作中。

> "在这半个学期的学习生活中,我体会到了辛苦,也对这个组织更加了解。记得有一次,我们班正在上数学课,老师正讲到重点的时候,一位大队委喊了一声'报告',推门进来了,通知我去学术报告厅。于是,我不得不中断学习,奔向报告厅。在会上,大队长告

---

① 程天君:《"接班人"的诞生——学校中的政治仪式考察》,南京师范大学出版社2008年版,第144页。

② 陈映芳:《图像中的孩子》,山东画报出版社2003年版,第22页。

诉我们：以后的学习生活中，这种会议经常发生，为了不耽误学习，我养成了课前预习，课后复习的好习惯。其实，当一个'三道杠'也很辛苦，每天要检查'一日两歌'，有时还要参加一些活动，我刚开始只觉得加入这个组织很神气，但是没想到是这么一回事啊。为了这个组织，我一定要再接再厉。"（一名五年级大队委）

"作为老队委，在M小学大队部干了两年，什么样的困难，什么样的辛苦都经历过。表面上大队委'三道杠'十分风光，其实不是。记得初入大队部的一句入队誓词：'一道杠杠，一份责任。'在这里检查红领巾，进行队前教育，训练，开会，等等，让我有很多体会：老师的不易，时间的重要，诚信的重要，如何为人处事……主要的是让我学会了如何安排时间，如何提高做事效率。"（一名六年级大队委）

"'三道杠'是我一年级时的梦想。看着那些肩上戴着三道'红杠杠'的大哥哥大姐姐们，我非常羡慕他们。临入队前，×××姐姐带着我们了解了少先队组织的许多知识，她是大队长。从此，我便有了她这个目标。大队委的工作非常辛苦，但我觉得能为同学们服务，也很光荣。听说我们也要去给一年级的小朋友们做队前教育了，我的心里很激动。为了做一名合格、优秀的大队委，我对自己要求了几个目标：1. 检查工作快速，效率高。2. 工作任务完成时同时好好学习。3. 不带头做不安全、不礼貌的事情。希望今后我可以做一个讲礼貌、守纪律的'三道杠'。"（一名五年级大队委）

"如今成为大队委已经近一年半了。四年级下学期一次偶然的机会，我看到许多人围着学校展板，便也围了上去，就看见了大队委的'招聘'信息。当时我们班有了一位大队委，戴着'三道杠'，许多同学都很羡慕他，我也不例外，看到'招聘'信息后，我便心动起来报了名，经过选拔我终于到了最后一关——演讲！在爸爸妈妈的协助下我一次又一次地修改演讲稿，重写三次之后便是背诵，终于我成功了！真是功夫不负有心人呢！这一年半时间里，我参加了许多活动，锻炼了能力，像'六一'入队仪式，山区'手拉手'，给一年级做队前教育……在这些活动中我锻炼了自己。"（一年六年级大队委）

"在四年级时，通过报名和竞选，我荣幸地当上了一名大队委员，那时，我一直觉得当大队委只是很荣耀的事。从那以后，我就加倍努力学习，以身作则。表面上和平常没多大区别，只是左臂上多了一个'三道杠'，但在我的心里，已经埋下了一颗'我是大队委'的种子，并且时刻提醒我，约束我的言行举止。后来，我参加了几个活动，我感受到了当大队委的不易和辛苦，明白了当大队委并不是很荣耀的事，而是一份沉甸甸的责任。于是，我尽心做好大队部交给我的每一份任务。不知不觉间，我已经五年级了，也逐渐从干个小事都觉得很吃力的新大队委，成长为一个能干的老队委了。这使我感到很欣慰。"（一名五年级学生）

布迪厄曾指出，每个人对角色、职业的理解是不一样的。只要有人，从来不存在没有意义的物理位置。反映身份的符号标记可能会促使已得到此身份符号的人向着应做的行为靠近，那些未获得"三道杠"符号的标记者，也会试图通过模仿取得与理想群体的认同。"人们具有将自己亲身的感知和通过传媒的'眼睛'的感知没有区分地混合在一起的倾向，从而一切好像都是自己亲自的体验和自身的想法。"① 儿童通过榜样的"眼睛"形成了自己对少先队员身份的体验和感知，并且据此调整自己的行为。被访谈的"三道杠"几乎都表达了自己信心满满、雄心壮志的学习和工作热情。

"'三道杠'是重任压在肩，而不是满足虚荣心。我竞选上了大队委，以前我只是'班级干部'，现在成了校园的'卫士'。当了大队委我不能再像以前任性了，我要做个有规矩的孩子。我肩膀上的'一道杠'变为了'三道杠'，我的肩膀上也就多了一份为学校作贡献的责任，我心里感到无比的骄傲和自豪。我保证，当了大队委后，不会影响到成绩，我愿意无偿为学校做出贡献！"（一名五年级大队委）

"我是五年级九班的××，在三年级时，我作为班级代表给竞选

---

① ［德］诺尔·诺依曼：《沉默的螺旋：舆论——我们的社会皮肤》，董璐译，北京大学出版社2013年版，第175页。

大队委的哥哥姐姐们投票。当看到他们竞选时，我十分羡慕，我心想，我也要像他们一样，当上大队委员。在四年级，我报名参加了大队委竞选，经过层层选拔，我当上了大队部组织委员。在大队辅导员杨老师给我佩戴上'三道杠'的那一刻起，我就下决心要以身作则，努力做好老师布置的各项任务与工作。要给学校的小伙伴做一个榜样。在各方面，我严格要求自己，学习中，要保持优秀，在品德上，要做好事，争取取得更优异的成绩。在我带着'三道杠'走进学校时，总会有人感叹：她是大队委！可能有些同学认为大队委只是一个光荣的头衔，可我并不这样认为，我觉得，当上大队委不仅光荣，而且肩负着一个重重的责任。当上大队委，我们要做老师帮手，为同学们服务。我当上大队委已经一年了，我觉得这份工作非常有意义。"（一名五年级大队委）

"看到自己肩上的'三道杠'，我明白这并不只是一个简单的标志，它是一种荣誉，一种自豪，是一种责任，更是一种时刻要求自己'精益求精'的指路牌。"（一名六年级大队委）

"记得我在上三年级时，每当大哥哥大姐姐们检查红领巾时，我都会投去羡慕的目光，因为我也想跟他们一样，去检查别人。当我知道只有大队委才能干这样的任务时，我就想当一名大队委了。就在五年级时，我终于'圆'了这个梦——我成了一名光荣的大队委了。但是过了一个月后，我明白了，大队委不仅仅要'检查别人'，还要去'接受'各种任务，如其他老师交代事情，向各班同学通知各种事情……更重要的是，我变成大家的榜样。每当有人从我身边经过时，看到我的'三道杠'都会投来羡慕的目光。同班同学也不禁向别人说道：'他是大队委，而且在我们班！'这也让我明白——大队委虽然会受到别人的羡慕，但这也说明我时时刻刻都要做'好事'，因为大家都在'看'我，客观来说，也是在'监视'我。如果我做的事情是对的，大家就会像我一样做'对事'，如果是不对的，大家也会向我'学习'，结果却是'负面'的。现在看来，'大队委'给我带来的好处很多——面对老师时不紧张了，谈话自如了；对同学打闹之类的事能够及时阻止，因为大家的榜样，我便'不敢'做坏事了——不随手乱扔垃圾了，不随地吐痰了……再说说学习吧，可能有些人认为当大队委会使学习'退步',但我不这样认为,因为当上了大队委,我有了这样一种感觉——大队委考试考不好别人肯定笑话你。所以,我的成绩越来越好,很多时候都进入了前五名。"
(一名六年级大队委)

当然这种集体身份所带来的荣耀并不对所有的儿童具有持续的吸引力。也并不是所有的"三道杠"都能在儿童心目建立起良好的榜样形象。

大队委A:有很多大队委不好好检查。在检查红领巾的过程中,个别的大队委在走廊中打打闹闹,有时候还骂人,这样一来,二、三年级的小朋友就会跟着学。

大队委B:很多大队委对小朋友不友好。在检查的过程中一些大队委对小朋友非常不友好,有时一把将小朋友手中正看着或正玩着的东西抢过来,自己在那看。

大队委C:还有的(大队委)不尊重老师,在楼梯口看见老师不打招呼。

大队委D:学校里经常有活动,几乎每周都要开会,常常耽误上课,而且每次分配的任务,我都是干不起眼的杂活。爸妈越来越不支持,身边的那些大队委也总是抱怨浪费时间、浪费精力,整个大队部越发不上进了。有些戴着"三道杠",系着红领巾的大队委随口骂人,随地扔垃圾。有些普通同学也开始觉得我们大队委不再是好的"带头者"了,经常质问"你还是个大队委呢!"这使我们觉得很丢脸。

大队委们在成长过程中他们不可能完全达到《中国少年先锋队章程》中要求的理想品格,不可能毫无瑕疵,他们也会获得很多"差评"。但学校还是会通过少先队干部这样一个榜样群体来实现对普通学生的管理。教育者会不断通过各种方式"敲打"这些榜样群体,通过角色期待来框定其他儿童的成长方向。儿童则通过对教育者所提出要求的服从或内化,达到教育者的角色期待目标。

"我加入大队部,很希望得到尊重——希望那些瞧不起自己的人尊重自己，高看自己。面对同学们所表现出来的羡慕眼神，我感到一种平常没有体会过的舒畅，而且这种感觉也在不断激励我去好好学习。"（一名五年级大队委）

"权威是一种属性，不管是实在的存在，还是想象的存在，都会借助自身与特定个人的关系而被赋予这种属性。"[①] "三道杠"不管是作为一种实在的权威，还是一种想象的权威，它客观存在于学校的角角落落，也确实存在于儿童心中，并对儿童产生这样那样的影响。少先队小干部们在儿童生活中确实实施了正式或非正式的影响，他们的领导权也很自然地进入到儿童生活中。由于教育者把小干部权力归入学校中的量化职权中，他们就可能最大限度地去实施在同伴中的领导权和影响力。同伴群体中的学生也肯定会相互影响。事实上，学校若想实现一种积极的宏伟蓝图，使儿童成长在一个积极的社会情感氛围中，需要更加审慎地考虑儿童的领导权可能被哪些学生掌握，或在不同的时间由哪些不同的学生掌握。因为对他人的潜在影响是个体自尊感的一个重要方面。

小结　榜样符码：角色期待与政治教育

学校所树立的榜样身份是学校空间制度化的一种体现，通过榜样符号，儿童对自己的身份角色体认加深，也会不断朝向学校所树立的角色期待不断努力。"把情感投射到物体上，激活它们，把符号的载体看作似乎拥有其所指示的部分属性这种趋向永远不会消失。"[②] 注重对身份榜样的宣传深刻地反映了国家的需要和诉求，即国家希望儿童通过学习榜样人物来塑造他们的人格与精神。因此，每一个榜样身上都或明或暗地传达着某种政治信号，或者说，在每一个榜样的背后都含有特定的政治意义。教育者使儿童认同并自愿成为一名光荣的少先队员，主要的办法是运用一些象征符号策略。少先队象征符号，如红领巾、队旗、队徽、队

---

① ［法］涂尔干：《道德教育》，陈光金等译，上海人民出版社2001年版，第87页。
② ［美］萨克：《社会思想中的空间观：一种地理学的视角》，黄春芳译，北京师范大学出版社2010年版，第126页。

歌等，这些符号将少先队人格化和具体化。佩戴鲜艳的红领巾让儿童感觉到少先队员身份的自豪与光荣，佩戴"三道杠"让儿童感觉到自己在同伴中的与众不同。儿童周围的同伴可以在很大程度上决定儿童的爱慕或轻视。儿童的这些表现体现出一种他人导向的社会性格特征。通过"三道杠"，教育者塑造出对学生发生实实在在影响的榜样群体。在儿童接触的人群中，有一些人会被他们作为"重要他人"选出来。他们会产生对他心目中所崇拜的人的情感依赖，他所崇拜的人我们可以称之为"重要他人"。"重要他人"的评价和反映对儿童来说甚至比老师和家长的意见更重要，他们对"重要他人"评价和反映的感受也会更持久或更强烈些。但是，儿童对其学习生活中的"重要他人"几乎是没有选择权的，或者说，什么样的人可以成为学生学习的榜样是由学校来决定的。他对周围大队委的认识是一种准自动式的。学校会主动宣传某些典型的榜样或模范来激励儿童，并精心选择"适合"儿童发展的"重要他人"。大队委群体就是学校精心选择出来的、学生心目中非常重要的"他人"。在竞选大队委的活动中，儿童表现出了对大队委身份的崇拜与向往。大队委的身份与工作职务也成为很多儿童梦想世界中的一部分。他们通过对大队委这一"重要他人"的认同，逐渐认同加入少先队组织的价值与意义。这样，儿童逐渐走向一个朝着他的"重要他人"所努力引导的方向发展，这也是学校教育的目的所在。教育者通过树立"三道杠"的威望，褒扬、奖赏或用其他鼓励手段刺激儿童去接受"正向的、积极的"东西。

"三道杠"被置于学校场景的中心，凸显了学校所意欲树立的典型。学校不断地把要学习的典型"布阵"于儿童的周围，让儿童耳濡目染榜样群体的行为，让低年级的学生不断内化（或者在象征意义上）高年级的少先队员身份，接受学校所设定的社会价值或规范。"个人的完善来自于其对符号体系的积极认同，以及自我对社会秩序的遵从。"[①] 儿童作为个体也总是会被群体意识所约束或激励。他们对自己的身份认同被他们身处其中的社会环境所影响。低年级的学生观察高年级的学生所做的事情，学习他们的经验，或者听从别人的建议。通过这些形式，他从自己

---

① ［美］霍尔、［美］尼兹：《文化：社会学的视野》，周晓虹、徐彬译，商务印书馆2002年版，第54页。

对少先队组织的观察或别人的看法中形成他自己的政治信念或相应的政治信仰。通过这样的过程，个人不断地被榜样群体所影响和塑造。在这一过程中，孩子们对"三道杠"的理解首先是它带来了很多"好处"，这些"好处"涉及了他们品德、习惯及学习上的提高，也涉及他们如何来界定个体在本群体内部的"名誉"。这种制度化的符号安排使拥有"杠"的孩子获得了一定的自豪感与满足感，而那些没有"杠"的学生则可能被激发起一种羡慕和向往的情感。从 M 小学的调查现状来看，学校教育者已经成功地通过"三道杠"开展了各种教育活动。这种类别化的身份符号也使孩子们逐渐被"社会化"，孩子们通过模塑和修改自己的行为使其与社会的期望相吻合。或者说，儿童以学校所树立的"三道杠"为榜样来把他自己模铸成社会所需要的人。

身份的意义来自于不同身份之间的比较。这种组织角色之间的差别，是身份符号意义的直接来源。身份的存在，本身就证明了当事人在组织结构中地位的差异性。"三道杠"这种独特地位的群体，为个体认同提供了一种选择性的前提。但是，如果个体太过于看重身份符号的表层含义或权力地位，一个人在另外一个人的眼中，就成了一个抽象的符号而不是他自身了。这样，儿童可能只会无意识地遵从符号。"高贵与卑贱，完全是由于身份符号所决定的，而不是由当事人的品性所决定的了。"[①] 儿童对身份的自我认识由于其自身的发展特点并不单纯受榜样的影响，其潜在的影响是来自组织者的教育设计。在各种因素的影响下，"三道杠"不断地被标签化、被强化。儿童的身份也被匿名化、类别化，在他们的整个学习过程中涌现出一种追求身份的"集体无意识"。虽说，"个人和社会制造了身份符号，但却无时无刻不生活在自己创造的符号之中，身份符号对人和社会的塑造作用，是无法避免的"[②]。但是，身份符号作为一种制度的许诺和人为的设计，这种塑造是否考虑了儿童的身心发展特点，是否适合儿童的自然发展需求？如果儿童对"三道杠"的崇拜过于强烈，是否会使儿童自身达至一种仅是"他者化"的存在？

---

① 苟志效、陈创生：《从符号的观点看：一种关于社会文化现象的符号学阐释》，广东人民出版社 2003 年版，第 105 页。

② 同上书，第 99 页。

"身份认同的建设是一个永无止境的、永远也不会完成的过程，因而必须保持这种状态以实现诺言。在这个被身份认同斗争所笼罩的生活政治中，自行建立和自我主张是主要的有奖比赛，而且自由选择同时是主要武器和最渴望的奖品。最终的胜利将一举取消比赛，解除武器并取消奖品。为了避免这种最终结果，身份认同必须保持一种弹性的状态，并总是易于进行进一步尝试和改变；它必须是一种真正的'在另行通知以前'的身份认同。在一种身份认同不再令人满意时，或者说因为有来自其他可供选择的、更为诱人的认同的竞争因而失去了吸引力时，放弃一种身份认同的便利，远远比当前正在追求的或暂时占有并享受的身份认同的'现实'更为重要。"

——齐格蒙特·鲍曼（《共同体》）

第 六 章

儿童对自身政治身份的认识

第一节　我是谁：少先队员的自我表达

小学阶段的儿童刚刚开始或许没有有意识地去追逐身份，但少先队员身份却会不期而至，闯入他们的生活。在刚入校后，他耳濡目染了周围榜样群体的行为，这一时期，也是一个他喜欢"有所归属"的时期。加入组织后，他又希望能成为组织中起重要作用的人物，以确定他在所属群体中的身份或地位。儿童虽然并不懂得为什么要加入少先队组织，但入队这件事情在这个阶段在他们心目中是非常神圣的，也是一种必需。加入少先队组织，成为一名光荣的少先队员是这个阶段孩子们的一种集体理想。

这时一种朦朦的认同逐渐开始建立，儿童开始羡慕同伴中所共同认可的角色——少先队员。他也开始试图在他所属的正式学校群体中建立他的个人"地位"。

> 我是一名少先队员，我喜欢少先队员这个名字，因为它很好听，我也喜欢我的红领巾，因为它很好看。我非常高兴能加入少先队！也高兴能戴上红领巾！（一名三年级学生）

> 还记得一年级的时候，我戴上了鲜艳的红领巾，那是一个值得记念（纪念）的日子。在我们心里，我们都知道，这是我们第一批入队。那可都是好学生啊。同学们向我们投来 xiàn mù 的目光，我心里美 zi zi 的。我走进神圣的学术报告厅，听着我们的队歌，六年级的大哥哥们给我戴上鲜艳的红领巾，这一刻，意味着我成了一名少先队员，我觉得很有意义。二年级时，我因表现出色，而成了组织 wěi 员，这意味着我已经成了中队干 bù 了，我心里更自 hǎo 了。（一名三年级学生）

> 在一年级时我们都有一个梦想就是加入少先队，成为少先队一名光荣的队员。梦想终于实现了，我们站在国旗下面对着国旗大声宣誓："我自愿加入中国少先队。"自从成为少先队员，我的变化不止局限于脖子上多出的那一条红领巾，我发现，自打我开始参加班级活动起，合作、团结的重要性就明明白白地展现在了我的眼前，和大家一起努力，是最快乐的事情。而面对稍难的功课，我也知道了想要变得优秀，我就必须积极、向上，好好学习，将来才能对社会有用，成为一个人才。在面对好友时，我也明白了待人要真诚、守信，朋友才能更多，为以后的人生创出更多捷径。我之所以明白这么多的人生道理，少先队功不可没，作为它的一分子，我骄傲我自豪。（一名六年级学生）

"少先队干部""自豪""骄傲"等词语高频率地出现在学生的话语

和眼神里，这表达了他们对自己作为一名少先队员，尤其是对一名少先队干部的身份渴望。许多学生甚至还表达了"保卫祖国"的远大目标以及对自己的具体严格要求。

"我是一名少先队员，加入少先队我感到很兴奋，尤其是刚加入少先队时。星期一的升旗仪式代表了祖国的伟大，还有很多。红领巾是国旗的一角，表示祖国的意义，我们就是保卫祖国的少先队员。我们就像军人一样，保卫祖国！等我参加了大队委，我就可以一起保卫祖国。"（一名三年级学生）

"我是一名少先队员，关于少先队，我非常喜欢这个团结友爱的团队。这个团队，我意识到每天都要戴红领巾，不能'玩'红领巾，因为这是对祖国的一种不尊敬。我们应该好好学习，天天向上。这样才不辜负祖国对我们的希望。"（一名三年级学生）

"我是从一年级下学期从一名小学生变成一位光荣的少先队员。我对少先队员的要求：上课认真听讲，认真完成作业，努力学习，争取成为'三道杠'大队长。我要按照大队委的要求：认真听讲，写字工整，认真完成作业……"（一名三年级学生）

这是大多数儿童对于"我是少先队员"的自我描述，是他们对少先队员身份的感性认识，也是一种理想化的表达。这种自我描述与他所归属的群体的特征联系在一起，并由"我是一名少先队员"延伸出"我怎样行事才是恰当的"。在孩子们的表述中，高情态值"要"，表达了他们强烈的兴奋和渴盼。孩子们真诚地描述了他们的认同对象，表示认同其学习生活中的榜样形象。在这里，"归属"是基于他们对少先队懵懂的认识基础上的。青少年在群体生活中，主要表现出一种他人导向的社会性格特征。里斯曼把这种性格特征描述为："他们均把同龄人视为个人导向的来源……他人导向性格的人所追求的目标随着导向的不同而改变，只有追求过程本身和密切关注他人举止的过程终其一生不变。"[1] "自我意识是自在自为的，这由于并且也就因为它是为另一个自在自为的意识而存

---

[1] 班建武：《符号消费与青少年身份认同》，教育科学出版社2010年版，第63页。

在的：这就是说，它所以存在只是由于被对方承认。"① 儿童对少先队员的身份认同既包含个体的"自我身份认同"，也包括对组织的认同，这两种认同都需要承认。儿童是通过在关注"我"和"我们"的差异中来思考"我是谁""我站在哪里"，在这个过程中不断地寻求身份认同，不断地加深对少先队员身份的认识。

第二节　少先队员身份：来自他者眼中的"我"

"认同与意识相关，它与对一个无意识的自我认知所进行的反思相关。"② 认同也是自我与外在他者形象的互动建构，在这个过程中，儿童会将他者视作重要的信息传递者。"自我"是以"他者"为镜像的一种映射，认同是"自我与他者互动中建构"的承认与归属。③ 每个人都渴望得到别人的承认。儿童总是会争取积极的社会认同，而这种积极的社会认同是通过他们在同伴的比较中获得的。而且儿童在何种程度上认同自己为"真正的少先队员"，这首先取决于他在何种程度上将自己视为"少先队员"，即儿童会在何种程度上承认它。现实中，儿童在刚踏入学校时，就被告知："我应该是一名少先队员。"入队后，他们就成为少先队组织中事实上的一员了。对一些儿童来说，这一政治身份是来得自然而然，激动而兴奋；对另一些儿童来说，要经历一些"小波折"，渴望而纠结，但他们最终都会加入到这一光荣的组织中。那么，他们是否一直持续存有对少先队员的身份认同？或者说，他们日后的少先队生活又是怎样的？

大多数儿童在入队前及刚入队时，对自己是少先队员的身份是充满期待的。处于一年级的学生在学校耳濡目染地接触到高年级学生，特别是大队委这一群体，他们迫切希望在自己身上"添加"一种新的政治身份——少先队员。他们内心深处渴望感受到被接纳、有影响力、受人欢

---

① ［德］黑格尔：《精神现象学》（上卷），商务印书馆1979年版，第138—139页。
② ［德］杨·阿斯曼：《文化记忆：早期高级文化中的文字、回忆和政治身份》，金寿福、黄晓晨译，北京大学出版社2015年版，第133页。
③ 曾楠：《政治认同论：基于国家与社会的关系论域》，江西人民出版社2017年版，第104页。

迎，期望得到别人的尊敬，渴望别人能感受到自己的重要性和价值。当他们看到高年级的学生佩戴红领巾或"三道杠"时，便迫切地希望能够同他们一样成为一名光荣的少先队员，这种感觉几乎存在于初入一年级的每一名儿童心里。

笔者访谈了即将要申请加入少先队组织的一年级学生：

问：你担心自己不能加入少先队吗？

学生A：担心。别人都是（少先队员），我不是（少先队员）怎么办？

学生B：不担心，我觉得我肯定会是（少先队员）！

问：为什么？

学生B：因为我平时表现好。

学生C：我很担心（不好意思的挠头），我平时经常被罚。老师说有可能让我推迟……

儿童从老师对自己的评价以及自我评价，来判断自己能否第一批加入少先队。泰勒指出"自我部分地是由其自我解释构成的"[1]。被访谈的大多数一年级学生显示出其想加入少先队组织的想法是他人导向的，他们很注重自己在老师和周围同伴心目中的形象，也因此会对自己的"不良行为"有所收敛，甚至主动对自己提出更高的要求。儿童对"我能否成为一名少先队员"极其关注，也因此很关心他人眼中的"我"到底是怎样的。他们关心自己的行为是否能达到学校所提出的某些标准，并努力争取在与他们有密切联系的那些人的眼里留下好印象。这时"关于他自己和他的行为的看法，极大地受着公众意向的影响……"[2] 儿童对自我的感知来自于与他人的互动。儿童刚开始加入少先队的真正诱因是来自他人的眼光。第一批没有加入少先队组织的儿童会在自己的内心产生一种隐隐的自责。这种隐隐的自责，是一种隐性的焦虑，是一种不能充分

---

[1] 李友梅、肖瑛、黄晓春：《社会认同：一种结构视野的分析：以美、德、日三国为例》，上海人民出版社2007年版，第4页。

[2] ［美］爱德华·罗斯：《社会控制》，秦志勇等译，华夏出版社1989年版，第68页。

控制的情感。从这种意义上讲,儿童是从"归属视野"中来理解自我的,是一种对集体自我认同的反应。"我对我的同一性的发现,并不意味着是我独自做出的,而是我通过与他人的、部分公开、部分隐藏在心的对话实现的。"① 儿童对自身的身份认同来自于与他人的互动与交流。他这时认同的是"他人眼中的我",它涉及"我应该和谁一样"的问题。教育者也恰恰"充分"利用了儿童的这一心态:即使学校实行了"全童入队",老师们还是会以"有可能不能及时入队"来鞭策他们。

当笔者要求学生用书面形式来表达自己加入少先队的想法时,他们大多会使用一些赞美词语,但在日常交流中,那些没有加入到大队部的普通少先队员谈到少先队时,他们的态度会显得较为淡然。这显示出不同身份学生对少先队员身份感的差异。

> "自从步入六年级,新一届大队委又涌现了。那些经过严格竞选'上来'的队干部,显然超过了我们这些老队委。"(一名六年级大队委)

这是一名六年级学生的感悟,队干部在大队部的进步是巨大的,但是否所有的学生入队后都会有很大的变化呢?下面是笔者与一位中队辅导员的一段谈话:

问:您觉得孩子入队后有显著的变化吗?
师:孩子们在队前教育阶段变化特别明显,当高年级的学生来进行队前教育时,他们特别感兴趣,也渴望加入少先队,在平时的上课表现中变化也很大,特别是平时比较调皮的男孩子,各方面的精神面貌都是积极向上的,生怕自己入不了队。
问:他们怎么知道自己入不了队呢?
师:大多数授课老师都会在入队前进行警告:如果表现不好,就入不了队。

---

① [加]查尔斯·泰勒:《现代性之隐忧》,程炼译,中央编译出版社2001年版,第54页。

问：一年级的孩子在入队时积极性很高，但在三年级以后，你再去看他们的表现时，却很淡然，会是什么原因？

师：时间间隔太长，入队要求是在六七岁，即一年级的时候，到毕业时，中间时间是五年，时间久了，新鲜感就没有了。假如三年级开始入队，可能会好一些，但又不能比较早地激励他们进步，所以这是个两难问题。

问：您所指的"激励他们进步"是指哪些方面？

师：学习积极性、纪律的遵守、参与活动方面。

问：一年级的孩子能明白"共产主义""红领巾是鲜血染成的吗？"

师：通过这种队前教育，能让他们知道一些，比没进行（队前）教育前，效果是不一样的，可以让他们产生一些对党、对少先队组织的朦胧的认识。

问：那如何让孩子们一直保持这种新鲜感、集体荣誉感？

师：四年级到六年级可以通过让他们加入大队部，参加一些活动来进行。

问：那些没有加入大队部的学生能一样感受到少先队带来的荣誉感吗？

师：比较难，普通的学生在不能参与一些队组织活动的情况下，他们往往很难感受少先队带来的荣誉感……

"普通学生加入少先队两三年后，他们大多数除了每天要被检查是否戴红领巾外，其他方面没什么感觉。学生态度变化其实也是一种很正常的现象。我们成年人也未必能对一件事情一直保持持久的热情。关键在于我们怎么通过少先队来引导他们一直朝正向的方向发展，这是非常重要的。"（另一名中队辅导员）

"每一个自我都对他者产生影响并且在此过程中被影响，但是每一个自我都有一个符合自己关注和渴望的他者。"① 儿童重视"他人眼中的我"这一心态，使得很多儿童自觉地去约束自己的行为，调整自己的做事方式，形成了一种积极向上的精神面貌，潜在地达到了教育者的期望和要求。但"儿童不是一个机械的刺激接受体，他们能够对作用于自己的外部环境的刺激进行选择、组织和加工，并以此来调节自己的行为"②。慢慢的，很多儿童也不再是简单地收集同伴的个人观点，而是形成自己对少先队员身份的独有理解。这种对少先队员身份的淡忘是儿童自己对其独有理解的行为反应，学校教育者也应对这种反应进行一定的理解和接纳。

第三节 "好少先队员"自画像：理想中的"我"

儿童加入少先队组织是孩子们政治生活的开始，意味着他作为一个"政治人"的诞生。少先队组织预设了集体对个体行为的塑造目标：是少先队员就要承担起一定的责任，主动遵从既有的社会行为要求；模仿、遵循既有榜样行为，不要掉队，不要背离规范……因此，学校不断地通过各种方式使学生内化主要的社会价值观念，并从各种途径塑造"好少先队员"形象。

为加强学生对少先队员的身份认同，M 小学大队辅导员结合上周刚刚进行的家长会，参考了一些资料，在周一的国旗下的讲话中进行"'好少先队员'自画像"主题的演讲。

> 尊敬的老师、亲爱的同学们：
> 大家，早上好！今天我国旗下讲话的题目是"'好少先队员'自画像"。

---

① [英]鲍曼：《生活在碎片之中：论后现代的道德》，郁建兴等译，学林出版社 2002 年版，第 135 页。

② 高觉敷等主编：《西方教育心理学发展史》，福建教育出版社 1996 年版，第 457—459 页。

上周各班的家长会已经圆满结束，通过这次家长会我们不难发现，我们的老师和家长们都在为我们能成为一名好少先队员、好学生，做着不懈的努力。

那我们自己又该做些什么呢？今天我们就来画一画，一名好少先队员的自画像，了解作为一名好少先队员应该具备的基本素质。

首先，应该执着而不固执，自信而不自满。锲而不舍的执着追求，不达目标决不罢休的精神，是一个人获得成功的必备素质。但执着若变成固执己见、钻牛角尖，就成了一种心理障碍，甚至是人格缺陷。同时，我们要保持饱满的精神状态，自信心不可缺，倘若没有自信，就不可能有远大的理想，也不可能有为实现理想而奋斗的强大动力。而自满则是学习的敌人，切不可把盲目自满当作自信。

其次，作为少先队员应该做到乐于助人，不打架，不骂人，诚实守信。积极完成作业，上课积极举手回答老师提出的问题。值日认真干净，快速地完成，在家帮妈妈干家务。

再次，应该好问而不盲从，踏实而不呆板。学问学问，"学"离不开"问"。要做到好问而不盲从，就要将问到的结果通过思考内化为自己的知识。对发现的新问题，要敢于再问，甚至反问和争论。现代快节奏的生活，常使人忽视对踏实品格的培养。其实，踏实是一种良好的习惯，踏实而不呆板，是好学生的品格。

最后，应该是兴趣广泛而不失控，团结同学而不滥交朋友。兴趣广泛，积极参与各种活动，可以锻炼能力，增长才干。但若失去自控，就会干扰正常的学习和生活。每个人都应当有自己的朋友，朋友之间的互相激励是其他人无法替代的。朋友不可无，朋友也不可滥，更不可劣。

同学们，你的好少先队员自画像画好了吗？接下来，就让我们锤炼好品质，拥有高素质！努力使画中的好少先队员，成长为真正的自己！①

学校要求每个儿童都要在内心深处对"好少先队员"有一个明确的

---

① 《国旗下的讲话》（六年级二班供稿）。

画像"标准",这一标准是儿童行为、生活的依据。从上面儿童的演讲稿中,不难发现:儿童对一个好少先队员的理解是根据认知和道德两部分混合起来定义的。在这一混合中,两者的分量是变化的,不等的。小学里优秀的少先队员既应该是"聪明"的学生,又应该是品学优异、能力突出的学生。他们既要很容易理解要求严格的文化课,又需是更为认真、负责的学生。依靠这样的"好少先队员",特别是小干部,老师在日常管理中,特别是在班级管理陷入困难时就可以"依靠"他们,甚至这些孩子更是会成为班级和老师的骄傲。

"上课认真听讲,不做小动作,要积极回答问题,有不会的问题下课找老师,这样才能加入第一批少先队。"(一名三年级学生总结自己的入队经历)

"回首往事,红领巾给了我什么?它让我跌倒了不哭不闹;让我尊敬老人,帮助老人;让我捡到东西上交;让我不乱拿别人的东西。它让我懂得节约,吃饭时把每粒米都吃干净;它让我不乱花钱,不乱要钱。这些都要归功于红领巾。"(一名四年级学生)

"现在我知道,作为一名'好少先队员'要积极向上,要乐观,遇到困难不要放弃。这些东西让我感到在遇到困难时有一股劲支持着我,帮助我。作为一名'老少先队员',我回首往事,红领巾给了我太多太多,它使我更加坚强,知道了忍耐,摔倒了,爬起来,一笑而过,不再孤独,知道了看书,犯错了,遇到挫折不一味退缩,也不怨天尤人,重整旗鼓,再次向前……短短几年,红领巾让我明白了许多道理。红领巾像一位无声的老师,管理、鞭策着我。红领巾又像一本好书,在潜移默化中改变了我,红领巾还像一根接力棒,一代又一代地传到了我们的手中,我们一定要把这根'接力棒'继续传下去。

我马上就要小学毕业,上初中就不戴红领巾了。我一定顺利完成小学阶段的学习任务,让戴红领巾的这几年成为我人生美好的记忆。"(一名六年级学生)

在儿童心目中,"好孩子"都应该戴红领巾,都应该"学雷锋""做好事"。"好孩子"跟"好少先队员"是画等号的。"为了达到这个能够提供伦理支持的'客我',每一个个体都必须学会将他们的互动伙伴的价值信念予以充分普遍化,以便进一步得出共同体中集体目标的抽象理念。因为,只有在这些共有价值的境域内,个人才能把自己理解为一个与众不同的个人。"① 由于儿童一开始在他的情感注视中所获得的直接体验,是与得到承认融合在一起的。他在以后的学习与生活中,便对"理想中的我"进行了小小的规划。这一规划便是:成为众人心目中公认的"好少先队员",这是这个年龄段儿童的共识,也是教育者的教育目的。在这一点上,儿童的心理需求与教育者的预设目的是"不谋而合"的。

第四节 "复数的我":"我们是共产主义接班人"

"培养共产主义接班人"在1964年被毛泽东正式提出,并于同年7月14日又在《关于赫鲁晓夫的假共产主义及其在世界历史上的教训》一文中进行了系统论述。② 中国共产党在为儿童们创建组织时,设计了一套儿童化的特殊组织形式:星星火炬的队旗,鲜艳的红领巾标志,"少年先锋"的名字……里面都充满着鲜明的政治性。"少先队要坚持以共产主义精神团结教育全体少年儿童,为促进他们的全面发展,把他们培养成为共产主义事业的接班人而奋斗。"③ "共产主义接班人"被作为一种思想旗帜渗透到少先队的各项教育活动中去。这种国家主流意识形态的话语也开始被纳入少先队组织教育的各种活动中。"共产主义接班人"作为一种想象的群体,其神圣化的政治话语也开始正式介入儿童的生活。这样,每一个孩子都被作为组织内的"局内人",来实现"我是谁"(少先队员)与"我应该是谁"(共产主义接班人)相统一的政治身份认同的碰撞。

---

① [德]霍耐特:《为承认而斗争》,胡继华译,上海人民出版社2005年版,第94页。
② 周彬芮:《塑造"接班人"——新中国美术中的儿童形象研究》,硕士学位论文,中央美术学院,2013年,第57页。
③ 段镇:《少先队教育学》,上海教育出版社1985年版,第21页。

《中国少年先锋队章程》指出,"我们的队礼:右手五指并拢,高举头上。它表示人民的利益高于一切。我们的呼号:'准备着:为共产主义事业而奋斗!'回答:'时刻准备着!'"① 此时此刻,少先队员身份被赋予了共产主义接班人的意义,并通过振奋人心的宣誓、呼号等环节传输给儿童。但孩子们能否对这些政治符号教育活动进行"编码和解码",以及如何进行"编码和解码",或者说如何以适合他们成长的态势来进行,值得教育者去细细思考。

"'我们是共产主义接班人,继承革命先辈的光荣传统,爱祖国,爱人民,鲜艳的红领巾飘扬在前胸……'每当听到这首歌,便想起了我的入队仪式,那一次的入队仪式使我终生难忘:站在操场上,同学们觉得这跟每一次上操(课间操)都不同了,自己马上就要告别无知,成为一名真正的小学生了。'接下来请高年级的同学给一年级的小同学戴红领巾,并送上美好的祝福!'随着辅导员老师的一声令下,从队伍的后面走出一群六年级学生,他们面带微笑,手中捧着鲜艳的红领巾,走到每一个同学的面前。我面前的大姐姐温柔地把手放在我的肩上,轻轻地为我系上红领巾,接着满怀期待地说:'从今天开始,你就已经成为一个少先队员了,加油哦!'我郑重地点了点头,心中澎湃着热血:我一定要加油,努力向前,成为一个真正的好学生,为祖国做出自己的贡献!"(一名六年级学生)

M 小学德育处主任指出,"孩子们这种对少先队员身份的渴望对他们的成长来说是具有积极作用的:激发潜能,阻止离经叛道的有害行为,培养他们良好的品德和行为习惯,也有利于实现学校对他们的管理。而且,小孩子总也要有些追求的"。

"虽然传统的'儿童是共产主义接班人'的观念和爱国主义的教育期望并没有发生变化,但这种思想教育的做法在实际教育过程中已经发生了转变。尽管我们在组织很多政治教育主题的活动,但我觉得我们组织的大多数活动还是要为了儿童更全面的发展服务。"(一名中队辅导员)

---

① 《中国少年先锋队章程》,中国少年先锋队第五次全国代表大会 2005 年 6 月 3 日通过。

现实中，对教师这一执行者层面，他们对"共产主义接班人"的理解以及如何去实施这一教育活动是不一样的。对此，笔者采访了部分中队辅导员：

辅导员 A：该组织的教育活动要组织，你不能期待所有的活动都会有效果，也许就起了那么一点点作用，这都是说不定的事。

辅导员 B：一本正经地去讲"共产主义"，学生也未必能理解，也未必相信，这本来就是一个很抽象的问题。

辅导员 C：孩子们是在朦胧状态接触这些观念的。这些关于共产主义理想的话语，也许只是作为一种抽象的政治理想而存在，实际上可能根本未曾进入到孩子们的意识中去，他们不理解也是正常的。但是，作为一种导向性的教育，这是我们必须要做的，我们要宣传正能量的东西，这也是我们的理想和追求。

"我们是共产主义接班人"表达了教育者要求孩子们应该达到的一种状态：儿童要对自己将来要成为的"接班人"产生一种身份认同，儿童要对少先队组织认同，对组织要具有政治忠诚感。这时候他们心目中其实并没有"组织"这一概念，但少先队这一榜样群体成为他们接触的最直接的小圈子。而且学校也会提供对少先队员政治身份可能产生"想象认同"的氛围和话语体系，让所有儿童都参与那些严肃而又不乏神圣意义的仪式活动，赋予其一种"我们是共产主义接班人"的政治信仰，使儿童产生一种"我们"意识。那么作为教育者，在组织教育活动时处理处于懵懂年龄阶段的儿童如何去理解、领会高远目标过程中可能产生的矛盾与纠结是一项极其重要的任务。

第五节　归属与游离：少先队组织生活中队员的变化

在少先队组织中是否会有群体的分化？如大队委群体和普通学生之间的区分？答案是肯定的。从调查情况来看，从中队辅导员到大队辅导员，他们大部分认为选拔和培养个别优秀队员的能力是重要的。学校也为社会化的候选人提供了一个预先选定的重要群体——大队委,来作为儿童学习的榜样。对于成人制定的游戏规则,儿童并不会在其社会化过程中简单地顺从。儿童会根据自己的想法做出自己的回应,他们或者是积极投入"游戏"或者是对"游戏"消极反抗。现实中,很多少先队员在入队后会处于一种归属与游离相互交替或矛盾的复杂状态中。

一 "敬业"的积极分子

组织成员身份影响到他们能有多大机会参与各种组织活动。学校提供给这些"敬业"的儿童积极分子锻炼和提升的机会或场所,使这些积极分子较容易地接触到成人社会所需要的知识、技能和经验,不断"形塑"少先队小干部的管理能力。大队委们可以在少先队组织内直接得到锻炼,而这种锻炼的成果又可以实现他们对少先队组织自身的管理。他们学习成绩优秀,上进心强,在各种事务性活动中表现出对各项工作的热情。他们在与同辈群体交流中显示出来的往往是张扬、自信,甚至颇具"领导者的风范"。

> "少先队组织就像一个小社会,在这个集体中,每个孩子都经历着社会的历练,而不是整天'宅'在学习的狭窄空间里。这样的历练对孩子的身心发展和社会适应能力都是很有帮助的。"(大队辅导员)

(以下访谈来自五年级大队委们)

"我对少先队组织的活动很感兴趣,我愿意参加杨老师组织的活动,通过这些活动,我既提高了自己,也帮助了同学们。"

"是的,我喜欢这些活动。我不愿意做一名普通的学生,我希望在少先队活动中展现我的才能。我妈妈是一名小学老师,她很支持我。"

"当上大队委,在学校里就应该团结、帮助同学,更要抓紧时间学习。因为当大队委期间有许多活动,所以课下应该比别人用功。我当然想当一个合格称职的大队委,愿意为老师同学们服务。不过有些时候会很累。"

"当上大队委我感到十分自豪,因为我可以比别人有更多的锻炼

（机会），只是平常有点忙。"

小学生加入少先队大队部，他们也马上形成这样一种状态：他们作为一个"领导者"，他们不得不主动和周围的人进行协调，不得不思考如何配合大队辅导员开展大队部活动，如几点开始，如何通知同学，如何报告给老师等。在沟通时，他们还需要设身处地地为别人着想，为对方考虑得更多一些。学习和活动是他们学校生活两个主要的部分，但它们往往以矛盾的形式呈现在学生面前。作为少先队干部他们需要经常参加一些会议和活动，以至于无法兼顾学习。大多数大队委认为参加少先队的活动是无上光荣的，并十分珍惜这来之不易的机会。但也有部分学生认为这耽误了自己的学习或休闲娱乐的时间。

"学校有时作业会比较多，副科的老师有时也会布置作业，还有大队部的任务，再加上现在是四点半放学，放学后就得去学特长，到家要七点左右，再吃完饭，已经七点半了。弄完这些任务后，已经九点半了，睡觉时已经十点了。想要复习一下今天的内容，已经没有时间了。当上大队委后，任务比之前多了，而且有时还会耽误一些课余和上课时间，有时若有活动，放学后的特长班就去不了了，这些就是当上大队委后的一些'弊处'。"（一名六年级大队委）

"虽然当上大队委，可以有很多登上舞台锻炼自己的机会，但是也经常旷课。有的时候是副课，有的时候是正课。做大队委也学会了很多东西，比如学会很多关于少先队的知识和学会了怎么讲课。成为大队委后肩上的担子也重了，我会更加尽心尽力为学校师生做贡献。"（一名六年级大队委）

"还有两个月时间六年级就毕业了，大队部还搞'培训'，让所有大队委在每周三、周四下午培训一小时。周三周四下午我要上数学与英语辅导班；因为慕名而去的人多，辅导老师又富有经验，英语的那节课根本不可以补课。纠结了半天，家长不准（不允许）不上课。感觉参加大队部很耗时。"（一名六年级大队委）

"刚开始，我对大队委这个职务充满好奇。一有空我就和老队委交流、学习他们的优点，改正自己的缺点。但有时大队部的活动与主课时间冲突，这让我左右为难，像拔河一样，恨不得使分身术，一个我去上课，一个我去完成任务。这就是我，一个刚上任的大队委。"（一名四年级大队委）

这时，即使是"敬业"的儿童积极分子也会表现出对大队部活动的"微词"。他们既想积极参与，表现自己，又不想在学习上耽误太多的时间。这种分身乏术的情形出现在很多大队委身上。在笔者参与观察 M 小学结束一段时间后，有一位同事的女儿加入大队部后遇到一个两难的问题：每次早晨检查完红领巾后，要在办公室进行统计，这样就耽误了晨读的时间。小孩子不好意思跟杨老师说，家长怕反映了，杨老师又不高兴，就找到笔者，想让我给杨老师说一下。笔者跟这位同事表达了自己的观点：可以让孩子直接跟杨老师反映，让孩子自己寻求解决的办法。后来，孩子跟杨老师交流后，杨老师让孩子在第二节课的大课间来进行统计。这个女孩对自己跟老师"争取"来的结果很满意。

儿童积极分子这一群体，他们也会逐渐形成一种特别模糊的看法："有一个自我从外部观察自身的行为，对此行为加以称赞，或表示不同意，试图予以控制，如果有必要，再将其改正，成为一个自我。"[①] 在这个过程中，他会感到主观上想要做的事和客观上应该做的事之间会存在内在的冲突，但他之所以还会朝着别人（成人）期望的那样去做，是因为他感到别人希望他这样做，他"被需要"这样做，因此也"应该"这样做。他感到自己被某种力量激励着，使他不能自持，所思所为都与平时不同。于是，他产生一种印象："自己已经不再是原来的那个自己了。"他好像已经变成了一个新的存在，而他所佩戴的红领巾和"三道杠"从外在的物质的东西变成了内在的精神推动力量。与此同时，他的小伙伴们也感到自身发生了同样的转化，并把这种情感表达为为着一种人类伟大的崇高目标而奋斗的理想。"一切都仿佛是他们果真被送入另一个特殊的世界，一个与他们的日常生活完全不同的世界，一个充满了异常强烈

[①] ［英］齐格蒙特·鲍曼：《通过社会学去思考》，高华等译，社会科学文献出版社 2002 年版，第 10 页。

的力量的环境。"①

二 普通的大多数

少先队组织的相关文件明确指出"少先队是少年儿童群众组织,这是组织主体的定位。既然少先队的主体是少年儿童,所以工作方法上必须遵循少年儿童的成长规律,避免成人化、模式化,强调少先队活动要儿童化"②。文件要求大中队辅导员不要包办代替大中队长(委)的工作去直接领导中小队长,而是要指导和帮助大中队长(委)领导中小队长。从实际情况来看,这一少先队员的民主权利较难实现。

笔者采访了一些平时表现比较普通的孩子(学生来自五年级):

"我基本不参与学校的活动,学校一有活动,老师就会找那些班干部和学习成绩好的,想参加也没有用。"

"我们觉得我们参加的都是一些大的活动,都是凑数的……"

"一般都是大队委,他们能参加学校的活动,我们班里很少有活动。"

"学校组织什么活动,我们都是跟着,有些活动有意思,有些活动没有意思。上次我们每个班举行的护蛋体验,还来记者了呢。"

"班主任每年会联系家委会的家长组织一次校外活动,那是我们特别期待的自己的活动。"

在对大多数普通学生的访谈中,他们没有大队委们的"豪言壮志",却多了更多平淡的回应。孩子们对能够参加队活动的无力感与疏离感是显而易见的。普通队员在活动中甚至存在消音与失语现象。"消音常作为限制他人参与言说论述之权力关系运作的方式。"③虽然孩子们并不满足于如此贫乏地表现自己,他也渴望在学校的各项活动中展示自己,甚至

---

① [法]涂尔干:《宗教生活的基本形式》,渠东、汲喆译,上海人民出版社1999年版,第289页。

② 《罗梅同志在全国少先队工作片会上的讲话》(2013)。

③ 王金玲、林维红:《性别视角:生活与身体》,社会科学文献出版社2009年版,第37页。

喜欢特立独行，但这些想法在现实中却又无法实现，甚至在大队部中也有很多成员对队活动的组织过程或内容也感到无能为力：

> "我们参加什么活动都是由学校决定的，都是老师带领我们组织的，我们只是按照要求去做，好多（活动）也不是我们喜欢的。"（学生 A）

> "我们多数时间都是在传达各种通知，充当中间人，这算是'人民公仆'吧。"（学生 B 捂着嘴笑）

外部客观世界与儿童内心体验的世界都是处于流动变化之中的。随着年龄的增长，高年级的学生开始"分流"，一部分人对自己作为少先队员的身份变得很淡然，他们对学校组织的各种活动基本是漠不关心的，另外一部分人会期望进入大队部。这些"沉默的"大多数学生生活在自己的小圈子里，"与世无争"。即使有学生参加少先队活动，也只是较低程度的参与，被动地参与。慢慢地，他们仿佛就不再觉察到自己是生活于少先队这一群众组织中，也淡忘了自己曾经发出的"豪言壮志"。尤其是高年级的大多数普通学生对少先队员身份慢慢只剩下一种模糊的感觉。换一个角度来看，这也许就是一种真正的儿童生活状态。普通的大多数这一群体其自我认同所发生的变化，并不必然是一种消极、失落的状态，这一状态在某种程度上讲恰恰是儿童生长生活的一种自然状态。这是儿童成长过程中的自我形塑过程，在这个过程中，他们也会接受来自教育者和同伴群体的忠告和指导。他们并不必然感到迷失和孤立无援，而可能会生活于一种怡然自得的、真实的、童真的生活状态中。

小结　身份认同——儿童政治生活中的体验

当个体对组织成员身份有高度认同的时候，他自然地会内化这一组织的价值观、生活方式，并积极地参与活动。成为这一组织成员的身份和意义会作为个体的奋斗目标而存在，也正是没有完全实现这一目标，这种距离感会使它们成为目标。这种"距离"，在"客观的"空间语言里，我们称之为"主观的"体验。① 儿童的认同体验可能是朦胧的，甚至是摸不着的。通俗来讲，他们是处于一种从众的心理状态中。当然儿童成长也会循着自我发展、身份建立的线索进行。如果一直没有实现他们所要追求的目标，他们会表现得比较自卑，或者在行为上表现得比较小心。

人是在与他的肯定与否定中认识自己的。正是基于这种寻求"认同"的欲望，使得人内在地需要得到他人的肯定或认可。这里就存在一个"认同的过程"。在建构主义者看来，身份认同是社会建构的结果，是"基于他人的社会承认之上的一种自我表象，这种自我表象的内容要和其他行为体对该行为体的再表象取得一致性。换言之，个体从他者眼中获知自我身份，身份存在于和他者的关系中"②。儿童对少先队员身份的认识来自于他与周围同伴的交往与互动。他们在学校最初几年成功或失败的经验对其成长来说虽有不同的影响，但这些经验终会构成儿童在小学时期的主要生活写照。刚入校之初，少先队员成为儿童进行身份建构的一种参照系。这时他人眼光成为审视自己身份和行为的一面镜子。儿童此时的行为也就紧跟在他人的眼光后面。从儿童的视角来看，儿童对少先队组织的认识，首先是基于这样一种认识：每个人都应该加入少先队组织。如果有个别人没有加入，他就会被视为另类或者被归为不受欢迎的人群。所以，能够不被其他同伴所轻视或排斥，能够得到周围人的赏识，是儿童最初加入少先队的目的。儿童这时会强烈追求与他人思想与行为的一致性，以便在集体中形成一种归宿感。

> "少先队教育就是要引导学生与社会融为一体。我们努力让一些诸如集体荣誉感或个人责任等价值观融入儿童的活动中，作为教育者就是要在少先队的摇篮里找到一种神奇的教育力量，使孩子们有条不紊地成长。"（德育副校长）

---

① ［英］鲍曼：《生活在碎片之中：论后现代的道德》，郁建兴等译，学林出版社2002年版，第92页。

② ［美］温特：《国际政治的社会理论》，秦亚青译，上海人民出版社2014年版，第285页。

儿童政治身份认同涉及少先队员身份的自我确证,他者世界的承认归属以及对权力权威的遵从信任。少先队员身份的自我确证是对个体是少先队员身份的认同,他者世界的承认归属是对周围同伴群体同属于一个群体的认同,是对"他者"的尊重与接受。对权力权威的遵从信任则是对所属组织的心理认同,以及对身份符号的认同。使儿童产生对少先队组织的依赖、追随与归属感是教育者要达到的目的。"个体经验到他的自我本身,并非直接地经验,而是间接地经验,是从同一社会群体其他个体成员的特定观点,或从他所属的整个社会群体的一般观点来看待他的自我。"① 儿童形成对少先队员身份的认同也是一种很脆弱的认同。他们加入少先队也是一种不假思索的活动,没有人想要拒绝加入。他们加入少先队就是为了获得在同伴中的一致性,这种一致性把个体聚焦起来。"社会就是模仿,模仿就是一种梦游症。"② 这样,同属于一个少先队组织很自然地成为青少年的一种需要。

对于处于小学阶段的学生来说,获得少先队员政治身份意味着:要保持个体与群体内部其他成员的相似性。通过身份所具有的群体特征,身份拥有者可以表明自己与群体的类同,可以凭借自己的身份表明自己与群体的一致性。这样就水到渠成地达成了教育者的政治教育目的。儿童早期对于正确和错误的辨别力还没有完全开始,他们此刻还不能完全认清自己的想法或愿望,不能主动选择自己的行为,也没有完全形成自己的个性。儿童此时的认同虽不能完全被确认为一种积极的认同,但也是一种动态的认同。如果成人一味地让他们默认一切权威的控制,他们则会成长得很"驯良",而这恰恰并不是教育的真正目的。作为教育者,应该使儿童在少先队生活中的体验更加丰富化、多样化和自主化。

---

① 班建武:《符号消费与青少年身份认同》,教育科学出版社2010年版,第61页。
② [法]莫斯科维奇:《群氓的时代》,许列民等译,江苏人民出版社2003年版,第209页。

"当人接受既定的国家意识或宗教意识，而未加以质疑与检视，未通过自身的参与及体验，他便置身于国家支配或上帝保护的幻象之中。他之接受国家或认识上帝，不像他早年接受重力的概念，曾历经无数次的跌倒与体验，也不像他认识儿时友伴，有过无数次打架与嬉戏。他之所以相信国家与上帝，只因成人世界相信它们，尊崇它们。不经体验与质疑便依附于国家与上帝，便躲入庇护之所。人原本面对陌生世界时敏锐、无畏与自主的创造特质便消失，且异化了。"

——黄武雄（《童年与解放》）

第七章

儿童政治身份赋予的得失成败

在小学阶段，这一时期是一个一切皆有可能、产生理想与梦的时期。在这样一个充满理想与梦的时期，少先队组织与儿童就不期而遇了。少先队作为一个社会存在，无论你试图去证实或证伪它，它都在那里，都会对儿童产生影响。我们需要做的不是要证明它的存在是否合理，而是要理性分析少先队组织的都是一些什么样的活动，如何让其更好地为儿童的发展服务，也更好地为社会服务。

《中国少年先锋队章程》规定："凡是6周岁到14周岁的少年儿童，愿意参加少先队，愿意遵守队章，向中队委员会提出申请，经中队委员会批准，就成为队员。"① 儿童加入少先队要写入队申请书，写上自己对少先队的认识或决心，入队前要做一件"好事"，要举行入队仪式；要进行庄严的宣誓和呼号；有小队、中队、大队等一套严密的组织机构。这些活动程序与共产主义青年团、中国共产党的组织活动程序有相同之处，也使其成为党务活动的预演。少先队在执行国家的政治教育功能方面也起到了应有的作用。升旗仪式、入队仪式、"我为核心价值观代言"等少先队活动把党务活动的程序渗透到儿童的日常体验中。在少先队各种活动中的出旗、唱队歌、代表讲话、退旗等仪式，仪式的各个环节、符号标志甚至讲话内容都体现出它们的积极象征意义和社会价值。这是对现实社会制度、社会关系、社会结构的仪式性强化，也是政治教育的缩影。

第一节　学校政治身份认同教育的"成与败"

儿童加入少先队组织，教育者除了向儿童进行关于"接班人"的行动逻辑、塑造特定的能力结构等方面的教育外，还倾向于养成儿童良好的道德行为习惯。泰勒指出了身份与道德方向感具有本质的联系，"知道你是谁，就是在道德空间中有方向感；在道德空间中出现的问题是，什么是好的或坏的，什么值得做和什么不值得做，什么是对你有意义的和重要的，以及什么是浅薄的和次要的"②。在少先队组织活动过程中，儿童知道了什么应该做，什么不应该做，他们对这些优良传统、优秀品质的继承和发扬十分符合国家对于儿童的期望。"国家和社会希望少年儿童成长为他们心中的理想形象，于是他们就极力在宣传上将少先队员塑造成符合社会标准的理想儿童形象。"③

---

①　《中国少年先锋队章程》，中国少年先锋队第五次全国代表大会 2005 年 6 月 3 日通过。
②　李友梅、肖瑛、黄晓春：《社会认同：一种结构视野的分析：以美、德、日三国为例》，上海人民出版社 2007 年版，第 10 页。
③　潘旖妍：《榜样与规制——新中国儿童视觉形象研究》，硕士学位论文，广西艺术学院，2013 年，第 47 页。

一 "成"

政治身份认同有利于人们在"无意义的生存"中找寻归属感,从而消除焦虑与漂流感。当代政治认同在个体自我政治认同与对政治客体认同的双重促动上,有利于人们在建构对他者承认的基础上,通过对利益实现可能性的理性权衡以开展行动,从而获得相互的承认、增强本体性的安全。

(一) 近距离地接触、了解国家

学校提供给儿童身份认同的场域。在 M 小学,儿童在队前教育活动中,比较早地接触到了队、团、党的相关知识,知道了党与国家的关系,他们被身边的少先队小干部告知:应该爱党,爱国家,爱学校……并应该做各种"好事",服务于社会,服务于同学。学校组织各种少先队活动也使少年儿童形成强烈的信号意识,使儿童认识、理解了党、团、队的政治关系。在"我为核心价值观代言""红领巾心向党"等活动中,儿童与父母共同查阅资料,或者讲述古代伟大人物的爱国事迹,或者刻画革命战争时代的英雄人物,甚至对"中国梦"也开始有了基本的理解。在纪念革命先烈活动中,少先队员们一起重温民族和国家的历史,形成对党和国家的朦胧认同。在各种少先队小干部的竞选中,儿童学会了如何去竞争并表现优秀;在参与学校的各项检查工作中,小干部们学会了如何去管理自己和他人。

儿童入校后,受周围少先队员榜样的影响,不断地向往红领巾,羡慕"三道杠",这使得他们在思想上积极要求进步,愿意为成为一名优秀的少先队员而努力。儿童加入少先队组织后,通过参与各种政治性社会活动,更加频繁地接触国旗、国歌、队旗、队歌等符号标志,了解和接受国家的政治文化、道德规范。少先队象征符号、仪式行为和政治话语在赋予儿童政治身份的过程中成为一种引人注意的强势力量。"三道杠"队干部培养机制在调动少先队小干部的积极性方面起了重要的作用。小干部们在日常管理工作中的严肃认真与积极负责的态度,也体现出他们对这一职位的认真及其担当意识。"三道杠"少先队小干部不断成为学校教育管理者的帮手,在学校中的正面影响也在不断扩大,并渐渐成为其他普通学生的学习榜样。从很多儿童对红领巾和"三道杠"的向往和憧憬中，可以看出很多儿童在一定程度上认同了这些政治符号标志，产生了政治情感的社会化，达到了政治教育的效果。

> 时间过得飞快，转眼间，我们的小学生涯就要结束了，同时也意味着我的少先队员的生活也即将结束，而我也不时会想起加入少先队之前的我和加入后的我。在没加入少先队之前，我是一个无知的愣头愣脑的小孩子，更是一个不爱护集体，不尊敬师长，不爱护校园里的一草一木的人。可是，我加入了少先队之后，接受了革命教育的我，知道了我们现在的一切都是老一辈人用鲜血，用生命换来的，而在空中飘扬的五星红旗更是好几代人的努力奋斗才得以在空中自由地飘扬，因此，我也知道了这美好生活的来之不易。所以，我要刻苦学习，做一个对社会，对国家有贡献的人。（一名六年级学生）

在 M 小学，少先队政治教育方式很多，在手段上充分运用各种符号和仪式，建立起相应的组织制度。队前教育让儿童获得了有关组织符号、组织角色和少先队其他相关知识。学校设计各种仪式训练，指导组织生活的一般规程，让受礼者、参加者直接观察社会生活的安排，以规范儿童的思想和行为。在这种多维的仪式结构中，严肃神圣的环境氛围，一丝不苟的仪式程序，国旗、党旗、徽标等仪式象征物，也无不体现着这种仪式教育的神圣性，并且有效地规约着儿童的思想和行为，使学校政治教育产生了一定的效果。在少先队教育中，少先队的旗帜、口号、纪念革命烈士的纪念碑等政治符号，"其实都是在唤起公民的政治集体记忆，这种唤起是在一种历史语境中产生对价值的肯定与敬仰，进而产生向往之情。这一政治教育过程是一个价值唤醒与教化的过程，也是对国家政治合法性的价值之维的强化，在对价值实践英雄的追思中产生对于在政治价值空间中的生活意义的理解"[①]。儿童在这些纪念仪式活动中，不断加深对革命英雄人物事迹的了解，在一定程度上产生了对革命人物

---

① 刘学坤、戴锐：《政治、政治教育与公民的意义生活》，《广州大学学报（社会科学版）》2013 年第 2 期。

的敬仰之情,甚至激发起了他们的爱国主义情感。

(二) 有效地与德育活动相融合

儿童加入少先队组织,不可避免地会受到有关组织性与纪律性方面的教育,并接触到某些权威的决策活动模式。他们参加各种队组织活动逐渐形成一定的组织能力与政治活动能力,养成参与意识。在这个过程中儿童不断地把握和理解社会规范,通过这些规范来确定自己如何行事,实现日常学习生活的惯例化。学校中的各种检查活动在对儿童进行规约的同时,对他们的规则意识与道德养成有一定的影响,如文明礼貌常识教育,学会如何爱学校、爱劳动、爱老师、爱同学。在大队委竞选活动中,他们除了为竞选成功要追求卓越,表现优秀,还要学会如何配合、帮助老师和同学。在少先队小干部管理活动中,他们学会了如何管理别人,以及进行自我管理。在"手拉手"活动中,他们学会了如何互相帮助,了解和接触到另一些不同小伙伴的生活样态,甚至开始体验如何去关注弱势群体。在这些活动中,教育者培养了儿童的义务感。"对儿童甚至成人来说,义务感能极好地激励他们作出努力。"[①] 从被访谈的还未曾加入、即将要加入少先队组织的儿童来看,可以看出他们想要做的就是要成为一名"好孩子",别人公认的"好事情"都应该去做。孩子们内心深处的自我认识也许就是要做个"好孩子",做一个被老师和同伴认可或赞扬的人。他希望自己能够成为学校或教育者期望他应该成为的那个样子。当然,换一个角度来看,这里的"好孩子",从教育者所要塑造的"社会人"角度来讲,应该是服务于社会的"好公民"。从这种意义上讲,少先队教育与培养孩子成为一个"好公民"的道德教育目标有相一致的地方。

不能忽视的一点就是,儿童加入少先队组织后在关注"自我荣誉"的同时,这时候也开始审视社会,开始从他人的视角来评价自己的行为,并愿意努力提升自己以便为他人和社会更好的服务。这在他们对"好少先队员"自画像表述中可以清晰地反映出来。儿童为了学会控制原来的自私自利,服从更高的目的,并用意志控制自己的欲望使之不超出合理

---

① [法] 涂尔干:《教育及其性质与作用》,载张人杰主编《国外教育社会学基本文选》,华东师范大学出版社 2009 年版,第 18 页。

的限度，他就得有很强的自制能力。① 在少先队组织生活中，他们对组织的认同也会生成明显的"少先队群体行为"，产生一种集体归属感与责任感，如热爱集体，团结协作等行为，这些群体行为是指向儿童的道德成长的。在这个过程中，儿童自然而然地会发展一种共同生活。在这种共同生活中，"那个极难驾驭的自我得到了一种精神修整而沉稳下来，并形成一种节制个人欲望，尊重别人的权力，在解决问题时，形成一套合乎道德的处理方式的习惯。与此紧密相联系的是，它给予一个孩子自我控制和服从客观规律的很好的训练"②。

（三）仪式教育活动所带来的归属感与责任感

少先队组织中一个重要的环节就是仪式教育。参与仪式者把自己融入仪式所塑造的氛围中去以获得仪式所"产生"的体验。仪式所产生的其中一个影响就是道德。涂尔干指出，"仪式是群体的道德标准的来源。正是群体仪式中的互为主体性和情感力量的强化体验，形成了什么是善的概念"③。少先队仪式创造了一种特殊的道德体验空间。如在入队仪式的空间设计中，儿童感受、体验、尝试日常不能完成之物，佩戴上了"朝思暮想"的红领巾，体验到了被赋予一种神圣政治身份的自豪感；在日常仪式训练中儿童形成了一定的礼仪常识，并产生了一定的道德认知。"仪式也被视为一种象征性的和富于表现性的行动，一种制度化的创造特殊时空的手段，个体在其中可以体验到自己是这个共同体中的一分子。"④在这一过程中，儿童将个体与仪式联系起来。儿童在入队仪式中被激发起一种光荣感和自豪感，他们愿意主动去约束自己的行为，愿意为成为一名光荣的少先队员去做应该做的事情。"通过仪式参与和仪式赋予的符号的作用，使参与者形成与认知符号相关联的成员身份感，同时也为每个参加者带来了情感能量，使他们感到有信心、热情和愿望去从事他们

---

① ［法］涂尔干：《教育及其性质与作用》，载张人杰主编《国外教育社会学基本文选》，华东师范大学出版社2009年版，第18页。
② ［美］爱德华·罗斯：《社会控制》，秦志勇等译，华夏出版社1989年版，第127页。
③ ［美］科林斯：《互动仪式链》，林聚任等译，商务印书馆2009年版，第76页。
④ ［美］霍尔、［美］尼兹：《文化：社会学的视野》，周晓虹、徐彬译，商务印书馆2002年版，第98页。

认为道德上容许的活动。"①

另外,这个阶段的儿童实际上已经获得了关于权威的概念,他自己也不断尝试着去做一些事,并知道去佩服那些做事比他强的人。他们愿意把优秀的群体作为自己努力学习和为之奋斗的榜样。例如,他会坚持把"三道杠"这个角色作为自己在朝气蓬勃的少年时期进取和竞争冲动的动力。他的精力也被导向了对这一时期特殊目标的追求。"三道杠"产生了一种权威和力量,借助这种权威,个人由此也获得了前进的方向与动力。由此,儿童们整体生活于一个积极向上的集体中,也形成了一种团结向上的集体氛围。

二 "败"

(一) 政治身份认同的脆弱

儿童刚加入少先队感到的可能是一种荣耀的投射,这种投射很快成为孩子们的一种信仰与崇拜。"最初的提示,通过相互传染的过程,会很快进入群体中所有人的头脑,群体感情的一致倾向会立刻变成一个既成事实。"②儿童从高年级的学生那里获得了一个他想要达到的"理想的自我"这样一个目标,并产生了对高年级榜样群体的模仿意愿。模仿者仔细观察并查探出他的模仿对象的详细情况,对此加以描摹,试图消除他与模仿对象的差距,并以此充实自身,使自己成为榜样的"翻版"。最后,儿童所产生的"我是谁""我将要成为什么样的人""我应该干什么"就是在这种榜样化的场域中模仿获得的。这种政治身份的"自我认同"实际上就是学校政治教育结果的一种体现,它一定程度上帮助了孩子们在同伴关系中找到自己的归属。

然而更多的儿童内心深处产生的往往是一种"虚拟认同"。拉康认为,"在镜像阶段,幼儿会与镜子中的影像进行想象性认同,但是,影像实际上是对原初主体的一次异化,两者之间就会产生一种对立关系"③。

---

① [美] 科林斯:《互动仪式链》,林聚任等译,商务印书馆2009年版,第79页。
② [法] 莫斯科维奇:《群氓的时代》,许列民等译,江苏人民出版社2003年版,第16页。
③ 范永康:《"主体位置"与身份/认同政治》,《吉首大学学报(社会科学版)》2013年第1期。

儿童在对自身政治身份的认同过程中呈现出来的往往是对"自我"的悬置，他重视的是"他者"对自我的评价。尽管他们在不知不觉中形成了对"好少先队员"自我形象的赞同。但这种赞同是浮于表层的，这是一种模糊的想象的认同。从对儿童的日常观察中，笔者发现对于"好少先队员"的标准，大多数儿童还只是停留在努力学习、得到别人认可的层面上。"集体的认同属于社会'想象物'中的一个范畴。"① 少先队员们对作为"我们"这个集体的认同是先于个体作为"我"的认同而进行的。他们对这个群体构建了一种群体自我的形象，每个成员还会与这个形象进行对比，以辨识自己是否"达标"。但在实际生活中，随着年龄的增长，这种形象并不是"理所当然"的一成不变地存在着的，这取决于儿童在何种程度上承认它，儿童有自己的认识和理解。由于少先队员这个身份是由外界赋予的，孩子们对这种身份的选择也是无自由度的，所以他们对这种身份的认同并不完全主动形成。儿童对"我是谁"的定位最初也只停留在不想成为"被淘汰、被疏远、被取消资格的人"。儿童主动观察周围人的态度和做法，尤其是扮演那些在某种意义上影响他、为他所依赖的榜样的人的角色。很多孩子并不是主动做一名少先队员，而是被推着走的，他们这时特别期望被赋予一种跟大家一样的身份——少先队员。因此，他们会采取他人的态度控制自己当下的行为，以使自己真正属于当下这个社会群体。在成为少先队员的过程中，孩子们实际上在追求一种被"认可"或"承认"的感觉。他们只是在"实现"自己的身份。在这个过程中，虽然他们对"我应该成为一名少先队员"的要求比较强烈，但对于真正的少先队员身份的意义与价值并没有深究。

随着加入少先队时间的推移，很多学生开始慢慢淡忘自己曾经非常期盼的政治身份，从他们对待红领巾的态度上，以及他们对谈起少先队员身份的眼神，显示出其仅有的那一点政治身份认同也在不断地淡化、退隐。或许他们也只有在每天早晨被检查是否佩戴红领巾的时候，由红领巾才会自然联想到自己还是一名少先队员。甚至多数儿童只是把佩戴红领巾理解为遵守校规的一项必需的内容。这样使得他作为一个客体进

---

① ［德］杨·阿斯曼：《文化记忆：早期高级文化中的文字、回忆和政治身份》，金寿福、黄晓晨译，北京大学出版社2015年版，第137页。

入他自己的经验。他被一种外在的想象的力量推动着,但如果儿童的思想和感情一直被动地朝向一个方向,他自觉的个性就消失了。另外,学校组织活动中对儿童个体的弱化使儿童在"我们是谁"的身份认同指导上没有体现出足够的凝聚共识,使他们在"我"与"我们"的融入共处上存在犹豫与质疑,产生了身份认同意识的混沌。

(二) 可能的道德损失

在对 M 小学的调查中,孩子们口号性、官方化的话语占据了大部分。儿童的书面自由作业也显示出他们对少先队员身份的过分赞扬与描述。在儿童政治身份赋予的过程中,我们看到的是儿童的服从与表面上的接受。孩子们童真性的话语和表现也慢慢消减了。而能够葆有童真话语,说出自己真实想法的往往是那些普通的孩子,甚至是那些在老师和同学们眼里调皮捣蛋的孩子。这种"说好话,做好事"的"小大人"的行为在优秀的学生干部身上处处可见。但这是否就是教育的成功呢?

"当教育的内容是普遍形式,而无法与人的直接经验接合时,受教育者便只有顺从附和,或只有挫折与痛苦……人云亦云。"[①]儿童从小积累的经验就是要"说好话",因为这样可以免于惩罚,甚至可能会带来好处。但是"说好话"有时等同于"说空话"。为了完成任务,儿童说着连自己都不明白的套话。儿童在被正式访谈或进行书面表达时,他们所说的话很多是经过放大和加深的,他们说出来的话也是经过"润色"的,这些"润色"也是他们在无意识中模仿获得的。当说空话成为一种习惯,当说假话成为一种不自觉的行为,这恰恰反映了教育过程中的一种道德损失。而这又与教育者的教育方式不无关系。"现实实践中对政治的过分关注,对灌输式政治教育实践的过分强调使意义性被空置,政治教育有时存在被近乎等同于政治灌输的倾向。"[②] 通常情况下,儿童除了要"说好话",还要"做好事"。在儿童的入队申请书中,儿童阐述了他们所做的多种"好事",其目的之一是为获得少先队员这一政治身份。在很多儿童描述的"做好事"中,甚至连通常本应该做的打扫卫生、值日等分内工作也

---

① 黄武雄:《童年与解放》,首都师范大学出版社 2009 年版,第 140 页。
② 刘学坤、戴锐:《政治、政治教育与公民的意义生活》,《广州大学学报》2013 年第 2 期。

成了"做好事"。从他们的描述中,仿佛他们找不到可以做的其他的"好事"了。但他们也要绞尽脑汁想出可能的"好事"有哪些。因为有了这些"好事"做"资本"他们才能有资格入队。这样"做好事"就成为一种"工具性"条件,但儿童在"做好事"的过程中,却造成了一定程度的道德损失:说假话,功利化……所以学校在组织一些具体活动时,由于儿童内心并没有真正理解这些活动的意义,以至于"在某些特定的场合、在口头上人们奉行的是一套规则,推崇的是一种崇高理想,而实际上每一个人又都心领神会,在自己真正的生活中遵循的完全又是另一套规则,这样,道德成了面具,教育则变成了演戏"[①]。

另外,如果儿童在尚未成熟之时就被抛入一种竞争的境地,而且还是一种被动地为了成人预先设定的地位而进行的竞争,那么他们会朝什么样的方向发展?在 M 小学,竞选者在同辈群体面前表现出各种各样的状态或决心,而且没有忸怩造作之态,如此"自然"的成人状态恰恰是我们需要深思的。但并非所有的词语和套话都能唤起积极向上的力量,这样的话说得多了,说得久了,这些话语就失去了它所代表的含义,在说者和听者的头脑中也留不下任何痕迹。这些话就真的变成了空话,"其主要作用是让使用者免去思考的义务。用我们年轻时学到少量套话和常识把自己武装起来,我们便拥有了应付生活所需要的一切,再也不必对任何事情进行思考"[②]。说者也不用为此而担负任何"心理阴影",因为大家心知肚明,周围的人都这样做。更进而言之,这种话语表达成了一种很娴熟的表演。欧文·戈夫曼认为,"每个人都面对着自己向他人表演的问题。这种表演可能会强调自己许多属性中的某些属性。每个人都可能用许多方式,其中有些方式是无意识的——试图控制别人对自己的印象"[③]。事实上,学校也在表演,学校的表演是为了在同类学校中增加自己的"知名度"或"特色"。这是另一种意义上的表演,是为了体现其办学效果的一种"身份标识",是为了给学校涂抹一层光彩。但是,为了学

[①] 唐汉卫:《生活道德教育论》,教育科学出版社 2005 年版,第 15 页。

[②] [法] 勒庞:《乌合之众:大众心理研究》,冯克利译,中央编译出版社 2004 年版,第 70 页。

[③] 蒋云根:《政治人的心理世界》,学林出版社 2002 年版,第 140 页。

校的业绩而以"失却儿童的率真本色"为代价，这是值得深思的。

（三）儿童生活的官僚化与利益化

组织中最基本的特征是等级制度。所谓等级制度，即对人进行排位，它伴随着的是不平等的待遇或资源分配。"在官僚机构中，等级制度总是采用一种合理化的形式，比如，权力就是在标准化、程序化和正式化的环境中被进行等级分配的。而其中，总有一条标准的权力链，它由规则和涉及不同职位的权力和定义组成。"① "等级制度它确保了某一种组织结构的再现。"② 学校借助于少先队干部的竞选活动，使大队委成为一种合法化的象征资本，并通过宣传教育使儿童竞相去获得这种象征资本。在这种教育熏染中，学校教育者慢慢地把少先队小干部转化为学校管理的同盟军。在少先队组织中，组织成员的社会化和分层，如大队委、中队委、小队委等的设置使儿童有了最初的"职务观念"。在工作任务中，M小学的"红牌""黄牌""蓝牌"管理规则也体现出管理者对儿童不同程度的信任。而这种信任仍然是基于对他们的等级划分。这种差别在工作职责方面主要体现在学校的各种检查任务中，或者承担少先队仪式活动的主要角色方面。这样分层化的权力体制就这样"顺其自然"地进入了儿童的日常生活。空间的过度制度化的一个消极影响就是对等级的强化。空间会说话，如果空间"全天候"地向生活在其中的学生诉说着等级和官本位的思想，这对现代德育所倡导的民主平等观念会有多大的阻力！③

另外，透过少先队小干部所佩戴的"杠"，我们更是看到了一种类别化、结构化的群体。学校里的身份差别与等级观念似乎已与社会"接轨"。孩子们从一开始接触到的这种从上而下的领导观念、等级观念，可能也与人类历史长河中所发展起来的地位意识有关。"沿着成就中轴发生的班级分化不可避免地形成一种紧张源，因为在同一体系内，它授予一

---

① ［美］英格索：《谁控制了教师的工作》，庄瑜等译，华东师范大学出版社 2009 年版，第 10 页。

② ［美］丹尼斯·K. 姆贝：《组织中的传播和权力：话语、意识形态和统治》，陈德民、陶庆、薛梅译，中国社会科学出版社 2000 年版，第 78 页。

③ 高德胜：《生活德育论》，人民出版社 2005 年版，第 216 页。

部分人比另一部分人更高的奖励和特权。"① 大队委们在学校的管理体制中比普通学生享有了不一样的"特权",也在不知不觉中成了学校检查机制的"一员"。在 M 小学每天的检查工作中,检查者(大队委)与被检查者(普通学生)常常呈现管理与被管理的姿态,检查者借助于自己被赋予的检查者的身份,向普通学生发出"表示自己权势的信号",一种官僚化的姿态与口吻经常出现在这些小干部的身上。甚至很多少先队小干部表现出"拿着鸡毛当令箭""狐假虎威"的成人样态。儿童在小学阶段就呈现出这种"官僚化的常态"恰恰是值得我们深思的问题。

而且官僚化背后隐藏的又有奖惩手段的实施与师生对这种奖惩制度的配合。奖惩是服从或违背标准或规则而带来的后果。违背规则就会造成不愉快。为了逃避惩罚,学生就有可能诉诸说谎话,走"捷径"。另外,由这种制度化检查所带来的直接结果就是:孩子们及其所在班级和老师都被抛入一个被彻底度量的空间。由检查带来的数字成为控制教师和儿童行为的一种力量。不仅学生处于监督与规训之下,班主任老师也随时会相应地处于被检查的处境。这种惩罚机制试图使学生产生恐惧,以彰显惩罚错误行为的价值,借以告诫其他的学生,进而达到学校教育之管理目的。结果导致了教育者与儿童共同追求免于被扣分的利益化取向。学生也产生过分的顺从感、疏离感,甚至产生对规则的压抑感、排斥感,以及对学校组织活动无积极的反应。然而,"明智的纪律不应该依赖权威的决定,也不应该是为了惩罚。应该把重点放在通过讨论、参与和合作性的决策制定,帮助学生学习正确、安全的行为"②。

儿童的官僚化其中一个很大原因是学校行为的官僚化。"学校是政府机构的派出机构或附属单位,处在官僚体制的下游,需要'向重要他人'显示'政绩',通过'炫绩'来换取赏识。"③ 对一种权力的认同意识往往是自我与他人社会交往的产物。儿童受成人社会的影响很看重少先队员身份所带来的"利益"。有限度地爱好权力,向往超越于别人,普遍存

---

① [美]帕森斯:《作为一种社会体系的班级:它在美国社会中的某些功能》,载张人杰主编《国外教育社会学基本文选》,华东师范大学出版社 2009 年版,第 431 页。
② [美]施穆克:《班级中的群体化过程》,廖珊等译,中国轻工业出版社 2006 年版,第 283 页。
③ 高德胜:《学校,请远离虚荣》,《现代教学》2015 年第 22 期。

在于小学阶段的学生群体中，只是表现形式有所不同。学校中的儿童积极分子一方面顺从于大队辅导员的指挥和领导，并以能被"直接管辖"为自豪，另一方面也陶醉在其他儿童对自己的权威的服从中。

"我只要一想到我在同学们的注视下发挥着领导的作用，我就会感到很激动。"（一位五年级大队委）

大队委竞选过程对儿童产生的影响也是不容忽视的。"通过竞争，每个人由此获得相称的身份，而这种优胜劣汰确实缔造了现代社会。"① 通过竞选的方式，儿童在少先队中的"重要位置"由此而得到学校和周围同伴的认可，也确立了他们在同辈群体中的位置，这也被看作是对儿童潜在的、由学校认可的能力的正确裁决。"这种竞选程序表面上是合理的、客观的和不容置疑的，而它却建立在一种'选择性的传统'基础上，是社会性质的和专制的。"② 少先队大队部的工作是一种服务于学生的工作，但在很多儿童心目中，进入大队部即是一种身份的提升，是权力的获得。他们并没有完全形成对少先队干部服务于学生的正确解读，相反，他们可能会产生一种理解：加入大队部就是为了体现他与别人的不同，实现他对于这种"权力"的追逐，因为他拥有一般同学不能拥有的"权力"。结果使儿童过早的不合时宜地进入了成人化的官僚模式中，使儿童的生活呈现出一种官僚化与利益化的气息。

第二节　弦外之音：少先队教育政治性与儿童性的融合

少先队组织在创建时设计了一套儿童化的特殊组织形式：星星火炬的队旗，鲜艳的红领巾标志，"少年先锋"的名字……里面都充满着鲜明的政治性。其根本的预设是政治意识的种子要抢在春天里播种。所以大多数学

---

① ［法］玛丽·杜里－柏拉、［法］阿涅斯·冯·让丹：《学校社会学》，汪凌译，华东师范大学出版社2001年版，第63页。

② 同上书，第68页。

校的校长和老师都不会漠视儿童组织的存在和教育作用,他们一定会最大限度地去开发少年儿童组织的育人功能,以培养儿童的政治素养,培养服从组织,服从大局的意识。原全国少工委委员沈功玲说:"少先队对于儿童意味着什么?'社会化摇篮'。儿童组织的社会化功能天然就有。"①

但是,儿童不是单子式的孤立存在,他的身份是多重的,他是一名儿童,他首先是爸爸妈妈的孩子,首要的是具备儿童的特性。少先队面向6—14周岁的少年儿童,少先队的主体是少年儿童,这就使得少先队在组织活动时不能忽略儿童成长与发展的特点。少先队活动应该是活泼的,应体现出儿童的稚气与生机,体现出儿童是活动的主体这一特点。少先队开展的各项活动应适合这一阶段少年儿童的年龄特点。少先队教育应该是生活化的,儿童化的,没有时空限制的。少先队的学习不像正规的学习生活,它没有一个明确的阶段性的学习标准或要求,不像学科学习,学完一个单元要考查,达到要求后再往下学习,循序渐进的。少先队的儿童性体现在它是成长取向的,虽然说少先队时期是少年儿童政治认知、情感、态度、取向以及行为逐步形成的重要时期,但是如何将少先队组织的政治性与儿童性融合起来,或者说我们作为教育者应该考虑以何种方式对儿童进行政治认知、情感和态度等方面的教育,考虑在这个过程中儿童参与各种活动会对他产生什么样的影响,这些都是少先队组织活动有效性实现的重要环节。

每一个人来到世界,都不得不面对先在的意识形态的占有,这种占有不只体现在所谓文化观念的熏染上,而且有其实实在在的运作机制和熏染方式。② 在出生前,儿童就已经是一个主体,一个由特定家庭意识形态任命的、属于这个家庭意识形态的主体。在这个家庭意识形态里,当儿童刚出现在娘胎里时,人们已经开始"期待"他了。③ 儿童并非自发地倾向于服从政治权威和遵从道德纪律,而是需要一定的价值引导和教育。学校需要通过榜样教育来进行引导。对榜样的认同与否

---

① 尚少功:《永远飘扬的红领巾:我们都从少先队中走来》,文汇出版社2009年版。

② 孟登迎:《意识形态与主体建构:阿尔都塞意识形态理论》,中国社会科学出版社2002年版,第186页。

③ [美]派纳:《课程:走向新的身份》,陈时见等译,教育科学出版社2008年版,第295页。

对孩子的心理世界影响很大，有积极的影响，也必然有消极的影响。儿童"将他者纳入我的感情之网，建立一种彼此依赖的结合，这种重要的相互关系也是我一人的创造和我的唯一责任。"① 在榜样的光环下，每个人都会生活在与别人的比较、他人对自己的价值评判中，在儿童阶段，这种独立思考和判断能力的培养往往会因此而受到阻力，这是一个令教育者纠结的问题。这一问题也体现在少先队教育政治性与儿童性的博弈中。在儿童的政治社会过程中，假如每个儿童都处于对榜样的不断学习与模仿中，这种单方面政治上的未完成性难免会使儿童很难保持人格的独立性和个体差异性。另一方面，儿童自身的经验可能让他们拒绝成年人的灌输。随着儿童的成长，他们会根据自己的经验来处理事情、为自己定义新的角色，并找到新的政治表达方式。② 因此组织活动的儿童性考虑就必需要提上日程来。

政治身份认同是主体对政治客体的自觉认知、体验与评价，是一种主动的积极的实践，是一种心理过程的体验，是个体自我政治认同与对政治客体认同两个面向的合成。③ 儿童加入少先队组织，开始产生了萌芽阶段的身份认知，但这时候还不能上升到认同的层面，随着他们参与各种活动以及学校教育的熏陶，慢慢产生一种身份认同感。在这个过程中，他们明白自己作为一名光荣的少先队员，首先要服从组织，服从学校的大局。儿童政治身份认同的主要目的是获得一种集体归属感，其现实表征就是对某一共同体形象的认同。儿童顺利实现对自己身份认同的过程从某种层面讲也是一种成长的过程，既然是成长的过程，有烦恼有挫折这都是自然现象。作为学校教育者，要想使教育达至更好的效果，必然地就需要关注儿童成长发展中的细节问题，关注活动组织的目的、内容、方式方法，以及关注到每一个儿童的内心感受。

---

① ［英］鲍曼：《生活在碎片之中：论后现代的道德》，郁建兴等译，学林出版社2002年版，第66页。

② 何芳、马和民：《政治社会化的政治理论——戴维·伊斯顿的政治社会化理论述评》，《外国中小学教育》2008年第12期。

③ 曾楠：《政治认同论：基于国家与社会的关系论域》，江西人民出版社2017年版，第24页。

第三节　儿童政治教育的理想选择与限度

政治教育的理想选择应是有利于儿童的道德成长，并提供给适合儿童需要的个人生活和公共生活空间。"道德传授旨在使儿童掌握处理社会生活的方式，而不是为了使儿童盲目服从。"① 从儿童个人层面来讲，学校政治教育要引导儿童进行主动的思考与选择，而不是一直去告诉他应该做些什么或怎么做。儿童在其成长过程中，具有较强的能动性和建构权利，他会对他所经历的外在事件作出自己的诠释和理解，他也会通过自身的价值判断做出认同或拒斥的选择。教育者要引导学生过一种"有思的生活"。从公共生活层面来讲，儿童进入少先队组织，进入学校政治生活，这些公共生活空间应成为儿童自我展示的空间。这时少先队可以发挥其自身的优势，组织各种丰富的饶有意义的充满儿童气息的活动，使儿童全身心地投入各种活动。如果儿童从小只为了那些个人的简单成功而盲目地参与竞争，对他们来说可能只能产生能力和活力上的浪费，甚至可能会形成错误的价值判断标准。

一　接受符合儿童生活特性的行为

学校政治教育活动要考虑儿童的年龄阶段，那就是不应损害儿童的自然成长规律。少先队员既然首先是儿童，他们以儿童的身份生活于学校中，这种生活就不能完全排斥他们作为儿童的这一"天然身份"，他们在学校生活中不可避免地要处处以儿童这一天然身份来活动。如果学生身份完全否定了先在的儿童身份，那这种身份和学校生活是一定是反人性的。② 以这样一种视角去看儿童对待红领巾的态度，审视儿童在学校大型庄严活动中所表现出来的态度，以及儿童所出现的各种"有违"学校要求的行为就可以理解了。因此学校教育者在儿童出现这些行为时，要有一个"容忍度"，要有一个弹性规约。

刘铁芳提出了"自然性与公民性之间的张力：学校教育的审慎之

---

①　刘晓东：《儿童教育新论》，江苏教育出版社 2008 年版，第 277 页。
②　高德胜：《生活德育论》，人民出版社 2005 年版，第 154 页。

道","让儿童个体直接去面对自我在学校公共生活中的所有成败得失、喜怒哀乐的显现,就不可避免地会放大学校生活中的成败得失在儿童发展中的意义,其中滋生的各种复杂情感就很可能会淹没个体公共理性精神的充分孕育与生成,儿童个体就难免陷于应付性、被动性生存状态之中"①。因此,学校政治教育更应存在审慎之道。

另外,儿童不是在内心和想象中过组织生活,而是在现实中过组织生活。儿童是在和所有的人打交道,而不是和角色、符号打交道。儿童在摸索中的行为必然会产生这样那样的"问题"。我们应该使每个孩子都能体会到"别人需要我"这样一种感情,体会到个人为集体而工作的乐趣,一个人不仅应当极其认真地完成委托给他的任务,他还应当成为某些重大的社会活动的组织者和倡导者。每个人都必须找到一种自己感兴趣的社会工作。② 因此,对儿童进行的道德教育应实现一个转向——从抽象的符号世界到鲜活的生活世界。要使儿童对他所属的儿童组织有一个清楚的认识,必须使他们在生活和行动中获得多种多样呈现自身的机会,并传递给儿童相应的情感。离开了真实的生活体验,很难让儿童去理解与思考那些高远的理想与目标。

二 以适合儿童发展的方式进行

少先队组织首先是一个进行政治教育的组织,高年级的孩子已经可以理解观念和世界和思想领域的问题。少先队的活动不能局限于远足、浏览等活动。年长的少先队员的活动,应当同思想、观念、政治教育以及掌握科学知识和政治知识联系起来。在充满生气的集体精神生活的气氛中,一种积极、好学的思想会显得非常活跃。少先队可以组织各种讨论,如"什么可以做""什么不可以做""什么应当做"。这实质上是围绕人和社会、义务和自由、个人和集体的相互关系的问题展开的争论。③

---

① 刘铁芳:《好人与好公民之间:学校公民教育的限度与教育的审慎之道》,《中国人民大学教育学刊》2013 年第 3 期。
② [苏]苏霍姆林斯基:《公民的诞生》,黄之瑞等译,教育科学出版社 2002 年版,第 276 页。
③ 同上书,第 241 页。

学校要考虑政治教育的内容，它不能过度地将儿童不能理解的政治内容灌输给儿童，而是要有选择地过滤儿童的经验，即在进行政治教育时考虑儿童成长的特点，创造有利于儿童道德生活的空间，而不是去垄断整个儿童生活的空间。"学校应集中关注儿童道德品质的养成教育，因为道德教育是在学校中得到理解并付诸实践的，所以它也应该得到理解，付诸实践。"① 儿童往往会期盼那些从自己的头脑里想出来的活动，喜欢一种自下而上的活动，这种活动来自他们自己的需求，对这些活动他们会充满热情和渴盼，在活动中他们也会积极参与。只有以自己的亲身经历去体验少先队组织生活的人，才会葆有自己对少先队组织的思想和信念。儿童是出于对工作本身的热爱来学习工作的，而不是为了一种奖励或因为他害怕一种惩罚。活动需要积极的品行——有活力、主动性、创造性，这些品质对儿童的成长来说会更有价值。他们看到了自己的价值，看到了自己的进步，这激励他去追求进一步的成长。既然儿童不再为奖励而工作，欺骗的诱惑也就减少到最低程度。不再存在做不诚实的活动的动机，因为结果就显示出儿童是否做了工作，是否认识到唯一的结局。为了工作而工作的道德价值比为了奖赏而工作的道德价值必定更高。② 若没有经常性的有效活动，孩子们对少先队的思想情感只能是漂浮不定的存在。如果孩子们不能经常参与一些活动，并在这些活动中相互积极地影响，就会使原有产生的归属感或自豪感只存在于他们的回忆中，而且任其发展后会变得越来越弱。

儿童的道德成长过程应是基于对儿童的关怀，指导儿童如何"做人"来进行的。在这个过程中，少先队教育可以成为德育的载体，但它在政治上只是一种启蒙，在开展德育时它需要以适合儿童发展的方式进行，需要给儿童"留白"。黄武雄提出学校教育除了做两件事情：打开人的经验及发展人的抽象能力外，还可以做的"第三件事便是留白；留更多的时间与空间，让学生去创造、去互动、去冥思、去幻想、去尝试错误、去表达自己、去做各种创作；编舞、搞剧场、玩乐园、打球、办社团，

---

① [法] 涂尔干：《道德教育》，陈光金等译，上海人民出版社 2001 年版，第 7 页。
② [美] 杜威：《学校与社会·明日之学校》，赵祥麟等译，人民教育出版社 1994 年版，第 384 页。

让他们自由地运用时间与空间"①。少先队教育同样有很多"留白"的空间：各种创意活动，脱离了"组织气息"的社区儿童活动……在这些充满自由气息的活动中，少了教育者的规训与惩戒，多了儿童的自由与选择。

学校还要考虑政治教育的形式，它不能以不适合儿童的教育方式施加给儿童。理想的政治教育应该是与儿童的道德成长联系在一起的。对学生的道德教育不能止于规范和约束。"当个人不知道使用自己的积极性时，个人的积极性就会转而反对它自身。"②从道德教育的视角来看，"我们必须出于尊重，并且仅仅出于尊重而服从道德训令"③。否则，道德只是一个习惯行为体系，或者是一个命令体系。因此，当教育者赋予儿童干部一定的权力去管理其他儿童时，需预留一定的自主选择、意义协商和个体表达的空间，以体现儿童之间的平等与民主。"绝对的强制力并非权力运行的唯一机制，如何赋予权力底层合法性基础，进而避免抑制的产生，则是更为关键的。"④

三　培养儿童形成"有思"的道德行为

"我们不应该仅仅把顺从精神反复灌输给儿童，或者抑制他合理的远大抱负，或者不让他了解他周围的各种情况。这些意图与我们社会体系的各个原则是矛盾的。我们必须使儿童明白，他不能求助于无限制的权力、知识或财富去实现他的幸福……关键是去发现一个能够与人的各种能力相适应的目标，允许他去实现他的本性，而用不着试图通过某种方式越过这种本性，通过暴力的和武断的方式让这种本性超出其自然限度之外。"⑤

---

① 黄武雄：《学校在窗外》，首都师范大学出版社2009年版，第53页。
② [法] 涂尔干：《道德教育论》，载张人杰主编《国外教育社会学基本文选》，华东师范大学出版社2009年版，第329页。
③ [法] 涂尔干：《道德教育》，陈光金等译，上海人民出版社2001年版，第32页。
④ 张银霞：《教育场域中的权力：基于学校仪式活动的分析与启示》，《长江大学学报（社科版）》2014年第7期。
⑤ [法] 涂尔干：《道德教育》，陈光金等译，上海人民出版社2001年版，第51页。

《现代汉语词典》将"灌输"定义为"把流水引导到需要水分的地方"。它包含有浇灌、注入、输送的意义,政治概念表述为"输送思想和知识"。后来引申为通过反复持续的说教使人被动地接受某种思想或理论,慢慢就具有了灌输者的强制性和被灌输者被动性的道德意蕴。西方著名学者 I. A. 史努克将"教育中的灌输"定义为"一个人传授 P(一个或一组命题),如果他的意图是让学生不顾证据地相信 P,那就是灌输"①。从中可以看出,灌输是基于这样的假定:教育者是知识渊博的人,是无所不能的人,是知识的贮藏所,而学生是空的容器,急待装满的容器,传递过程中也必然会伴随着权威和强迫。在知识的灌输过程中,知识就被赋予了一种肤浅的、几近平庸的特性。知识被定义为易消化的现成品,能够被"传递""分发""出售""消费"。玛丽·埃文斯把教育机构比喻为包伙食堂,学生们在那里得到合适的"一份"。把知识转变为产品,也就剥除了它一切内在的价值和意义。② 政治教育不能为了把社会体系所确定的政治思想、观念、意识、行为方式等传授给儿童而仅被作为一种教育训练过程进行。学校政治教育也不能仅止于简单的意识形态灌输或者角色安排。学校对儿童进行政治教育应该是有底线的。

单纯抽象的道德语言、道德说教是空洞无力的。教育者需要为少先队赋予足够丰富的形式来激发他们主动的思考和行动,否则就会使他们产生一种虚无感。阿伦特指出行动的根本意义在于,行动最能体现人之为人的存在方式,唯有通过行动,一个人才有可能在公共生活中显示"我是谁"。行动是在多元的人的世界中发生的,行动总是"处在一个已经存在的人际网络之中,包含着无数相互冲突的意志和意向"③。"很难想象个人竟然完全没有能力去思考各种不同的身份,也很难想象她必须只是'发现'自己的身份,就好像这是一种纯粹的自然现象那样。"④ 教育

---

① J. J. Chambliss, *Philosophy of Education: AnEncyclopedia*, New York & London: Garland Publishing Inc, 1996, p. 303.

② [英] 弗兰克·富里迪:《知识分子到哪里去了?——对抗 21 世纪的庸人主义》,戴从容译,江苏人民出版社 2005 年版,第 7 页。

③ 转引自徐贲《人以什么理由来记忆》,吉林出版集团有限责任公司 2008 年版,第 60 页。

④ [印度] 阿马蒂亚·森:《身份与暴力——命运的幻象》,李风华等译,中国人民大学出版社 2012 年版,第 24 页。

者应该给予儿童在理智上和道德上的钥匙,让他们了解所参与活动的意义和价值,增加每个人的思考能力;让他们在观察问题时,把事实与问题联系起来,在理智上和道德上明白自己的身份与职责。"每个个体只有对自我身份有一种充分的认识与觉醒,理解这一身份所承担的责任与社会期待,他才会努力去实践这种身份,并把这种道德变为自己日常生活中的一种自觉要求去规范自己的言谈举止,从而表现出一种对国家、社会和他人的德行。"① 学校对儿童进行身份认同教育,也是期望儿童将内心的自我形象和一个人的行为合为一体,成为习惯,而以一种自然意义上的共同生活对抗功利化的生活恰恰是我们所要追求的。

虽然儿童被赋予的少先队员的政治角色是"未来的接班人",但现实中,儿童政治身份的"被赋予"与儿童自身的"能选择"之间存在着不可避免的"挣扎"。如何在这二者之间形成一种可能的流畅性是教育者要考虑的问题。如果说,少先队员政治身份的赋予是国家给予儿童的一种"身份安顿",那么"这种身份安顿应该是一种积极的政治行为:政治设计应当使各种身份不因为个性本身而给自己带来制度安排、社会尊重和机会选择上的不公平待遇"②。这一政治身份还应该提供给儿童一种适洽的生存状态——多一点自然成长,少一点社会功利。

---

① 袁宗金:《学校道德教育的转向:从"好孩子"到"好公民"》,《教育理论与实践》2005年第5期。

② 马俊领:《身份政治:霸权解构、话语批判与社会建设》,《思想战线》2013年第5期。

附　　录

附录1　观察提纲

一　对学校的整体观察

了解所研究的学校在本地的层次或地位（包括社会声望或家长评价）、学校内部的文化氛围、学校领导层的办学理念及校风与学风、学校对少先队政治教育的重视程度，对少先队活动的组织情况等。

二　对作为研究对象的各种少先队仪式的观察

学校对入队仪式的重视程度及其设计意图；每周一升旗仪式中教师和学生的精神风貌和态度；各种仪式的具体过程；少先队各种活动中的仪式训练情况；学生对参加入队仪式、升旗仪式等各种重大仪式和日常仪式训练的态度及参与度情况。

三　对少先队小干部进行各种检查活动的观察

学校制定检查制度的目的，各种检查活动的开展及其惩罚措施，少先队小干部在其中所起的作用，学生看待这些检查活动的态度，检查活动的效果，学生们在整个检查性的制度化生活中的状态等。

四　对少先队各种大型活动的观察

该学校少先队活动的种类及类型；这些活动是如何发起的；学生参加这些活动的积极性如何；不同的学生在这些活动中的表现和状态是什么；参加活动后他们的行为表现。

五　对少先队干部和普通学生的不同言行举止的观察；对不同年级少先队员加入少先队后态度和行为变化的观察

附录2　访谈提纲

一　对教师的访谈

（一）对大队辅导员的访谈

1. 学校少先队活动都有哪些？这些活动一般是如何组织的？大约多长时间开展一次少先队活动？学校组织这些活动的目的是什么？

2. 这次活动将会有哪些人参加（参加的人员和活动规模）？活动是怎么组织的（活动流程）？为什么要举办这次活动（举办活动的原因）？您希望通过此次活动要达到什么目的（举办活动的意义）？类似的活动以后还会不会继续开展？

3. 您组织的活动的主题和内容一般都是怎么确定的？为什么要这样确定？活动的开展是否有一个完整的计划？为什么要这样设计？

4. 活动的内容能否引起学生的兴趣？为什么选择这样的活动内容？活动是否达到了您所想要的结果？

5. 您认为少先队应该组织些什么样的活动？在这种活动中学生能够学到什么东西？它能否培养学生良好的品德？它还会对学生造成其他哪些方面的影响？

6. 就您所知您所在学校的少先队活动发生了哪些变化？您个人对这些少先队活动有什么看法？

7. 您对少先队政治教育有什么看法？

（二）对中队辅导员（班主任）的访谈

1. 您最近开展过哪些少先队活动？

2. 您经常组织少先队活动吗？您经常进行少先队思想政治教育工作吗？都是从哪些方面进行的？您对少先队教育活动有什么看法？

3. 担任少先队中队辅导员最大的困惑和最大的收获分别是什么？

4. 如今的儿童有些什么新特点，对少先队工作有什么变化吗？

5. 您觉得咱班的孩子在加入少先队后有什么变化吗？

6. 您愿意辅助开展学校的少先队动员或队前教育活动吗？

（三）对德育处主任的访谈

1. 您觉得一个儿童在学校的经历对他都有些什么样的影响？哪些经历影响会比较大？为什么？
2. 少先队这个儿童组织对儿童的成长会有什么样的作用？
3. 您觉得少先队工作与德育工作有什么联系？
4. 学校开展少先队活动与学校其他工作有什么联系或冲突吗？

（四）对参加活动的普通老师的访谈

您为什么要参加这次活动？对这次活动的感受是什么？您认为这次活动对学生的影响有哪些？您会支持或鼓励学生参加类似的活动吗？作为"局外人"，您是怎样看待少先队其他活动的？

二 对学生的访谈

（一）对参加活动的学生的访谈

1. 你喜欢学校或班级组织的少先队活动吗？为什么？
2. 你事先知道活动的内容吗？老师组织这些活动时是否跟你们一起商量过？
3. 对于学校或班级组织的这些活动你觉得有用吗？你觉得这些活动是否占用了你的学习或玩耍的时间？
4. 每次活动你都是自愿参加的吗？对于不参加活动的少先队员，老师是怎么处理的？在活动中，有什么奖惩措施吗？
5. 对你而言，你觉得举办这些活动有意义吗？你周围的同学对这些活动持什么态度？
6. 在参加这些活动的过程中，你是否学会了团结互助等一些良好的品质？你还学到了其他哪些东西？
7. 你最喜欢的少先队组织的活动都有哪些？为什么？
8. 你最不喜欢的少先队组织的活动有哪些？为什么？
9. 活动中，你觉得你们有自由选择或决定某些方案的机会或权利吗？

（二）关于少先队员身份的访谈

1. 你是什么时候加入少先队的？作为一名少先队员，你觉得光荣吗？
2. 你喜欢戴红领巾吗？为什么？还记得自己戴红领巾时的情形吗？
3. 你为什么要加入少先队？请你谈谈对少先队的认识和理解。

4. 你觉得自己在加入少先队前和加入少先队后有什么变化吗？你发现其他同学有什么变化吗？

5. 你想加入大队部吗？你对学校的大队委们有什么看法？

6. 你对"三道杠"有什么看法？

7. 你曾参加过哪些少先队活动？你愿意参加吗？有什么收获吗？

8. 你觉得少先队对你有影响吗？有什么影响？

9. 队歌里有一句"我们是共产主义接班人"，你知道"共产主义"是什么吗？"接班人"是什么意思吗？

10. 你喜欢参加升旗仪式吗？你觉得升旗活动有什么意义吗？

附录3　入队仪式主持词

"红领巾，相约中国梦" M 小学新队员入队仪式

主持人：×××

时间：2014.5.30（周五）上午：8：00

尊敬的老师、敬爱的叔叔阿姨、亲爱的小伙伴们：

大家好！我是 M 小学少先大队大队长×××。

一路欢歌，一路笑语，我们迎来了六一儿童节。我们盼望着的这一天终于来到了：戴上鲜艳的红领巾，成为一名光荣的少先队员。红领巾它象征着革命的胜利，是至高的荣耀。红领巾激励我们不怕困难，勇往直前。

我们的期待如画。我们的梦想成真。今天我们终于迎来激动人心的一刻。M 小学少先大队隆重集会，举行庄严的入队仪式。

今天，参加我们活动的领导和来宾有

……

还有新队员的老师和家长们，欢迎你们的到来。（带头鼓掌）

【预备】各中队整队报告。

大队长依次回敬队礼并放下，说："接受你的报告。"

大队长："全体立正！报告大队辅导员，本大队整队完毕，请指示。"

大队辅导员:"接受你的报告,祝本次活动圆满成功!"

大队长:"现在我宣布'红领巾,相约中国梦'M小学新队员入队仪式——现在开始!"

大队长:"请张校长向大队长授大队旗。"

【请全体起立——】

第一项:出旗,向——队旗——敬礼——!——礼毕。

第二项:唱中国少年先锋队队歌。

指挥:M小学少先大队 文艺委员——×××。

(一起合唱)

(主持人):

今天,我们的组织又迎来了一批新伙伴。让我们用最热烈的掌声欢迎他们加入少先队这个光荣的集体。

下面 请少先大队 组织委员宣读 新队员名单……

第三项:请老队员为新队员佩戴红领巾!

第四项:迎接国旗、党旗、团旗、队旗四面红色旗帜

下面进行第五项:由M小学少先大队宣传委员×××,带领我们宣誓。

【全体队员起立】

"我是中国少年先锋队队员,我在队旗下宣誓:我热爱中国共产党,热爱祖国,热爱人民,好好学习,好好锻炼,准备着:为共产主义事业贡献力量!"

宣誓人:(×××)

礼毕——请坐。

第六项:请新队员家长 为新队员 赠送入队礼物。

第七项:请张校长宣布新成立中队及辅导员名单。

【宣读后】由M小学少先大队向新成立中队授中队旗。

下面请张校长为新辅导员老师颁发聘书。(献红领巾)

第八项:请新队员代表(×××)上台发言,大家欢迎!

请老队员代表(×××)上台发言,大家欢迎!

第九项:请大队辅导员杨老师带领我们呼号!

全体队员起立。

大队辅导员站在队旗下领呼:"准备着为共产主义事业而奋斗!"

全体学生回答:"时刻准备着!"

活动进行第十项:退旗!全体——起立——,向队旗敬礼——

(稍候)礼毕!请坐。

今天,我们是含苞待放的花朵、是展翅欲飞的雏鹰。

明天,我们一定能够成为祖国的栋梁,为实现中国梦贡献自己的力量。

"红领巾,相约中国梦"M小学新队员入队仪式到此结束!

附录4　升旗仪式流程

2014年2月17日升国旗主持词(第二周)

师生入场(播放音乐)

尊敬的老师,亲爱的同学们:

大家早上好!

今天是2014年2月17日,第二周,星期一,我是主持人××,今天升旗仪式的国旗护卫队是六八中队,六八中队是一个团结友爱,积极向上的中队。旗手××同学,活泼开朗,乐于助人,护旗手××同学,尊敬师长,博爱乐助,护旗手××同学,遵规守纪,品学兼优。

同学们,N市M小学升旗仪式,现在开始!

请全体立正!

第一项:出旗!(播放《出旗曲》)

第二项:升国旗,唱国歌。[口令:敬礼——(升旗结束后)礼毕——]

第三项:唱国歌,指挥××同学。

(播放《国歌》)

第四项:请××同学为大家作国旗下讲话。

第五项:由××同学表扬我校五、六年级"全面发展之星"。

表扬完后,主持人:让我们以热烈的掌声祝贺M小学的"全面发展之星"!(鼓掌)希望同学们向"全面发展之星"学习,努力争当本学期的"星级学生"。

老师们，同学们，升旗仪式到此结束。请老师和各班同学顺序退场。师生退场。(播放音乐：《歌唱祖国》)

附录5　关于 M 小学第一次少先队员代表大会提案的解答

为了进一步完善和发挥少先队组织的教育功能，积极创设少先队工作的良好活动条件和社会环境，维护少年儿童的合法权益，根据《中国少年先锋队章程》的规定，学校少先队在开学之初，在充分听取广大少先队员意见的基础上，结合本校少先队工作实际，就一事一议、一事一案进行提案，在提案征集过程中，队员们充分发扬 M 小主人的精神，对建设更加美好的校园提出了意见和建议。本次少代会共汇集提案93份。

首先感谢代表们对学校工作的支持，你们的提案充分体现了我校少先队员积极参与学校管理的意识在增强，把自己真正当作学校的小主人的责任感在增强，学校领导十分重视本次少代会代表们的意见，开展了认真调查，针对有些问题，还要继续召开专题会议，听取各有关部门的意见，尽快做出解决方案。下面由我（大队辅导员）作为代表为大家做提案解答。

经过对所有提案的汇总归纳，总结为以下五个方面：

一　关于学校设施方面的提案：10 份

主要提到健身器材损坏严重和教学楼厕所有异味问题，针对以上问题学校已经安排专业人员进行维修和维护。并要求学校保洁人员加强厕所卫生的清扫和冲洗，适当考虑采纳大家建议在厕所里安置樟脑丸或喷洒空气清香剂的方法，祛除厕所异味。但也希望同学们注意个人卫生，做到大小便要入池，养成随手冲厕的习惯。另外由于教学楼内洗手间因管道问题，不适宜在楼内厕所大便，所以也请同学们自觉维护教学楼内的公共卫生。

二　有关教学管理方面的提案：6 份

主要提到希望老师不要拖堂，作业不宜过多，建议设立"一天"无作业日等问题。

针对以上问题学校已与部分教师交流、讨论，由教导处进行检查、纠正，但同学们也应该提高上课时间的学习效率，不能把因为同学们上课纪律等行为导致的拖堂，全部推为老师的责任，我们是否也要承担相应的责任呢？正所谓教学相长。

正所谓，温故而知新，作业可以帮助我们梳理，巩固学过的知识，更能提前做好学习新知识的准备。当然，有作业过量的问题，学校一直是要求老师们为大家布置适量的作业。有时作业的多少也是因人而异的，如果做作业效率低，边做边玩，就会感觉越做越多，怎么也做不完。如果把各科作业都挤到一起做，更会觉得作业特别多，所以大家要学会合理的安排自己的时间，学会高效的使用时间。养成放学后，先完成作业的好习惯。这样就会感觉轻松许多。

三 有关德育管理方面的提案：18 份

主要涉及保护视力。针对视力问题，学校在开学初已经为大家做了全面的视力检查，今后将坚持每年为大家做检查。学校也将每天下午第一节课后，定为全校师生的眼保健操时间，并对全体辅导员老师进行了培训，今后还将加大对眼保健操的检查力度。但是，检查不代表就能预防近视，做眼保健操也只是缓解用眼疲劳，学校更希望大家注意用眼卫生，坚持认真做好眼保健操，规范读书写字的姿势，远离手机等电子产品。

四 有关校园活动方面的提案：12 份

主要提出，建议学校多组织一些实践活动。对于社会实践问题，我们配合班级家委会每学年都为大家安排设计了符合大家身心特点寓教于乐的社会实践活动，学校少先队今年的工作重点是开展一些"我们的""快乐的""难忘的"少先队主题教育活动。我们也希望有更多的同学参与到活动中来。

五 有关心理健康方面的提案：9 份

关于心理健康教育，学校在综合楼设有心理咨询室，并有专业的心理老师为大家提供心理咨询与辅导。学校还专门开设了心理健康课，课上为大家专门设计了有趣的心理游戏。并且学校还专门联系市妇保院的在校设立护苗站。心理上有疙瘩的同学、老师和家长还可以得到专业医生的系统治疗，而且专家还会定期到学校为大家做心理讲座。学校将每年的5月，定为全校心理健康教育月。而且我校心理健康教育已经走在了全市各中小学校的前列。当然，我们还会继续根据大家的需求，提供更好的心理健康教育平台。

六　有关校园安全和环境方面的提案：32份

主要是针对校园周边小摊小贩无证经营的问题和家长超越接送点导致校门口拥堵问题。

关于校园周边小摊小贩无证经营的问题，学校将联系城管等相关职能单位，协助清理，由于学校没有执法权，只能是劝离，为了孩子们的人身安全和饮食健康，所以学校也希望我们的家长有在相关执法单位工作的能够主动帮助学校，一起共同努力来解决这一难题。

对于家长超越接送点拥堵校门的问题，学校每天上放学都设有教师执勤岗和学生路队执勤岗。但总是还有家长超越接送点，这一现象主要出现在低年级同学身上，所以我们全体同学，一定要有"我能行"的独立精神，并用你们的小手拉起家长的大手，自觉劝阻家长超越接送点，并且要提倡环保出行，上放学尽量不让家长开车接送，更要提醒家长停放车辆时，不要忘记方便他人。

七　有关图书借阅方面的提案：6份

现在每班都设有图书角，同学们可以达到班级借阅图书的目的，学校图书馆正在归类整理过程中，学校将专门召开会议讨论并通过适合我校实际的完善的借书还书方案，并向大家开放。

以上是本次少代会代表征集到的提案以及解答情况，希望队员们不仅能发现问题，提出改进建议，更能够解决问题，从而真正行使好我们的民主权利。更希望各位代表和辅导员把本次会议的精神带回去，分享给全校的少先队员，让我们共同努力，建设好我们美丽的校园和美好的精神家园。

谢谢大家！

附录6　田野日记一

　　2014年2月26日早晨，我跟随的是检查二年级的大队委，检查的大队委中，一个来自六年级，一个来自四年级，两个来自五年级。来自六年级的学生比较深沉，四、五年级的三个孩子很雀跃的样子，叽叽喳喳的。红领巾检查时间是从七点五十到八点。二年级十个班，检查第一个班的时候，是七点四十八分，这个班大约有三分之一学生还没来到，检查时，四个大队委开始商量，一个记分，两个分别检查靠墙的地方，一个检查中间一排，如果教室是四排的话，四个都上阵。由于第一个班检查的时间比较早，许多孩子正在佩戴红领巾。第一个班算是全通过。

　　检查到第二个班的时候，班里的学生基本都到齐了。学生佩戴红领巾都比较整齐。但到第四个班时，这个班里竟然有十四个同学没有佩戴，我惊讶地问检查的学生为什么会有那么多同学没戴，其中一名检查的学生说，"这个班的班主任不管（没有严格要求）"。三个同学检查顺手了，检查速度就很快，每个人都直奔教室里自己负责的那排，分工明确，转一圈出来，就能汇报自己那一排的结果。检查到第十个班结束的时候，是七点五十九分，正好达到了大队委的时间要求——在八点之前结束，没有影响学生们的晨读时间。

　　2014年2月27日早晨，今天我跟着另外一组检查五年级的红领巾，检查的四个学生中，一个来自六年级，一个来自五年级，两个来自四年级。他们很遵守时间，看着表到七点五十才进教室进行检查，从一班开始，检查到四班时，发现四班的同学在教室的人比较少，原来这周是他们班学校门口值勤。他们就接着检查别的班了。检查到九班后，我问他们，今天检查结束了吧？学生说，还没有呢，现在再去检查四班，他们现在应该值勤回来了。到了四班，结果发现四班有31位同学没有戴红领巾。为什么会有那么多学生没戴红领巾呢？一位检查的学生解释：可能是今天他们在路队值勤，就觉得不用那么严格要求了。隐约中，我听见四班被检查的学生有人小声嘀咕，我们值勤还检查红领巾？但是，检查红领巾的大队委还是很认真地把他们班的数字记下来,并说,"值勤的学生更要戴红领巾"。

附录7　田野日记二

辅导员的纠结

大队辅导员在 M 小学从行政级别上看,属于中层领导,参与校级领导会议。在 2014 年下学期,市团委有一次招考干部,市领导也很期望 M 小学的大队辅导员杨老师能考上,他们很欣赏杨老师的能力。在报考的过程中,杨老师也很纠结:

"一旦考上了,就要离开学校,虽说进入行政机关可能对个人来说发展较快,但一想到离开孩子们,离开自己原来的工作,就非常舍不得。"

所以,在备考时,她也没怎么太准备。最后,结果下来时,差了两分没能进入面试。没考上,杨老师也并没有产生太多的心情波动与纠结,终于还是跟孩子们在一起,从事自己喜欢的工作。回忆起小时候的情景,她仍然非常动情:

"我非常喜欢少先队这份工作。我觉得我的童年属于少先队。我现在所具有的工作能力很大部分来源于我曾经在小学少先队里得到的锻炼。我记得在离队仪式时,我都哭了:我要摘下我心爱的红领巾了。但是现在的学生都没有我们那时对少先队的热情。少先队所给予我的教育,所给予我的成长,我感到依依不舍。所以当时我很留恋地说:'我是一名少先队员',我认为这就是归属感。我的童年时代是属于这个组织,到我当爷爷奶奶的时候,我仍然会说:'我曾经是一个少先队员。'所以我现在一直从事这份工作,我每天都很充实也很开心,虽然很辛苦。"

虽然说 M 小学以班级为单位成立少先队中队，中队辅导员由班主任兼任，但是由于学校的教学和管理工作使每个班的班主任工作负荷量很大，老师们要负责一个七八十个人组成的班级的教学和纪律管理工作，特别是孩子们在学校的安全工作。近几年各个学校频繁出现各种意外事件，这使学校的领导对学校的安全抓得特别紧。只有当少先队有什么活动需要班主任配合时，大约也只有在少先队入队仪式上，学校给新中队辅导员发聘书时，或者大队辅导员向他们下发一些活动的指令时，他们才真正执行这一中队辅导员的职责。我访谈几个中队辅导员时，问及他们中队一般负责哪些工作或者组织些什么活动时，他们一般都从班级管理和学生管理的角度谈起。

M 小学平时中队辅导员也没有各种培训或会议，即使他们开会也都是由德育处主任定期召开班主任会议，没有辅导员会议。开学前学校会召开一次班主任会议，以后每隔一周进行一次班主任会议。只有大队辅导员才会参加省里组织的辅导员培训，然后再由大队辅导员来开展各项工作。

> 大队辅导员感慨："在这个注重教学与学习成效的大环境下，比较欣慰的是我们学校比市内的其他学校还是比较注重少先队工作的。当然学校也是主要以教学为主，所以如何促进辅导员成长与发展的措施或政策倒并没有提上重要的日程上来，相反，中队辅导员们，包括我经常会陷入学校的各种事务中。"

2014 年 12 月，M 小学所在市团委要对各区的小学少先队工作进行验收。验收的学校是随机挑选的，M 小学不在验收范围内。M 小学大队辅导员自愿主动跟随验收小组到各小学去观摩学习，而且是自己开车。我也跟随大队辅导员全程参与验收工作。在验收中，处于两端的是贫困山区的学校和经济比较发达的学校。贫困山区的其中一所学校，条件虽然差一些，但校长对孩子们的教育工作很热心，积极筹资，山区缺少音乐老师，校长就去城市请退休的音乐人来山区钓鱼，"顺带"教孩子音乐。经济条件好一些的学校，他们的硬件设施就比较好，如孩子们会有电视台，可以自己录制节目，有很好的鼓乐队。在验收中，我们发现有很多学校表演的成分很多,让队员们排练了节目,特别是在这么寒冷的天气,学校让孩子们在操场上站了那么久等待着检查团的到来。

参观完各个学校后,M小学大队辅导员发表感慨:"我们学校领导虽然重视少先队工作,我们在少先队活动方面做的很多,但硬件上还是不够,回去后我们首先要把队室建好,把鼓乐队建起来,丰富少先队员们的生活。"在谈到本市一些乡镇小学的辅导员工作时,她表达了对他们辛苦工作的同情:"这些乡镇小学的辅导员什么都干,甚至有的学校大队辅导员都兼学校会计的工作,教学工作那就更不用说了。在M小学,我们虽然辛苦一些,但校长是非常支持和认同少先队工作的,但在乡镇小学他们的工作往往是被忽视的,少先队工作只是一种非常附属性、边缘性的工作。之所以有少先队工作是因为上面要求有这一块,所以才必须有。另外,他们也得不到家长的支持。他们在举行一些活动时,家长不但自己不参加,而且也不让孩子参加。家长反映:'家里的农活都干不完,还弄那幌子去(地方语:意为不屑于做的事情)。'看到这些乡镇学校老师的工作环境,我认为自己已经很幸福了。"

当然,大队辅导员对上级的政策还是看法的:

"辛苦不可怕,我们纠结的是在辛苦工作之后,我们的工作得不到上级的认可。特别是我们在开展少先队的相关课题研究时,老师们在评职称时不会被承认,组织的活动也不会被认可,甚至获得的关于少先队工作的奖项也不被认可,学校根据教育局的要求,只认可教学方面的成果。其实也不是学校的责任,上级教育主管部门的文件是这样的,学校也没办法。我们学校的'重视'只是相对比其他学校不重视的情况下而言的。举个简单的例子:班主任工作都有班主任津贴,虽然不多,也是有的,可是没有哪个学校说发'辅导员费'的。老师们的工作是需要得到物质奖励和精神奖励的。物质上没有,所获得的成果不被认可,大家对于少先队的工作自然也没有热情。作为大队辅导员,有时工作很难顺利地安排下去的。有时候，我们之所以组织少先队的活动，一方面是上面布置的任务，但有时确实是想让孩子有收获，这绝不是什么口号的东西，是发自内心的，是自己真想去做这些事情。"

"自己一个人组织全校的少先队活动非常辛苦，没有助理，只能靠带领学生去组织一些活动，虽然这能锻炼学生的活动能力，但手把手教学生做这些，其中的汗水和泪水只有自己知道。出汗水不怕，那是工作上辛苦，看到学生们在活动中的成果和成长，自己感到很欣慰，自己有这份热情，也喜欢这份工作，好好干吧。"她略苦笑。

在大队辅导员杨老师任职之前有一位优秀的青年男教师，干了一年之后，就回到原来的教学岗位了。因为这位男老师教学成绩非常优秀，在教学岗位上比大队辅导员岗位成就感要高很多。所以，杨老师提出，假如有相关的政策上的鼓励，对少先队工作的良性运作会更好。我查阅了一下资料，发现北京、浙江等省市出台地方联发文件，将辅导员在少先队工作中获得的奖励和研究成果作为职称评定依据。[①]

在 2014 年，我跟随杨老师参加了省辅导员培训会议。在会议上，领导讲话指出，"辅导员获得的奖励要作为职称评定的依据，而且工作量和工作质量要纳入职称评定"。我对参加的辅导员老师说，这真是一个好消息。其中一个辅导员说，"每次培训都会这么讲的，什么时候能实现，这是一个未知数……"

原上海市少工委副主任、上海市少先队名誉总辅导员沈功玲被称为"一辈子从队人"，她表示"我就一辈子陪伴红领巾"。有位孩子曾对沈功玲说，"你是我们的首席队员"。《中学生报》曾这样写道："沈老师为了孩子而工作，她总能以积极的态度看待生活，发现生活里的新鲜与新奇，许多儿童天地里平时不为人注意的人和事都会放出光彩，长时间沉浸在这样的状态里是异常幸福的。"[②]

[①] 《关于少先队辅导员职称评定及高校开设少先队专业课程工作进展情况的报告》，全国少工委六届三次全委（扩大）会议学习材料（2012）。

[②] 尚少功：《永远飘扬的红领巾：我们都从少先队中走来》，文汇出版社2009年版，第33页。

"生活中有一大批毕生献身于辅导员工作的老师，没有任何额外的待遇，本着对这份工作的热爱，职业精神感动着我们。在这个过程中，他们会收获到小少先队员们的爱，而且这是物质待遇和其他都不能带来的。"（大队辅导员）

有人说，辅导员需要寄自己的理想于少先队，坐上少先队这把魔椅，会产生更多的理想。"辅导员是一项精彩的工作，有辛苦也有甜蜜。可有时候又真觉得辅导员像一只蜗牛，整天'爬呀爬'，没有停歇，而且也不知道前面还会出现多少困难。但是再小的蜗牛也有梦想，再大的风雨只淋湿了它的壳，并未淋湿那颗心。"[①]

[①] 尚少功：《永远飘扬的红领巾：我们都从少先队中走来》，文汇出版社2009年版，第39页。

参考文献

一 专著

［澳］豪格、［英］阿布拉姆斯：《社会认同过程》，高明华译，中国人民大学出版社2010年版。

［德］霍耐特：《为承认而斗争》，胡继华译，上海人民出版社2005年版。

［德］卡西尔：《人论》，甘阳译，西苑出版社2003年版。

［德］诺尔·诺依曼：《沉默的螺旋：舆论——我们的社会皮肤》，董璐译，北京大学出版社2013年版。

［德］乌尔夫：《社会的形成》，许小红译，广东教育出版社2012年版。

［德］辛格霍夫：《我们为什么需要仪式》，刘永强译，中国人民大学出版社2009年版。

［德］雅斯贝尔斯：《什么是教育》，邹进译，生活·读书·新知三联书店1991年版。

［德］杨·阿斯曼：《文化记忆：早期高级文化中的文字、回忆和政治身份》，金寿福、黄晓晨译，北京大学出版社2015年版。

［俄］谢·卡拉－穆尔扎：《论意识操纵》，徐昌翰等译，社会科学文献出版社2004年版。

［法］布迪厄：《实践与反思：反思社会学导论》，李猛、李康译，中央编译出版社1998年版。

［法］玛丽·杜里－柏拉、［法］阿涅斯·冯·让丹：《学校社会学》，汪凌译，华东师范大学出版社2001年版。

［法］福柯：《规训与惩罚：监狱的诞生》，刘北成、杨远婴译，生活·读书·新知三联书店2012年版。

［法］勒庞：《乌合之众：大众心理研究》，冯克利译，中央编译出版社

2004年版。

［法］莫里斯·迪韦尔热：《政治社会学——政治学要素》，杨祖功等译，东方出版社2007年版。

［法］莫斯科维奇：《群氓的时代》，许列民等译，江苏人民出版社2003年版。

［法］乔治·古尔维奇：《社会时间的频谱》，朱洪文等译，北京师范大学出版社2010年版。

［法］涂尔干：《道德教育》，陈光金等译，上海人民出版社2001年版。

［法］涂尔干：《社会学与哲学》，梁栋译，上海人民出版社2002年版。

［法］涂尔干：《宗教生活的基本形式》，渠东、汲喆译，上海人民出版社1999年版。

［古希腊］亚里士多德：《政治学》，吴寿彭译，商务印书馆1965年版。

［加］泰勒：《自我的根源：现代认同的形成》，韩震等译，译林出版社2012年版。

［加］查尔斯·泰勒：《现代性之隐忧》，程炼译，中央编译出版社2001年版。

［美］霍尔、［美］尼兹：《文化：社会学的视野》，周晓虹、徐彬译，商务印书馆2002年版。

［美］爱德华·罗斯：《社会控制》，秦志勇等译，华夏出版社1989年版。

［美］保罗·康纳顿：《社会如何记忆》，纳日碧力戈译，上海人民出版社2002年版。

［美］彼得·伯格、［美］托马斯·卢克曼：《现实的社会构建》，汪涌译，北京大学出版社2009年版。

［美］丹尼斯·K.姆贝：《组织中的传播和权力：话语、意识形态和统治》，陈德民、陶庆、薛梅译，中国社会科学出版社2000年版。

［美］杜威：《人的问题》，傅统先、邱春译，上海人民出版社1965年版。

［美］杜威：《学校与社会·明日之学校》，赵祥麟等译，人民教育出版社1994年版。

［美］杜威：《民主主义与教育》，陶志琼译，中国轻工业出版社2014年版。

［美］戈夫曼：《日常生活中的自我呈现》，冯钢译，北京大学出版社

2008年版。

［美］哈丁：《群体冲突的逻辑》，刘春荣、汤艳文译，上海人民出版社2013年版。

［美］弗洛姆：《健全的社会》，孙恺祥译，译文出版社2011年版。

［美］古得莱得：《一个称作学校的地方》，苏智欣译，华东师范大学出版社2005年版。

［美］华勒斯坦等：《学科·知识·权力》，刘健芝等编译，生活·读书·新知三联书店1999年版。

［美］吉鲁：《教师作为知识分子：迈向批判教育学》，朱红文译，教育科学出版社2008年版。

［美］科林斯：《互动仪式链》，林聚任等译，商务印书馆2009年版。

［美］林南：《社会资本——关于社会结构与行动的理论》，张磊译，上海人民出版社2005年版。

［美］曼纽尔·卡斯特：《认同的力量》，夏铸九等译，社会科学文献出版社2003年版。

［美］米德：《心灵、自我与社会》，赵月瑟译，上海译文出版社2008年版。

［美］米尔斯：《社会学的想像力》，陈强、张永强译，生活·读书·新知三联书店2012年版。

［美］纳斯鲍姆：《善的脆弱性》，徐向东等译，译林出版社2007年版。

［美］欧文斯：《教育组织行为学》，窦卫霖等译，华东师范大学出版社2001年版。

［美］派纳：《课程：走向新的身份》，陈时见等译，教育科学出版社2008年版。

［美］萨克：《社会思想中的空间观：一种地理学的视角》，黄春芳译，北京师范大学出版社2010年版。

［美］施穆克：《班级中的群体化过程》，廖珊等译，中国轻工业出版社2006年版。

［美］威利：《符号自我》，文一茗译，四川教育出版社2010年版。

［美］伍德：《生活中的传播》，董璐译，北京大学出版社2009年版。

［美］英格索：《谁控制了教师的工作》，庄瑜等译，华东师范大学出版社

2009年版.

［苏］鲍列夫:《美学》,乔修业等译,中国文联出版公司1986年版.

［苏］苏霍姆林斯基:《公民的诞生》,黄之瑞等译,教育科学出版社2002年版.

［英］巴兹尔·伯恩斯坦:《教育、符号控制与认同》,王小凤等译,中国人民大学出版社2016年版.

［英］鲍曼:《流动的生活》,徐朝友译,江苏人民出版社2012年版.

［英］德里克·希特:《公民身份:世界史、政治学与教育学中的公民理想》,郭台辉等译,吉林出版集团有限责任公司2010年版.

［英］弗兰克·富里迪:《恐惧的政治》,方军、吕静莲译,江苏人民出版社2007年版.

［英］吉登斯:《现代性与自我认同:现代晚期的自我与社会》,赵旭东、方文译,生活·读书·新知三联书店1998年版.

［英］海伍德:《政治学》,张立鹏译,中国人民大学出版社2012年版.

［英］霍奇、［英］克雷斯:《社会符号学》,周劲松等译,四川教育出版社2012年版.

［英］迈克尔·奥克肖特:《政治中的理性主义》,张汝伦译,上海译文出版社2003年版.

［英］齐格蒙特·鲍曼:《通过社会学去思考》,高华等译,社会科学文献出版社2002年版.

［英］斯图亚特·霍尔、［英］保罗·杜盖伊:《文化身份问题研究》,庞璃译,河南大学出版社2010年版.

［英］特纳:《仪式过程:结构与反结构》,黄剑波等译,中国人民大学出版社2006年版.

［英］维克多·特纳:《象征之林:恩登布人仪式散论》,赵玉燕、欧阳敏、徐洪峰译,商务印书馆2006年版.

［印度］阿马蒂亚·森:《身份与暴力——命运的幻象》,李风华等译,中国人民大学出版社2012年版.

班建武:《符号消费与青少年身份认同》,教育科学出版社2010年版.

陈向明:《在行动中学作质的研究》,教育科学出版社2003年版.

陈向明:《质的研究方法与社会科学研究》,教育科学出版社2000年版.

陈映芳：《图像中的孩子》，山东画报出版社2003年版。

程天君：《"接班人"的诞生——学校中的政治仪式考察》，南京师范大学出版社2008年版。

段镇：《少先队教育学》，上海教育出版社1985年版。

高德胜：《道德教育的20个细节》，华东师范大学出版社2007年版。

高德胜：《生活德育论》，人民出版社2005年版。

高觉敷等主编：《西方教育心理学发展史》，福建教育出版社1996年版。

苟志效、陈创生：《从符号的观点看：一种关于社会文化现象的符号学阐释》，广东人民出版社2003年版。

郝长墀：《政治与人：先秦政治哲学的三个维度》，中国政法大学出版社2012年版。

黄武雄：《学校在窗外》，首都师范大学出版社2009年版。

黄武雄：《童年与解放》，首都师范大学出版社2009年版。

蒋云根：《政治人的心理世界》，学林出版社2002年版。

金生鈜：《规训与教化》，教育科学出版社2004年版。

李义天：《共同体与政治团结》，社会科学文献出版社2011年版。

李友梅、肖瑛、黄晓春：《社会认同：一种结构视野的分析：以美、德、日三国为例》，上海人民出版社2007年版。

梁丽萍：《中国人的宗教心理》，社会科学文献出版社2004年版。

林重新：《教育研究法》，杨智文化事业股份有限公司2001年版。

刘晓东：《儿童教育新论》，江苏教育出版社2008年版。

刘云杉：《学校生活社会学》，南京师范大学出版社2000年版。

鲁洁：《教育社会学》，人民教育出版社1990年版。

陆学艺：《社会学》，知识出版社1996年版。

马敏：《政治象征》，中央编译出版社2012年版。

孟登迎：《意识形态与主体建构：阿尔都塞意识形态理论》，中国社会科学出版社2002年版。

潘忠岐：《国际政治学理论解析》，上海人民出版社2015年版。

彭兆荣：《人类学仪式的理论与实践》，民族出版社2007年版。

平章起：《成年仪式的德育功能研究》，南开大学出版社2012年版。

齐学红：《在生活化的旗帜下：学校道德教育改革的社会学研究》，广西师范大学出版社 2011 年版。

齐学红：《走在回家的路上》，北京师范大学出版社 2005 年版。

瞿葆奎主编：《教育学文集》，人民教育出版社 1991 年版。

尚继征：《揭开身份的面纱：私法上的身份和身份权利研究》，法律出版社 2014 年版。

尚少功：《永远飘扬的红领巾：我们都从少先队中走来》，文汇出版社 2009 年版。

唐汉卫：《生活道德教育论》，教育科学出版社 2005 年版。

汪民安：《福柯的界线》，中国社会科学出版社 2002 年版。

王沪宁：《比较政治分析》，上海人民出版社 1987 年版。

王金玲、林维红：《性别视角：生活与身体》，社会科学文献出版社 2009 年版。

王浦劬：《政治学基础》，北京大学出版社 1995 年版。

吴康宁：《教育社会学》，人民教育出版社 1998 年版。

吴康宁：《教育与社会：实践反思建构》，广西师范大学出版社 2008 年版。

肖滨、郭忠华、郭台辉：《现代政治中的公民身份》，上海人民出版社 2010 年版。

熊易寒：《城市化的孩子：农民工子女的身份生产与政治社会化》，上海人民出版社 2010 年版。

徐贲：《人以什么理由来记忆》，吉林出版集团有限责任公司 2008 年版。

杨敏：《爱国主义语境的话语重构》，中央编译出版社 2012 年版。

翟杉：《仪式的传播力：电视媒介仪式研究》，中国传媒大学出版社 2013 年版。

张凤阳等：《政治哲学关键词》，江苏人民出版社 2006 年版。

张先翱：《张先翱少先队教育文集》，中国少年儿童出版社 2014 年版。

张焱：《语言变异建构社会身份》，社会科学文献出版社 2013 年版。

赵汀阳：《没有世界观的世界》，中国人民大学出版社 2010 年版。

张人杰：《国外教育社会学基本文选》，华东师范大学出版社 2009 年版。

曾楠：《政治认同论：基于国家与社会的关系论域》，江西人民出版社 2017 年版。

P. du Preez, *The Politics of Identity: Ideology and the Human Image*, Oxford: Basil Blackwell, 1980.

二 论文及其他

Chen Guo-Ming, "On Identity: An Alternative View", *China Media Research*, Vol. 5, No. 4, 2009.

David Easton and Stephen Hess, "The Child's Political World", *Midwest Journal of Political Science*, Vol. 6, No. 3, Aug. 1962.

范永康:《"主体位置"与身份/认同政治》,《吉首大学学报(社会科学版)》2013 年第 1 期。

高德胜:《学校,请远离虚荣》,《现代教学》2015 年第 22 期。

何芳、马和民:《政治社会化的政治理论——戴维·伊斯顿的政治社会化理论述评》,《外国中小学教育》2008 年第 12 期。

景晓强、景晓娟:《身份建构过程中行为体的施动性》,《外交评论》2010 年第 1 期。

洪明:《少先队的组织属性及其变革》,《教育理论与实践》2011 年第 6 期。

洪明:《谈谈少先队的仪式教育》,《中国德育》2012 年第 4 期。

侯春在:《儿童社会化发展中的隐性模仿》,《教育科学》2002 年第 10 期。

胡国胜:《政治符号:概念、特征与功能》,《深圳大学学报(人文社会科学版)》2013 年第 2 期。

黄巧玲:《教育惩罚的张力与限度》,硕士学位论文,西北师范大学,2014 年。

黄焕汉:《论政治教育的站效应与场效应》,《求索》2008 年第 12 期。

李海华:《另一种少儿不宜的词汇》,《南风窗》2004 年第 11 期。

李红娟:《建国初期学校教育的政治社会化过程》,《党史研究与教学》2011 年第 2 期。

李元书、杨海龙:《论政治社会化的一般过程》,《政治学研究》1997 年第 2 期。

刘睿:《政治象征:国家——社会权利互动的桥梁》,《传承》2009 年第

11 期。

刘学坤、戴锐：《政治、政治教育与公民的意义生活》，《广州大学学报》2013 年第 2 期。

刘宇：《论现代社会个体政治身份生成的逻辑路径》，《三峡论坛》2012 年第 3 期。

刘铁芳：《好人与好公民之间：学校公民教育的限度与教育的审慎之道》，《中国人民大学教育学刊》2013 年第 3 期。

陆士桢、蔡鲁南：《研究儿童政治社会化规律落实少先队的根本任务》，《少年儿童研究》2010 年第 2 期。

马俊领：《身份政治：霸权解构、话语批判与社会建设》，《思想战线》2013 年第 5 期。

马敏：《政治象征/符号的文化功能浅析》，《华南师范大学学报（社会科学版）》2007 年第 4 期。

马维娜：《局外生存：相遇在学校场域》，博士学位论文，南京师范大学，2002 年。

娜仁高娃：《向"场"而生——现代基础教育场域论》，博士学位论文，东北师范大学，2010。

潘旖妍：《榜样与规制——新中国儿童视觉形象研究》，硕士学位论文，广西艺术学院，2013 年。

彭勃：《自我、集体与政权："政治认同"的层次及其影响》，《上海交通大学学报（哲学社会科学版）》2010 年第 1 期。

施蕾：《学校仪式的意蕴与优化设计的思考》，《思想理论教育》2010 年第 22 期。

孙银光：《德育教材中儿童身份的三重转换》，《中国教育学刊》2014 年第 8 期。

王海英：《构建象征的意义世界——学校仪式活动的社会学分析》，《当代教育科学》2007 年第 14 期。

王海洲：《试析政治仪式中的声音符号及其象征意义》，《天津社会科学》2011 年第 2 期。

王澍：《图像社会学校教育目标的审视》，《东北师大学报（哲学社会科学版）》2008 年第 4 期。

王霄冰：《文字、仪式与文化记忆》，《江西社会科学》2007年第2期。

王亚娟：《我国学校的教育空间与教育仪式现状及问题》，《教学与管理》2014年第7期。

吴康宁：《学校的社会角色：期待、现实及选择》，《教育研究与实验》2005年第4期。

武睿琛：《标杆管理在和平区小学少先队管理中的应用研究》，硕士学位论文，天津师范大学，2012年。

武秀霞：《教育场域之"压迫"与儿童的"他者化"生存》，硕士学位论文，南京师范大学，2010年。

向前：《政治身份体系下的社会冲突：文革初期群众行为的社会根源》，博士学位论文，复旦大学，2010年。

熊和平：《知识、身体与学校教育：自传视角》，《教育学报》2014年第12期。

许昌良：《从"集体的失望"中向教育的原点漫溯》，《思想理论教育》2012年第1期。

谢剑南：《国家的身份属性与身份退化》，《东方论坛》2013年第2期。

叶飞：《从"控制"走向"治理"——基于"治理"理念的学校公共生活探析》，《湖南师范大学教育科学学报》2014年第5期。

叶飞：《"他者"道德视角与道德教育的"他性"建构》，《江苏高教》2012年第2期。

叶飞：《"治理"视域下公民教育的实践建构》，《教育科学》2014年第2期。

袁宗金：《学校道德教育的转向：从"好孩子"到"好公民"》，《教育理论与实践》2005年第5期。

袁宗金：《"好孩子"：一个需要反思的道德取向》，《学前教育研究》2012年第1期。

张家军、陈玲：《学校仪式教育的价值迷失与回归》，《中国教育学刊》2016年第2期。

张志坤：《仪式教育审视：教育人类学仪式研究视角》，《中国教育学刊》2011年第12期。

张银霞：《教育场域中的权力：基于学校仪式活动的分析与启示》，《长江大学学报（社会科学版）》2014年第7期。

赵孟营：《组织合法性：在组织理性与事实的社会组织之间》，《北京师范大学学报（社会科学版）》2005年第2期。

郑长忠：《组织资本与政党延续——中国共青团政治功能的一个考察视角》，博士学位论文，复旦大学，2005年。

郑和：《班级中的规训与惩罚——基于班级要素的社会学分析》，《现代教育论丛》2007年第6期。

周彬芮：《塑造"接班人"——新中国美术中的儿童形象研究》，硕士学位论文，中央美术学院，2013年。

后　记

　　红领巾、鼓号队、出队旗、行队礼，这些少先队的符号和标志，几乎成为我们每个人的童年记忆。这一记忆或朦胧，或深刻，或毫无印象……但毫无疑问，"做一个好孩子"几乎是每个儿童在这一时期对自己的要求。红领巾代表着一种荣誉，一种自豪，它所带来的这种身份和使命，这种责任和担当，使孩子们的生活发生了很大的变化。对儿童期产生很大影响的少先队生活值得我们作为教育者去进行深入的研究和探讨。

　　《儿童政治身份认同研究》是我在读博士期间申请的全国教育规划课题教育部重点课题（DEA150272），是在我的博士论文开题报告思考基础上形成的。这首先要感谢我的导师高德胜教授。在博士一年级之后，导师让按照自己的读书兴趣选择题目，当我拿着几个自己的选题和思路去面见导师后，这几个选题都被导师否定了。自己研究思路的模糊，研究功底的薄弱成为我的最大短板。惶惶然中，高老师给我提了个建议：可以研究少先队。当时我的第一反应是：少先队有什么可研究的，这么小的问题可以作为博士论文？查阅一番资料，自己觉得这是一个很有研究意义与价值的领域，有了一定的理论思考后，带着满满的研究兴致，也带着更多的困惑和问题，我进入 N 市最好的小学 M 小学开始了自己的田野研究。从众多宝贵又繁多的田野调查材料中，我慢慢梳理出了一些思路，高老师多次给予的指导和帮助使我更加清楚了自己的研究目标与方向。回首整个博士学习生活，我就像从一个步履蹒跚的儿童，慢慢学会了走路。四年的读书生活，高老师给了我太多的帮助。高老师治学严谨，要求严格，严肃而又不乏平易近人。首先，感谢老师没有因为我的平庸愚钝而将我拒之门外；感谢老师指点我进入质的研究的学习领域；感谢老师严谨的治学态度，让我努力改变写作中常常出现没有认真思考就下笔的坏习惯。尽管自己努力读书写作，但终究在很多方面不能完全达到老师的要求，终归感觉对不住老师的悉心教诲。

其次要感谢的是德育所的孙彩平老师所给予的指点与帮助，她提供给我大量的少先队材料，并给予了很多宝贵的建议；感谢答辩委员会专家们对我论文的肯定与建议，这些建议为我以后的研究指明了方向。

也特别感谢高徒师门的各位师兄、师姐、师弟和师妹们的亲切关怀，让我在读博期间一直感到家的温暖和情谊。

还要感谢的是在作田野调查时 M 小学学校领导和师生所给予的支持和帮助，特别是在跟随大队辅导员时，她所给予的种种关怀与支持。他们淳朴而又真实的言谈举止给我的研究提供了很多宝贵的素材。本书很多对 M 小学做法的存疑，只是在更高或更深层次上做的思考。在当地，M 小学少先队的活动已经是最好的了，很多学校并没有把少先队活动作为学校的主要任务来抓。在很多学校主抓学生成绩的大环境下，M 小学的各种活动丰富多彩，也得到当地众多家长儿童的认可。像少先队这样的活动，应该说大多数学校的组织是不够的。

最后感谢的是我的家人和朋友，他们的支持和付出是我不断前行的动力。

希望本书的出版能为我国少先队组织实践活动和研究及儿童的成长有一定的理论和实践作用。但由于本人水平所限，书中所述观点还不尽完善，恳请专家同人赐教，本人不胜感激。

傅金兰

2018 年 9 月于枣庄学院